소설로
읽는
중국사
1

소설로 읽는 중국사 1
근대 이전, 열국지에서 라오찬 여행기까지

조관희 지음

2013년 5월 10일 초판 1쇄 발행
2017년 1월 26일 초판 3쇄 발행

펴낸이 한철희 | 펴낸곳 주식회사 돌베개 | 등록 1979년 8월 25일 제406-2003-000018호
주소 (10881) 경기도 파주시 회동길 77-20 (문발동)
전화 (031)955-5020 | 팩스 (031)955-5050
홈페이지 www.dolbegae.co.kr | 전자우편 book@dolbegae.co.kr

편집 이경아
표지 디자인 민진기 | 본문 디자인 이은정·박정영
제작·관리 윤국중·이수민 | 마케팅 심찬식·고운성·조원형
인쇄·제본 한영문화사

ⓒ 조관희, 2013

ISBN 978-89-7199-546-4 04910
ISBN 978-89-7199-545-7 (세트)

책값은 뒤표지에 있습니다.

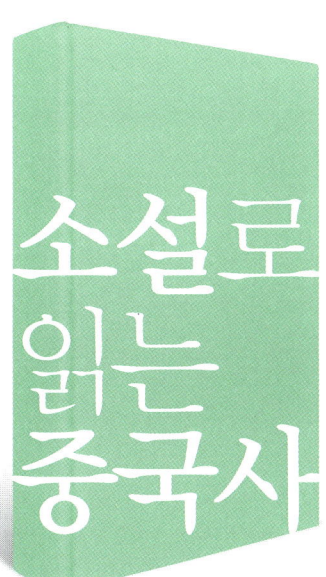

소설로 읽는 중국사

1

근대 이전, 열국지에서 라오찬 여행기까지

조관희 지음

돌베개

책머리에

왕펑王彭(왕팽)이 일찍이 말했다. "여염집에서는 아이들의 장난이 귀찮아지면, 이내 이야기꾼에게 돈을 주어 옛일을 얘기하게 하고 아이들에게 모여 앉아 이야기꾼의 이야기를 듣게 했다. 삼국의 일을 얘기하는 데 이르러서는 류베이가 패했다는 말을 들으면 빈번히 미간을 찌푸렸으며 눈물을 흘리는 아이도 있었다. 차오차오가 패했다는 말을 들으면 기뻐하며 쾌재를 불렀다. 이로써 군자와 소인의 은택이 영원히 끊이지 않음을 알 수 있다."

우리에게는 소동파蘇東坡라는 이름으로 유명한 송대宋代의 문장가 쑤스蘇軾(소식)가 자신의 책 『지림』志林에서 한 말입니다. 우리는 이것으로 두 가지 사실을 알 수 있습니다. 첫째, 송대에도 지금처럼 『삼국지』가 인기가 있었고, 둘째, 당시 사람들도 소설 속 등장인물에 대한 호오가 분명했다는 점입니다.

송대는 상업이 발달하고 도시가 크게 번영해, 중국 역사에서 시민사회가 처음으로 출현하고 자본주의의 맹아가 싹튼 시기로 평가받고 있습니다. 당시 수도였던 볜량汴梁(현재의 카이펑開封)에는 수많은 상점들이 밀집해 있었고, 거리에는 사람들이 넘쳐났습니다. 도시 거주민들이 늘어나자 자연스럽게 이들을 위한 도시 문화가 발달했으니, 와사瓦舍니 구란勾欄이니 하는 공연장에서는 연극이나 각종 기예가 공연되었습니다. 그 가운데에는 이야기를 들려주는 일을 전문적으로 했던 이야기꾼說話人도 있었는데, 그들은 저마다 고유한 장기가 하나씩 있어 흔히 '설화사가'說話四家라 불렸습니다. 사가四家는 이야기꾼이 청중들에게 들려주는 이야기의 내용과 형식에 따라 크게 네 가지로 분류한 것입니다. 그 네 가지는, 소설小說, 강사講史, 설경說經(불경 및 여러 경전과 수도修道에 대한 이야기), 합생合生(호악胡樂을 바탕으로 이야기와 가무를 합친 일종의 연극)입니다.

이 네 가지 형식의 공연 가운데 가장 인기를 끌었던 것은 '소설'과 '강사'였습니다. 여기서 말하는 '소설'은 오늘날 주요한 문학 장르의 하나로 꼽는 그 소설을 가리키는 것이 아닙니다. 당시 유행했던 이야기 가운데 고금古今의 인정세담人情世談, 곧 보통 사람들이 한세상 살아가며 겪어 내는 갖가지 일상사와 송사訟事와 재판을 둘러싼 이야기 등을 소재로 한 것을 가리킵니다. '강사'講史는 말 그대로 기나긴 중국 역사를 이야기로 풀어낸 것인데, 그중에서도 『삼국지』 이야기가 가장 인기가 있었습니다.

사실 역사에 대한 중국인들의 편향은 조금 유별난 데가 있습니다. 5천여 년 동안 이어져 온 오랜 역사는 중국인들이 크게 자부하는 문화유산이라 할 수 있는데, 여기에 더해 전 왕조가 끝나고 새로운 왕조가 들어서면 가장 먼저 하는 일이 바로 직전 왕조의 역사를 서술하는 것일 정도로 역사 기록에도 남다른 애착을 보여 왔습니다. 이렇듯 역사를 소중히 여기고 나아가 애호하는 중국인들의 태도는 중국문학사에서 역사와 문학 작품이 결합한 '사전문학'史傳文學이 발달하는 하나의 요인이 되었습니다. 곧 사전문학은 역사를 모든 문학의 총집합체로 보는 일종의 '역사주의'적 입장이라 할 수 있습니다.

그런 까닭에 중국인들은 전통적으로 소설이나 희곡과 같은 문학 작품들 역시 역사의 일부로 정식 역사에서 다루지 못한 미진한 부분을 보완하는 것正史之補이라 생각했습니다. 소설 작품을 단순히 여가를 즐기기 위한 오락물 정도로만 생각하지 않고 그 이상의 의미를 부여했던 것이지요. 따라서 역사를 소재로 한 소설의 경우, 내용 가운데 어느 것이 사실에 바탕을 한 것이고 어디까지가 진실인지를 따지는 일이 중요하게 여겨졌습니다. 이를테면, 청대清代의 유명한 학자인 장쉐청章學誠(장학성, 1738~1801)은『삼국지』의 내용을 분석하면서 "7할은 사실에 바탕을 두었고, 3할은 허구다"七實三虛라는 유명한 말을 남겼습니다.

나아가 중국인들은 소설을 비롯한 문학예술 작품이 사람들에게 끼치는 영향력 역시 중요하게 생각했습니다. 딱딱한 역사책보다 역사소설이 오히려 더 큰 감화력이 있다고 보았습니다. 그래서 소설을 단지 유희호기游戲好奇를 위한 하나의 방편으로 보지 않고, 백성들을 교화하는 하나의 수단으로까지 생각했습니다. 사실 소설 속에 묘사된 여러 인물들의 다양한 인생 역정은 그 자체로 인생의 축도이자 삶의 교훈이라고 할 수 있습니다. 소설을 읽음으로써 이제까지 몰랐던 과거의 사실을 알게 되고 그런 사실을 통해 자신의 현재를 돌아보고 앞날을 미뤄볼 수 있었던 것입니다.

하지만 가능한 주관적인 생각을 배제하고 최대한 객관적인 입장에서 역사를 서술하고자 한 실증주의자들의 시도가 그저 실현되기 어려운 이상에 지나지 않았듯이, 소설을 통해 자신을 돌아보고 비춰보는, 말 그대로 귀감龜鑑으로 삼고자 하는 생각 또한 조심스럽기는 마찬가지입니다. 소설 속에 묘사된 이야기들은 그저 삶을 살아가는 데 도움이 될 만한 비유나 은유 정도로만 여기면 그만일 뿐 그 이상의 의미를 부여하는 순간 사실과 허구를 가름하기 어려운 실증의 늪에 빠집니다.

이 책에서 소개하는 중국 소설들 역시 그렇습니다. 춘추전국시대로부터 근대에 이르기까지 대표적인 작품들을 일별하는 가운데 그 배경이 된 역사를 더듬어 볼 테지만, 독자들은 그러한 사건들의 사실 여부 따위는 굳이 따지지 않아도 좋을 것입니다. 중요한 것은 '사실의 기술'이라기보다 그러한 사건들 속에 담겨 있는 '의미'에 대한 해석인지도 모릅니다. 쿵쯔孔子(공자)가 필생의 업적으로 생각했던 것은 노魯나라 역사를 연대기적으로 서술한 『춘추』春秋를 엮은 일이었습니다. 이때 쿵쯔는 최대한 자신의 주관적인 견해는 배제하고 중립적인 입장에서 객관적인 사실을 기술하고자 했습니다. 동시에 그는 개별 사건에 대한 촌철살인의 비평, 곧 '한 글자로 칭찬과 비난을 담아내고'一字褒貶, '별 것 아닌 듯 보이는 말 속에 담겨 있는 엄청난 의미'微言大義를 드러내고자 했습니다.

반복되는 이야기지만 역사를 객관적으로 서술한다는 것은 불가능하기도 할 뿐더러 의미 없는 일이기도 합니다. 쿵쯔가 『춘추』를 엮을 때 취했던 태도는 이러한 사실을 극명하게 드러내 보여 주고 있습니다. 어차피 우리는 살아가면서 부딪히는 모든 것을 자신의 기준에 따라 필터링한 뒤 사실로 받아들이고 있습니다. 그렇기 때문에 우리가 역사 저작을 읽든 소설 작품을 읽든 중요한 것은 그 안에서 인간사에 보편적으로 적용되는 어떤 원리와 같은 '의미'를 읽어 내는 일입니다.

　소설 속에는 한 사람의 삶뿐만 아니라 당대 사회의 여러 가지 모습들이 다양하게 묘사되어 있습니다. 그런 까닭에 소설 작품은 당대의 사회 현실을 충실하게 묘사한 하나의 '기록'document이자, 이를 통해 그 시대를 관통하는 어떤 의미를 읽어 내는 '텍스트'일 수도 있습니다. 이제 중국의 역사시대를 담아낸 대표적인 소설 작품들을 통해 그러한 의미를 하나씩 찾아 나가는 여행을 떠나 볼까 합니다. 그 여정에 독자 여러분을 초대합니다.

2013년 봄
조관희

차 례

책머리에　5
일러두기　14

춘추전국시대, 존왕양이에서 약육강식으로 —열국지　15

봉건 제도와 종법 제도 | 『열국지』의 탄생 | 민심은 천심, 공화정과 주周의 동천 | 춘추시대와 오패의 등장 | 진 문공과 전국시대의 도래 | 약육강식의 시대, 백가쟁명과 백화제방 | 왕조 시대의 영원한 딜레마, 왕도인가 패도인가?

진한, 창업과 수성의 어려움 —초한지　39

최초의 통일 왕국 출현 | 『초한지』는 없다 | 사슴을 일러 말이라 하다 | 두 영웅의 만남 | 홍먼의 만남 | 패왕별희 | 날랜 토끼를 잡고 나면 사냥개는 잡아먹힌다

삼국시대, 난세의 도래와 영웅들의 시대 —삼국지　62

또다시 분열의 시대로 | 우리가 알고 있는 『삼국지』 | 관두 전투와 차오차오의 등장 | 주거량의 룽중대책과 삼국의 정립 | 이링의 싸움과 촉의 멸망 | 애증과 호오의 역사, 『삼국지』의 인물론

당, 팍스 시니카, 세계 제국의 등장 —서유기   85
최초의 세계 제국, 당 | 쉬안장의 행로 | 『서유기』의 유래 | 유불도 삼교의 판테온

송, 난은 위에서부터 일어난다 —수호전   110
중국 자본주의의 맹아, 북송의 번성 | 신법당과 구법당의 당쟁 | 어쩔 수 없어 량산보에 오르네 | 진성탄은 왜 『수호전』을 요참했는가? | 현실 세계의 모순 극복과 '시대적 한계'

명, 장삼이사의 염량세태 —의화본   135
아무 일도 없었던 왕조 | 양명학의 발흥과 인성의 해방 | 강물에 버린 사랑 | 기름장수, 절세의 미녀를 얻다

명, 욕망의 오감도 —금병매   161
『금병매』, 데카당의 시대의 거대한 벽화 | 괴로운 효자 노릇 | 인간의 굴레 | 헛되고 헛되니 모든 것이 헛되도다 | 보살의 도, 축생의 도

청, 부귀공명의 꿈과 지식인의 허위의식 —유림외사   182
만주족의 나라 | 부귀공명의 길 | 풍자냐 자살이냐 | 타이보를 제사지내다

청, 제국의 영화와 몰락 —홍루몽   206

팔기의 깃발 아래서 | 옥을 물고 태어난 아이 | 홍루의 꿈 | 풍월보감의 어긋난 인연 | 새들도 세상을 뜨는구나

근대, 세기말의 거대한 축도 —20년간 내가 목격한 괴이한 일들   234

달도 차면 기우나니, 몰락의 전조 | 중화주의의 종언을 알리는 아편전쟁 | 소설 부흥의 시대, 소설의 효용과 가치에 대한 새로운 각성 | 마음속에 쌓인 불평불만을 세상을 향해 쏟아 내다 | 타락한 시대의 군상들

근대, 침몰하는 거선 —라오찬 여행기   258

의화단 사건, 반외세를 내건 혼란의 도가니 | 절망의 시대, 짙은 어둠 속에 한 줄기 빛이 내리고 | 소설가는 시대의 아픔을 울음으로 노래한다 | 한 시대의 종언을 고하는 만가

중국의 역사 (근대 이전)

하 기원전 2070~기원전 1600?

상(은) 기원전 1600?~기원전 1046

주 기원전 1046~기원전 256

    서주 기원전 1046~기원전 771

    동주 기원전 771~기원전 256 ······ 열국지

        춘추시대 기원전 770~기원전 403

        전국시대 기원전 403~기원전 221

진 기원전 221~기원전 206 ······ 초한지

한 기원전 206~서기 264

    전한 기원전 206~서기 8

    신 8~23

    후한 25~220

삼국 시대 220~280 ······ 삼국지

    위 220~265

    촉 221~264

    오 229~280

진 265~420

    서진 265~317

    동진 317~420   **오호십육국 시대** 304~439

남북조 시대 420~589

수 581~618

당 618~907 ······ 서유기

오대십국 시대 907~960   **요** 916~1125

송 960~1279 ······ 수호전

    북송 960~1127   **서하** 1038~1227

    남송 1127~1279   **금** 1115~1234

원 1271~1368

명 1368~1644 ······ 의화본, 금병매

청 1616~1912 ······ 유림외사, 홍루몽

근대 1911년 신해혁명 기준 ······ 20년간 내가 목격한 괴이한 일들, 라오찬 여행기

일러두기

이 책에 나오는 중국의 인명과 지명은 고대와 현대를 불문하고 모두 원음으로 쓰되, 이로 인한 다소 간의 혼란을 막기 위해 잠정적으로 다음과 같이 절충해서 표기했다. 이를테면 '마오쩌둥毛澤東(모택동)' 같은 경우다. 아울러 중국어의 한글 표기는 문화체육부 고시 제1995-8호 '외래어 표기법'에 의거하되, 여기에 부가되어 있는 표기 세칙은 일부 적용하지 않았다.

춘추전국시대, 존왕양이에서 약육강식으로

열국지列國志

춘추전국시대春秋戰國時代

춘추전국시대(BC.770~BC.221)는 춘추시대와 전국시대를 아울러 부르는 말입니다. 기원전 770년, 주周 왕조가 동쪽의 뤄양洛陽으로 천도한 이후부터 기원전 221년, 진시황제가 통일하기까지의 시기가 바로 이 시대입니다. 춘추전국시대는 선진시대先秦時代 라고도 하는데, 이는 기원전 221년의 진秦 나라에 의한 중국 통일 이전의 시기를 뜻합니다. 이 시대는 중국사상의 백화제방 시대입니다. 이 시대의 사상가들을 제자諸子라고 하며 그 학파들을 백가百家라고 부릅니다.

봉건 제도와 종법 제도

우리가 흔히 역사라고 부르는 시기는 기록의 유무로 가릅니다. 그러니까 기록이 남아 있는 시기는 역사 시기이고, 그렇지 못한 시기는 역사 이전 시기 곧 선사先史 시기인 셈입니다. 그렇다면 중국에서 역사는 언제부터 시작되었을까요? 고고학적인 발굴을 통해 현재 확인할 수 있는 역사 시기는 대개 은殷 또는 상商이라 불린 시대로 거슬러 올라갑니다.

하지만 이후에 진행되는 중국 역사에 좀 더 큰 영향을 준 것은 주周나라라고 할 수 있습니다. 우리가 흔히 근대 이전의 왕조 시대를 '봉건시대'라고 부르거니와 여기서 말하는 '봉건'封建이 시작된 것이 주나라 때의 일이며, 한대漢代 이후 중국 역대 왕조의 통치 이데올로기가 되어 버린 '유가'儒家 사상이 배태한 것도 바로 이 시기이기 때문입니다.

은나라를 대신해 주나라가 중원의 지배자가 되기는 했지만, 발달하지 않은 교통과 통신 등의 이유로 통치 범위는 제한적일 수밖에 없었습니다. 그래서 주 왕조는 중앙에서 직접 통치하는 대신에 왕실의 자제나 친척 또는 공신을 파견하거나, 중앙에서 이들을 파견할 수 없는 경우에는 해당 지역의 토호들에게 그 지역을 다스리게 했는데, 이것을 '봉건'이라 불렀습니다.

이렇게 봉封해진 제후諸侯는 매년 주나라에 공물을 바치고 유사시에는 병력을 지원하는 등의 의무 사항을 지키되, 자신들의 봉지封地에서 벌어지는 일들에 대해서는 일절 간섭을 받지 않았습니다. 그러니까 봉건 제도는 현대의 미국과 같은 연방 체제로 볼 수 있는데,

연방정부가 국방이나 정치, 외교, 경제 등에서 강력한 힘을 발휘하는 미국의 경우보다 훨씬 더 느슨한 관계를 맺고 있었습니다.

하지만 주 왕실의 입장에서는 이렇게 분봉分封한 제후국에 대한 지배력을 계속 유지할 필요가 있었습니다. 이를 위해 주 왕실과 제후국 사이의 관계는 단순히 정치적인 군신君臣 관계에 그치지 않고 공동의 조상을 모시는 한집안이라는 사실이 강조되는 혈연적 관계가 좀 더 강조되었습니다. 곧 주 왕실의 천자가 적장자로서 대종大宗이 되고 적장자의 동생들은 제후로서 소종小宗이 되며, 또 각각의 제후국 내에서는 마찬가지로 제후가 대종이 되고 그 동생들이 소종이 되는 일종의 혈연을 바탕으로 한 피라미드 형태의 위계질서가 세워졌습니다. 이것을 '종법宗法 제도'라고 하며, 이 제도는 이후 중국 사회의 근간을 이루는 중요한 요소가 되었습니다.

하지만 이것은 이상적인 기획일 뿐이었습니다. 주 왕실과 제후국의 관계는 시간이 흐르면서 자연스럽게 촌수가 멀어져 친척이라는 느낌이 엷어지고 양자 간의 관계는 더욱 소원해졌습니다. 그래도 초기에는 명목상으로나마 주 왕실을 존중하는 척이라도 했지만, 결국 주나라는 다른 제후국들과 마찬가지로 그저 당시 존재했던 여러 나라들 가운데 하나로, 아니 어쩌면 제후국보다 못한 존재로 전락해 버리고 맙니다.

이러한 경향은 주나라가 북쪽 유목민족인 견융犬戎에게 밀려나 수도를 지금의 뤄양洛陽(낙양)으로 옮긴 뒤 더욱 두드러지게 나타납니다. 중국 역사에서는 이 사건을 전후로 그 이전 시기를 서주西周라 하고 그 이후를 동주東周라 하여 구분합니다. 우리가 흔히 '춘추전국시대'라 부르는 것은 바로 이 동주를 다시 '춘추시대'와 '전국시대' 둘로 나눈 것을 아울러 일컫는 말입니다.

소설 『열국지』는 바로 여기서 말하는 '춘추전국시대'를 서술한 것으로, 그런 까닭에 정식 명칭을 '동주열국지'라 합니다. 그래서 소설의 첫머리 또한 주나라 왕실이 초기의 위세를 잃어 가다가 급기야 견융의 침입으로 수도를 동쪽으로 옮기는 이야기로 시작합니다.

『열국지』의 탄생

『열국지』는 소설입니다. 하지만 이것은 다른 소설들과 달리 거의 대부분의 이야기가 실제로 일어났던 사실에 바탕을 두었습니다. 그것도 전후 550년에 걸친 오랜 세월 동안 역사의 무대에 등장했다 사라져 간 무수한 인물들에 대한 일종의 다큐멘터리라고도 할 수 있습니다. 이 시기에 존재했던 나라만 해도 170여 개 국이 넘고, 등장인물은 이루 헤아릴 수 없을 정도입니다. 바로 이런 점 때문에 오랫동안 『열국지』는 쉽게 접근하기 어려운 책으로 남아 있었습니다.

소설 『열국지』의 작자는 펑멍룽馮夢龍(풍몽룡)으로 알려져 있습니다. 하지만 근대 이전에 나온 소설 작품들은 판본 문제가 그리 간단치 않습니다. 그것은 당시 문인들이 소설이라는 장르 자체를 그다지 높이 평가하지 않았기에 작자를 분명히 밝혀 놓지 않은 데다 기왕에 있는 작품들을 멋대로 개작하거나 수정을 가하는 일이 많았기 때문입니다.

그래도 『열국지』의 경우, 판본 문제가 복잡한 다른 소설 작품보다는 비교적 이루어진 과정이 간단합니다. 우선 명대 중엽에 희곡 작품이나 길거리 이야기꾼들의 대본인 화본話本 등에서 다루어진 내용들을 근간으로 만들어진 위사오위余邵魚(여소어)와 위샹더우余象斗(여상두)의 『열국지전』(정식 명칭은 '춘추열국지전')이 나온 뒤 다시 명대 말엽에 이『열국지전』을 바탕으로 펑멍룽의『신열국지』新列國志가 나왔습니다. 그런데 정작 『열국지』가 사람들에게 주목을 받고

『동주열국지』 표지

유명해진 것은 청대 중엽에 차이위안팡蔡元放(채원방)이 평점을 단 『동주열국지』東周列國志가 나온 뒤라고 할 수 있습니다.

하지만 우리나라에서 나온 번역서들은 대개 펑멍룽이 지은『동주열국지』라고만 소개되어 있는 경우가 많습니다. 이것은 펑멍룽이 엮은『신열국지』와 차이위안팡이 평점을 해서 펴낸『동주열국지』를 서로 엇섞어 놓은 것으로, 정확한 표현은 아닌 셈입니다. 물론『열국지』에 등장하는 에피소드는 대부분 펑멍룽의 손에 의해 확정되었기에,『열국지』의 작자를 펑멍룽이라고 하는 것이 그리 잘못된 일은 아니지만, 엄밀히 말하면 펑멍룽의 이름으로 펴낸 것은『신열국지』이기 때문에 펑멍룽의『동주열국지』는 문제의 소지가 있습니다.

그러나 이런 문제는 중국소설 전공자들에게나 의미가 있을 터이니, 독자들 입장에서야 어느 쪽으로 부르든 상관은 없을 듯합니다. 다만 우리가 통칭『열국지』라고 부르는 책이 이상에서 정리한 과정을 거쳐 탄생한 것이라는 사실만 알려드리고자 합니다. 아울러 이런 저간의 사정을 반영해 이 책에서는 굳이 펑멍룽의『신열국지』나

차이위안팡의 『동주열국지』라는 명칭에 얽매이지 않고 단순하게 『열국지』라는 이름으로 지칭합니다.*

민심은 천심, 공화정과 주周의 동천

『열국지』의 주요 무대는 춘추전국시대입니다. 그러니 『열국지』가 춘추시대의 시작에 해당하는 주나라의 동천東遷으로부터 시작하는 것은 지극히 자연스러운 일입니다. 주나라의 역사는 크게 서주西周 시대와 동주東周 시대로 나뉩니다. 여기서 동과 서의 구분은 수도의 위치가 동쪽인가 서쪽인가 하는 데서 비롯됩니다. 곧 서주의 수도인 하오鎬(호)는 지금의 시안西安(서안) 인근에 있었던 데 비해, 동주의 수도인 뤄이洛邑(낙읍)는 현재의 뤄양洛陽에 해당하며 각각의 위치는 명칭에서 알 수 있듯이 서쪽과 동쪽에 위치해 있습니다. 곧 서쪽에 위치한 하오에서 좀 더 동쪽에 있는 뤄이로 수도를 옮긴 것입니다.

주나라의 수도가 하오에서 뤄이로 옮겨 간 것은 북방 유목민족의 잦은 침략 때문이었습니다. 중국 고대사에 등장하는 유목민족은 시대를 달리하며 다양한 명칭으로 불리는데, 그 당시는 견융犬戎이라 불렸습니다. 시대를 달리하면서 이들 북방 유목민족들은 중원의 왕조와 끊임없이 갈등하며 중국 역사의 전환점을 만들어 냈습니다.

아울러 한 나라의 영고성쇠는 일회적인 사건에 의해서만 일어나

---

* 이 책에서는 김구용이 옮긴 『열국지』(솔출판사, 2001)를 저본으로 삼았다.

는 것이 아닙니다. 서주 중기에 이르면 왕조 초기에 유지되던 건강한 기풍이 사라지고 주 왕실은 급속도로 쇠미해져 제후국들을 통솔할 힘을 잃어 갔습니다. 위대한 역사가 쓰마첸司馬遷(사마천)은 『사기』史記에서 주나라 7대 왕인 의왕懿王의 시대에 이르러 주나라 왕실이 마침내 쇠해 버렸다고 일갈했거니와, 10대 왕인 려왕厲王은 백성들의 뜻을 살피지 않고 멋대로 정사를 오로지하다 급기야 백성들이 들고일어나 왕위에서 쫓겨났습니다.

려왕의 잘못은 여러 가지가 있지만, 가장 결정적인 것은 백성들의 언로言路 차단이었습니다. 왕을 비방하는 자들을 잡아들이자 백성들은 일시 입을 다물었지만, 불만이 쌓이고 쌓여 임계점을 넘어서자 사태가 걷잡을 수 없는 지경에 이르렀습니다. 려왕이 불평불만을 늘어놓는 백성들을 잡아들여 여론을 잠재운 뒤 평소 자신에게 비판적이던 소공召公을 불러 그 사실을 자랑하자 소공은 기가 막히다는 듯 말했습니다.

"비난의 흐름을 막았을 따름입니다. 백성들의 입을 막는 것은 강물을 막는 것보다 어렵습니다. 강물이 막혀 고이면 결과적으로 반드시 둑이 터져 큰 재앙이 일어나게 됩니다."

결국 3년 만에 백성들이 들고일어나자 려왕은 난을 피해 도망치고, 제후들은 '공화백'共和伯이라는 대신을 내세워 정사를 돌보게 합니다. 혹자는 공화백이 특정 인물이 아니라 제후들이 공동으로 관리하는 '공화'共和 행정을 가리킨다고 하는데, 이름에서 알 수 있듯이 '더불어 화목하다'는 뜻을 가진 이 낱말은 근대 초기 서구의 문물을 받아들일 때 '리퍼블릭'republic이라는 용어에 대한 번역어로 쓰여 오늘날까지도 이어지고 있습니다. 쓰마첸 역시 이 사건을 중요하게 생각해 이 일이 일어났던 해를 '공화' 원년으로 삼고, 역사 연표의 기점으로 삼았습니다.

려왕은 쫓겨난 뒤에도 14년 간 생존했으며, 그 기간 동안 공화정이 이어졌습니다. 하지만 려왕이 죽자 제후들은 드디어 공화정을 끝내고 려왕의 아들인 징靖(정)을 옹립해 선왕宣王의 시대를 열었습니다. 선왕은 쇠미해 가는 주 왕실을 중흥시키기 위해 이러저러한 노력을 기울였지만, 이미 쇠퇴의 길로 들어선 왕조의 운명을 되돌릴 수는 없었습니다.

앞서 살펴본 『열국지』의 주요한 두 가지 판본인 위사오위余邵魚와 위샹더우余象斗의 『열국지전』과 펑멍룽馮夢龍의 『신열국지』가 차이를 보이는 것이 바로 이 지점입니다. 곧 위사오위와 위샹더우의 『열국지전』은 주나라가 세워지는 과정에서부터 시작하는 데 비해, 펑멍룽의 『신열국지』는 주 선왕의 이야기에서 본격적인 이야기가 시작됩니다.

> 주 선왕은 비록 정치에 힘썼으나, 주 무왕의 창업을 따를 순 없었다. 비록 주나라를 중흥했다지만 주 성왕, 주 강왕 때만큼 오랑캐들을 교화시키진 못했다. 『열국지』 제1권

급기야 주 선왕은 재위 39년에 강융姜戎과 일전을 벌인 끝에 패배하고 권토중래를 노리던 중 길거리에서 다음과 같은 요언을 듣습니다.

> 달이 떠오르니

해는 지려 하네
산뽕나무로 만든 활과 쑥대로 만든 화살통이여
주나라도 장차 망하누나

『열국지』 제1권

   결국 주 선왕의 아들인 유왕幽王이 즉위하자 왕실을 바로잡고 나라의 위세를 떨치려던 선왕의 모든 노력은 허사가 되고 서주 시대는 막을 내립니다. 유왕은 망국의 군주답게 여러 가지 문제를 일으켰는데, 가장 치명적인 것이 '나라를 위기에 빠뜨린 여인'傾國之色을 총애한 일이었습니다.

   유왕의 여인 바오쓰褒姒(포사)는 평소에 전혀 웃지 않았습니다. 유왕은 바오쓰가 웃는 모습을 보고 싶었습니다. 그러던 어느 날 봉화가 잘못 오르는 사건이 발생합니다. 잘못된 봉화를 보고 달려온 제후국의 군사들은 몹시 허둥대며 어찌할 바를 몰랐습니다. 그런데 그 모습을 본 바오쓰가 웃음을 터뜨렸습니다. 그날 이후로 유왕은 바오쓰의 웃음을 보기 위해 거짓 봉화를 몇 차례나 더 올립니다. 이

주 유왕과 바오쓰

이야기에서 유왕의 모습은 양치기 소년을 닮았습니다. 당연히 이후로 제후들은 유왕의 봉화를 보아도 누구 하나 출동하지 않았습니다. 훗날 견융 등 북방 유목민족이 유왕의 전 부인인 선 후申后(신후) 일족과 연합해서 쳐들어왔을 때는 그 누구도 도와주러 오지 않았고, 결국 유왕은 견융의 손에 살해되고 바오쓰와 그 아들 보푸伯服(백복) 역시 죽임을 당했습니다.

하지만 다른 야심이 있었던 견융의 무리는 유왕의 아들인 평왕平王이 즉위한 뒤에도 중원을 호시탐탐 노리면서 대군을 이끌고 주나라 변방을 어지럽혔습니다. 견디다 못한 평왕이 수도인 하오鎬를 버리고 제후들이 왕래하기 편한 뤄이洛邑(낙읍)로 천도하니, 그 이전 시기를 서주 시대라 하고 그 이후를 동주 시대라 일컫게 되었습니다.

춘추시대와 오패의 등장

동주 시대는 다시 춘추시대春秋時代와 전국시대戰國時代로 나뉩니다. 잘 알려진 대로 두 시대를 가름하는 것은 '진晉의 삼분'이라는 역사적 사건입니다. 또 '춘추'와 '전국'이라는 명칭은 『춘추』春秋와 『전국책』戰國策이라는 책 이름에서 유래했습니다. 『춘추』는 기원전 5세기 초에 쿵쯔孔子(공자, BC.551~BC.479)가 엮은 것으로 알려진 중국의 사서史書로, 노魯나라 은공隱公 원년元年(BC.722)에서 애공哀公 14년(BC.481)까지의 사적事跡을 연대순으로 기록한 것입니다. 『전국책』은 전한前漢 시대의 학자 류샹劉向(유향, BC.79?~BC.8?)이 전국시대의 수많은 제후국 전략가들의 정치, 군사, 외교 등 책략을 모아 기록한 책입니다.

춘추시대에 접어들어 주나라는 더 이상 제후국들을 아우르는 천자국天子國으로서의 위명을 떨칠 수 없었습니다. 그 하나의 증표가 진秦과 노魯가 주 왕실만 올릴 수 있는 교체郊禘˚ 의식을 올린 것입니다. 주 평왕은 처음에는 이것을 허락하지 않았으나 두 나라가 마음대로 제사를 올리자 감히 그들에게 뭐라 하지 못했습니다. 그 이후로는 제후들이 제멋대로 굴면서 서로를 침범해 천하가 혼란에 빠졌습니다.

그런 와중에 강성한 제후국들이 나타났으니, 제齊나라 환공桓公, 진晉나라 문공文公, 초楚나라 장왕莊王, 오吳나라 왕 허뤼闔閭(합려), 월越나라 왕 거우젠勾踐(구천)이 바로 그들입니다. 이들을 '춘추오패'春秋五覇라 부릅니다. 이들은 시간의 흐름 속에 서로 앞서거니 뒤서거니 역사의 무대에 등장해 우리에게도 잘 알려진 숱한 에피소드를 만들어 내며 명멸해 갔습니다. 소설 『열국지』에서 가장 먼저 등장하는 제후국은 정鄭나라입니다. 하지만 정나라는 금방 뒷전으로 밀려나고 제나라의 환공이 춘추시대 최초의 패자가 됩니다. 제 환공이 패자가 되어 천하를 호령할 수 있었던 것은 관중管仲(관중)이라는 명재상을 등용했기 때문입니다.

관중은 잘 아실 겁니다. '관포지교'管鮑之交라는 고사로 유명한 인물이기도 하지만, "나면서부터 용모가 걸출하고 총명하기 이를 데 없었"으며, "널리 고금 서적에 통달하고 경천위지經天緯地의 재능과 세상을 바로잡고 시대를 구제할 만한 실력이 있었다"(『열국지』 제2권)

˚ 교체: 동지에는 남교南郊에서 하지에는 북교北郊에서 하늘과 땅에 올리는 제사. 원래는 천자국만이 지낼 수 있었다.

고 하지요. 일찍이 관중과 그의 지기知己인 바오수鮑叔(포숙)는 제 환공의 아비인 양공襄公의 두 아들 쥬糾(규)와 샤오바이小白(소백)의 스승이 되어 그들을 가르쳤습니다. 그런데 양공이 자기 누이인 원쟝文姜(문강)과 불륜 관계를 맺었고, 그 꼴을 보다 못한 바오수는 샤오바이를 부추겨 거莒나라로 망명을 하고, 관중과 쥬는 노魯나라로 망명을 떠났습니다.

결국 양공은 신하들의 손에 죽고 궁쑨우즈公孫無知(공손무지)가 잠시 임금의 자리에 오르지만 그 역시 신하들의 손에 죽고 맙니다. 이제 임금의 자리를 놓고 형제인 쥬와 샤오바이가 경쟁을 하게 되었습니다. 그리고 이들의 스승인 관중과 바오수 역시 경쟁을 벌이는 입장이 된 것입니다. 먼저 선수를 친 관중이 샤오바이에게 화살을 쏘았으나 순간적인 기지를 발휘한 샤오바이는 죽은 척하며 관중과 쥬를 안심시킨 뒤 제나라로 돌아가 임금의 자리에 오릅니다. 그가 바로 환공입니다. 결국 환공의 형인 쥬는 노나라에서 죽임을 당합니다. 하지만 관중은 바오수의 강력한 추천으로 환공을 모시게 됩니다. 환공은 자신에게 화살을 쏜 관중이 탐탁할 리 없었겠지만 바오수의 설득에 관중을 중용합니다. 그리고 드디어 자신의 뜻을 제대로 펴 보일 기회를 얻은 관중은 제나라를 부국富國으로 일으켜 세웠습니다.

명재상 관중의 힘으로 중원의 패자가 된 제 환공은 기원전 651년 쿠이츄葵丘(규구)에서 제후들을 불러 모아 회맹會盟을 했습니다. 이때 환공은 관중의 권유에 따라 당에서 내려가 천자에게 배례를 올림으로써 제후들의 신망을 얻습니다.

대회 날이 됐다. 모든 제후는 의관을 정제하고 나타났다. 그들이 걸을 때마다 환패環珮 소리가 쟁쟁했다. 모든 제후가 서로 앞에 서는 것을 사양했다. 그래서 주 천자의 명을 받고 참석한 주공周公 쿵孔(공)이 먼저 단 위로 올라갔다. 그 뒤를 따라 제후들은 차례로 단 위에 올라섰다. 단 위엔 참석하지 못한 주 양왕을 위한 빈자리가 마련되었다. 모든 제후는 왕이 앉아야 할 그 빈자리를 향해 일제히 무릎을 꿇고 절했다. 마치 그들은 조정에 나아가 친히 왕을 뵈옵듯이 거동했다. 절이 끝나자 그들은 각기 차례를 따라 자리에 앉았다. 『열국지』 제3권

이것이 이른바 '주나라 왕실을 존중하고 이민족을 물리친다'는 존왕양이尊王攘夷입니다. 제 환공이 앞장서 모범을 보임으로써 그나마 춘추시대는 최소한 외견상으로는 주 왕실을 존중하고 중원의 여러 나라가 연합해 북방 융적戎狄의 침입을 격퇴한다는 명분을 갖고 있었습니다. 하지만 명재상인 관중이 죽은 뒤 노쇠한 제 환공은 마치 끈 떨어진 연처럼 갈피를 못 잡고 이야易牙(역아)와 수댜오竪貂(수초) 같은 간신배들에게 휘둘리다가 비참한 최후를 맞았습니다.

진 문공과 전국시대의 도래

제 환공의 뒤를 이어 패자가 된 이가 진晉 문공文公입니다. 진 문공의 일생은 그야말로 파란만장이라는 말로도 부족할 정도입니다. 진 문공은 62세에 고국 진나라로 돌아올 때까지 끊임없이 목숨을 위협

당하면서 이 나라 저 나라를 전전했습니다. 그리고 초楚나라의 도움으로 진나라로 돌아가 부강한 나라를 만듭니다. 진 문공에 대해 이야기할 때 빼놓을 수 없는 것이 '한식'寒食에 얽힌 고사입니다.

진 문공이 천하를 떠돌며 유랑걸식하면서도 마침내 패업을 이룰 수 있었던 것은 그를 따르는 충신들이 있어서였습니다. 그들 가운데 졔쯔투이介子推(개자추)는 먹을 것이 떨어져 곤란에 처했을 때 진 문공을 위해 자신의 허벅지 살을 베어 고깃국을 끓여 바쳤던 인물입니다.

이때 졔쯔투이가 어디서 생겼는지 고깃국 한 그릇을 충얼重耳(중이. 진 문공의 본명)에게 바쳤다. 참으로 맛이 좋았다.
충얼이 단숨에 그 고깃국을 맛있게 먹고 묻는다.
"어디서 고기가 생겼소?"
졔쯔투이가 웃으며 대답한다.
"그것은 신의 허벅다리 살입니다. 신이 듣건대 효자는 제 몸을 죽여서까지 부모를 섬기고 충신은 제 몸을 죽여서까지 임금을 섬긴다고 하옵니다. 이제 공자가 너무나 시장하신 터이기에 신이 허벅다리의 살점을 도려내어 국을 끓였습니다."
충얼의 눈에서 하염없이 눈물이 흘렀다.
"도망 다니는 내가 그대에게 너무나 많은 폐를 끼치는구나. 장차 무엇으로 그대에게 이 은혜를 갚을까?"
졔쯔투이는 그저 웃으면서,
"신은 공자께서 귀국하실 날이 하루 속히 오기를 비는 마음뿐입니다. 그리하여 우리는 공자의 고굉지신股肱之臣이 될 날을 기다

리고 있습니다. 이외에 무엇을 바라겠습니까." 『열국지』 제3권

하지만 나중에 충얼이 진秦 목공穆公의 주선으로 귀국하여 진晉 문공이 된 뒤 논공행상을 할 때 제쯔투이에게는 봉록을 주지 않았습니다. 이에 실망한 제쯔투이는 몐산緜山(면산)에 들어가 숨어 살았는데, 뒤에 진 문공이 자신의 잘못을 뉘우치고 그를 불렀으나 나오지 않았습니다. 진 문공이 그를 나오게 하려고 산에다 불을 질렀지만 끝내 나오지 않고 그대로 타 죽었습니다. 진 문공은 제쯔투이가 불에 타 죽은 것을 안타깝게 여겨 이날 불로 익히지 않은 찬 음식을 먹었으니, 이것이 한식의 유래가 되었던 것입니다.

진 문공은 "신하들에게 상을 내린 후로 나라를 다스리는 데 더욱 힘썼다. 우선 어진 사람이 있으면 천거하게 하고, 능력 있는 자에겐 일을 맡기고, 형벌을 가볍게 하고, 부세賦稅를 줄이고 통상을 권하고, 외빈外賓을 예의로써 대접하고, 외로운 사람에겐 배필을 구해주고, 가난한 사람을 구제했다. 이리하여 진나라는 크게 다스려졌다"(제4권)고 합니다.

제쯔투이가 숨은 몐산

이렇듯 진 문공이 세력을 떨치고 일어날 때, 남방에서는 초나라가 강성해져 두 나라는 남북을 대표하는 주요 세력이 되었습니다. 결국 두 나라는 청푸城濮(성복)에서 천하를 놓고 건곤일척의 결전을 치르지 않을 수 없었으니, 이 싸움에서 진晉은 결정적인 승리를 거두었습니다. 이로써 초는 더 이상 중원을 넘보지 못했고, 진은 진정한 중원의 패자가 되었습니다. 싸움에서 이긴 진 문공은 돌아오는 길에 졘투踐土(천토)에 왕궁을 짓고 주나라 왕과 제齊, 노魯, 송宋, 위衛 등 7국을 초청해 회맹하여 중원의 패자가 되었습니다.

진 문공은 주 양왕께 재배하고 머리를 조아리며,
"신 충얼重耳이 비록 초군을 전멸시켰으나 이는 다 천자의 복이십니다. 신에게 무슨 공로가 있겠습니까?"
……
"오로지 너 진후晉侯로 하여금 정벌의 일을 맡기노니 이로써 왕실을 도우라."
진 문공은 천하의 패권을 잡고 모든 나라 제후를 규탄할 수 있는 방백의 명칭을 세 번 사양한 후에 받았다. 『열국지』 제4회

하지만 진 문공은 너무 많은 나이에 즉위했기에 정작 그가 재위한 기간은 9년에 지나지 않았습니다. 진 문공이 죽은 뒤 진나라는 오래지 않아 군주의 친족들이 몰락하고 한韓(한), 웨이魏(위), 자오趙(조), 판范(범), 즈知(지), 중싱中行(중행)이라는 여섯 개 성씨가 육경六卿을 세습하면서 정치의 실권을 잡았습니다. 그리고 이들 호족들 사이에서도 격심한 투쟁이 일어나 초기에는 판范과 중싱中行 두 씨족

이 망하고, 나머지 네 씨족들 가운데 가장 강대했던 즈知 씨는 한韓, 웨이魏, 자오趙 삼족의 연합군에 의해 망해 진晉은 사실상 세 나라로 나뉩니다(BC.453). 역사가들은 이것을 전국시대의 시작으로 봅니다.

약육강식의 시대, 백가쟁명과 백화제방

진 문공 사후 진나라는 한韓, 위魏, 조趙 세 나라로 삼분되었습니다. 그리고 중원에 대한 야심을 버리지 않았던 초나라가 이 기회를 틈타 다시 떨치고 일어섰습니다. 하지만 이번에는 초의 배후에 있는 오吳와 월越이 차례로 일어나 북상했습니다. 초나라는 군사를 돌릴 수밖에 없었고 결국 초의 패업은 이번에도 무산되고 말았습니다.

온 천하가 이전투구泥田鬪狗의 싸움터로 변한 전국시대에 벌어진 숱한 전쟁 가운데서도 오나라와 월나라의 싸움만큼 극적인 것은 일찍이 없었습니다. 이 싸움에서 등장한 고사가 바로 '와신상담臥薪嘗膽'입니다. 잘 알려진 대로 오나라의 왕 허뤼闔閭(합려)와 그 아들인 푸차이夫差(부차), 그리고 월나라의 왕인 거우젠勾踐(구천)은 승패를 주고받으며 한 세대를 풍미했습니다. 하지만 엄밀한 의미에서 이 드라마의 주인공은 따로 있습니다. 초나라 출신으로 오왕이 패자가 되는 데 결정적인 도움을 주었던 우쯔쉬伍子胥(오자서)가 바로 그 사람입니다.

원래 우쯔쉬는 초나라 평왕平王의 신하인 우서伍奢(오사)의 둘째 아들로 태어났습니다. 하지만 평왕이 자신의 아버지와 형을 무고하게 죽이자, 초나라를 탈출해 송宋나라와 정鄭나라를 거쳐 오나라로 망명했습니다. 아비와 형에 대한 복수심에 불탔던 우쯔쉬는 오왕 허뤼를 도와 기원전 506년 초나라를 함락시키고 이미 죽어 무덤에 묻힌 초 평왕의 시신을 파내 채찍질하여 원한을 풀었습니다.

    군사들이 다시 그 밑을 파니 이윽고 석판이 나타났다. 그 석판을 들어내자 밑으로 층계가 나 있고 그 층계 밑에 널이 놓여 있었다. 우쯔쉬는 널을 부수고 송장만 끌어 내오게 했다.
    시체를 보니 완연히 살아 있는 초 평왕이었다. 널 속을 수은으로 채워 시체를 담가 두었기 때문에 피부 하나 상한 곳이 없었다. 우쯔쉬는 시체를 보자 가슴 속에서 원한이 하늘을 찌를 듯 치솟았다. 그는 구리쇠로 만든 구절편九節鞭을 들어 초 평왕의 시체를 300번이나 쳤다. 초 평왕의 살은 뭉개지고 뼈는 부서졌다. 우쯔쉬는 다시 발로 초 평왕의 배를 밟고 손으로 그 눈을 뽑았다.
    "네 이놈! 생전에 이런 못된 눈을 가졌기 때문에 충신을 알아보지 못하고 간신을 믿어 나의 부친과 형님을 죽였으니 원통하고 원통하다."
    드디어 우쯔쉬는 눈알이 빠진 초 평왕의 목을 끊고 그 옷을 찢고 관棺과 널을 부순 후 시체를 벌판에 버렸다. 『열국지』 제8권

강성해진 오나라는 주변국들을 공격하며 위세를 떨쳤는데, 이로 인해 오만해진 오왕 허뤼는 월나라를 치다가 오히려 월왕 거우젠의 반격에 밀려 패퇴했고, 이때 입은 상처가 덧나 이내 죽고 맙니다. 그때 일을 시詩로 읊은 것이 있습니다.

초나라를 격파하고 제나라를 깔보며 자못 의기가 높더니
또 월나라를 먹으려고 군사를 일으켰도다
싸움을 너무 좋아하면 결국 싸우다가 죽나니
모든 일이란 순리대로 해야지 날뛰면 못쓴다

『열국지』 제9권

이때부터 오와 월 사이의 승패를 주고받는 유명한 고사가 시작되었습니다. 허뤼의 아들 푸차이夫差는 아버지의 원수를 갚기 위해 신하들에게 자신이 출입할 때마다, "푸차이야, 너는 월왕이 너의 아버지를 죽였다는 사실을 잊었느냐"라고 소리치게 하고, '땔나무 위에서 불편한 잠을 자며'臥薪 원한을 되새긴 끝에 결국 월나라와의 전투에서 대승을 거두었습니다.

이번에는 월왕 거우젠勾踐이 위기에 빠졌습니다. 거우젠은 스스로 오나라에 포로로 잡혀가 3년 간이나 마구간을 지키며 말을 키우다 마지막에는 푸차이가 병이 들었을 때 그의 변을 맛보기까지 하며 푸차이의 신임을 얻어 겨우 월나라로 돌아갈 수 있었습니다. 월나라로 돌아간 거우젠은 나라의 힘을 기르며 복수를 꾀했는데, 늘 '짐승의 쓸개를 핥으며'嘗膽 치욕을 잊지 않았습니다. 그 사이 우쯔쉬는 푸차이에게 버림받고 자결을 하면서 문객門客에게 자기가 죽으면 오나라가 월나라에 멸망당하는 모습을 지켜볼 수 있도록 눈알을 도려내 동문 위에 걸어 달라고 부탁합니다. 이 말을 들

푸차이의 모矛(좌)와 거우젠의 검劍(우)

고 격노한 푸차이는 친히 칼을 뽑아 우쯔쉬의 목을 베어 목은 판먼盤門(반문) 위에 매달고 시체는 말가죽 부대에 담아 쳰탕 강錢塘江(전당강)에 던져 버리라고 명했습니다. 결국 남몰래 힘을 기른 월나라의 공격을 받은 오왕 푸차이는 자결하고 오나라는 망하고 말았습니다.

이제 천하는 더 이상 주나라를 종주국으로 받들지 않았습니다. 그야말로 '약육강식'의 논리만으로 처절한 싸움을 벌였고, 강대국이 멋대로 약소국을 병탄하기에 이르렀습니다. 이렇듯 극심한 생존 경쟁 속에 살아남은 나라는 모두 일곱이었으니, 신흥 강국 진秦을 필두로 조趙, 위魏, 한韓, 제齊, 연燕, 그리고 남방의 초楚가 그것입니다. 이들은 모두 왕을 자처하여, 이른바 '전국칠웅'戰國七雄이라 하였으며, 춘추시대의 '춘추오패'春秋五霸와 병칭됩니다.

이들은 상대를 제압하기 위해 나라 살림을 충실히 하는 한편, 가문이나 신분을 따지지 않고 능력에 따라 인재를 등용함으로써 군사력을 키웠습니다. 그리하여 이 시기는 무수한 사상가들이 한꺼번에 출현해 저 나름대로 학술과 사상을 마음껏 펼쳐 내보인, 중국 역사상 일찍이 없던 자유로운 사상 해방의 시대가 되었습니다. 이것은 실로 쿵쯔孔子를 대표로 하는 유가와 법가, 도가, 묵가, 농가, 심지어 잡가 등 '갖가지 사상가들이 다투어 자기주장을 펼치고'百家爭鳴, '온갖 꽃들이 일제히 피어났던'百花齊放 문화 폭발기였습니다.

왕조 시대의 영원한 딜레마, 왕도인가 패도인가?

다양한 사상가가 출현했다고는 해도 그 가운데 대표적인 것은 역시 유가와 법가입니다. 그리고 이들의 정치적인 주장을 한마디로 가름하는 것이 '왕도'王道와 '패도'覇道 정치라 할 수 있습니다. 유가 쪽에서 내세운 '왕도' 정치는 쿵쯔의 사상을 계승한 멍쯔孟子(맹자)의 생각에 잘 나타나 있는데, 곧 쿵쯔가 말한 '인의'仁義를 바탕으로 어느 한 사람이 '자신의 몸을 잘 수양해 타고난 본성이 발현하면 그 집안이 안정되고 나아가 나라가 잘 다스려지고 천하가 편안해진다'修身齊家治國平天下는 것입니다.

> 이에 쿵쯔는 기강을 세우고 예의를 가르치고 염치를 알게 했다.
> 그러므로 백성들은 안정되고 나라는 저절로 다스려졌다.
> 불과 3개월 만에 노나라의 풍속은 크게 변혁되었다.
> ……
> 어느덧 백성들 사이에 다음과 같은 노래가 유행했다.
>
>   거룩하신 성인이 마침 우리에게 강림하셨도다
>   거룩하신 성인께서 공평히 우리를 위로하시는도다
>
> 『열국지』 제8권

왕도 정치와 달리 패도 정치는 엄격한 법 집행을 통해 신상필벌信賞必罰을 강조한 '법치'를 실현하는 것입니다. 이것은 구체적으로 다시 '세'勢와 '술'術과 '법'法으로 나뉘는데, 여기서 '세'는 천하의 백성들이 추대하고 옹립해 등극한 군주가 부여받은 고유한 통치권을 말하고, '술'은 군주가 신하들을 통제하고 다스리는 일종의 테크닉이며, '법'은 인간사에서 일어나는 여러 가지 상황에 대한 잣대를 문서화한 '성문법'을 말합니다.

중원의 소국이었던 위衛나라 종실의 자손으로 본명이 궁쑨양公孫鞅(공손앙)인 상양商鞅(상앙)은 진秦 효공孝公에게 발탁되어 변법變法을 시행합니다. 상양은 자신의 법령이 효과를 발휘하려면 백성들의 신뢰가 중요하다고 생각했습니다. 백성들에게 신뢰를 얻는 방법으로 그는 먼저 도성의 시장 남문에 3장 길이의 나무를 세워 두고 이 나무를 북문으로 옮기는 자에게 상금으로 10금을 준다는 방을 내걸었습니다. 사람들은 그렇게 많은 상금을 준다는 말 자체를 믿지 못하여 아무도 나무를 옮기려 하지 않았습니다. 하지만 상양은 오히려 상금을 50금으로 올렸습니다. 그러자 한 사람이 반신반의하며 나무를 북문으로 옮겼습니다. 상양은 즉시 그 사람에게 상금 50금을 주었고, 이 행동을 통해 자신의 말이 헛말이 아니라는 것을 사람들에게 확인시킵니다.

하지만 일단 법령이 제정되자 그 "법이 어찌나 강하고 무서웠던지 백성들은 자다가도 무서운 꿈을 꾸고 소스라치게 놀라 일어나서는 온몸을 벌벌 떨었다. 이리하여 길에 물건이 떨어져 있어도 줍는 자가 없었다. 마침내 진나라엔 도둑이 없어졌다. 창고마다 곡식과 재물이 가득 쌓였다. 또한 모두가 전쟁에 나가서는 용감했다. 감히 개인 간에 싸우는 자가 없었다. 이리하여 진나라는 천하제일의 부강한 나라가 되었다"(제10권)고 합니다.

진나라가 강대국이 되자 나머지 여섯 나라는 진나라를 두려워하며 연합전선을 구축합니다. 이때 쑤친蘇秦(소진)이라는 유세객이 나타나 연燕, 한韓, 위魏, 조趙, 제齊, 초楚를 차례로 돌며 각국의 군주들을 설득해 여섯 나라가 종縱으로 연합해 진에 대항하는 '합종책'

合縱策을 완성하고, 여섯 나라의 재상을 겸했습니다.

여섯 나라 왕이 공경하는 마음으로 두 손을 포개고 일제히 대답한다.
"삼가 선생의 가르침을 받고자 하오!"
쑤친이 희생의 피를 담은 반盤을 들고 여섯 나라 왕 앞을 돌았다. 여섯 나라 왕은 차례로 희생의 피를 입술에 바르고, 천지와 6국 조종祖宗에 대해서 일제히 꿇어 엎드려 절하고 맹세했다.
그 맹세에 쓰였으되,

만일 어떤 한 나라가 이 맹세를 배반할 경우엔
나머지 다섯 나라는 그 나라를 치리라

…… 이에 여섯 나라 왕은 쑤친을 종약從約의 장으로 추대했다. 뿐만 아니라 각기 쑤친에게 정승의 인印과 금패金牌와 보검을 주었다. 『열국지』 제10권

쑤친과 동문수학한 장이張儀(장의)는 쑤친의 합종책에 대항해 진秦을 제외한 여섯 나라를 설득해 진과 동맹을 맺는 연횡책連橫策을 제시합니다. 이때 "진秦 혜문왕惠文王은 점점 천하에 위세를 떨치는 제나라와 남방의 강국인 초나라 사이를 어떻게 해서든지 떼어놓아야겠다고 결심"합니다. 장이는 진 혜문왕에게 "신이 남쪽 초나라에 가서 저의 세 치 혀를 놀려 어떻게든 초나라와 제나라 사이를 떼어놓겠습니다"라고 말하고 드디어 초 회왕懷王을 만나 그를 설득해 진

과 동맹을 맺게 합니다.

　이렇게 해서 결국 진나라는 나중에 시황제始皇帝가 되는 진왕 정政(정)이 6국을 멸하고 천하를 통일합니다. 진의 천하통일은 시황제라는 걸출한 군주가 나타나 뛰어난 능력을 가진 신하를 부려 이룬 것이라 할 수도 있지만, 천하의 대세가 오랜 분열 시대를 끝내고 통일을 열망하는 쪽으로 기울었기 때문이라고 볼 수도 있습니다.

　춘추전국시대는 철기를 사용함으로써 농업과 수공업 분야에서 비약적인 발전을 이루었습니다. 하지만 나라 간에 유통되는 화폐와 도량형 등이 서로 다르고 국경마다 세금을 징수하는 등 교역을 막는 불편한 요인들이 많았습니다. 여기에 더해 오랜 기간 계속된 전란으로 백성들의 삶은 피폐할 대로 피폐해지니, 전국시대 말기에 이르면 왕과 귀족, 평민을 막론하고 누구나 통일 국가의 출현을 갈망하게 되었습니다. 진이 여섯 나라를 병합해 천하를 통일한 것은 이와 같은 사회적 분위기와 무관하지 않습니다.

　소설 『열국지』는 춘추전국시대의 시작부터 진秦의 통일까지 장구한 역사를 이야기로 풀어 보여 주고 있습니다. 『열국지』의 마지막은 다음과 같은 구절로 끝납니다. 역사는 결국 사람의 손에 의해 만들어지는 것이며, 그런 의미에서 인사人事가 만사萬事라는 것인지도 모르겠습니다.

　　자고로 흥하고 망한 나라를 살펴보아라. 모든 원인은 당시에 어진 신하를 등용했느냐, 아니면 간신을 등용했느냐에서 판가름났도다.

진한,
창업과 수성의 어려움

초한지楚漢誌

진秦, 한漢

진秦나라(BC.221~BC.206)는 춘추전국시대를 통일한 중국 역사상 최초의 제국입니다. 진 제국은 화폐·도량형·문자를 통일하는 등 많은 개혁을 이루어 냈으며, 한편으론 분서갱유와 같은 사상 탄압도 벌입니다. 진 제국은 비록 강성한 나라였지만, 오래가지 못하고 멸망했습니다. 진나라를 이어 등장한 나라가 한漢나라(BC.202~AD.220)입니다. 왕망王莽이 세운 신新나라(8~22)에 의해 잠시 한나라의 적통이 끊어지는데, 이때를 기준으로 전한前漢(혹은 서한西漢)과 후한後漢(혹은 동한東漢)으로 나뉩니다. 한 무제武帝(재위 BC.141~BC.87)의 치세기는 중국 역사상 최대의 대제국이 건설된 전성기였습니다.

최초의 통일 왕국 출현

광대한 영토를 가진 중국의 역대 왕조는 나라를 효율적으로 통치할 방법을 찾느라 고심했습니다. 이를테면, 나라 살림을 유지하는 데 필요한 자금을 조달하기 위해 세금을 거두는데, 이 세금을 거두고 중앙으로 옮기는 일도 중요했지만 무엇보다 조세의 대상이 되는 세원稅源을 정확히 파악하는 일부터가 쉽지 않았습니다. 그래서 역대 왕조는 여러 가지 부세賦稅 제도를 마련하고 시행했지만, 통신과 교통이 발달하지 않았던 고대에는 이 과정에서 많은 문제가 일어났습니다.

세금을 징수할 때 가장 큰 문제는 과세의 대상인 인정人丁과 호구戶口에 대한 정확한 통계를 내는 것이었습니다. 그러나 이것은 현대에도 쉽지 않은 문제입니다. 과학 기술이 발달한 현대에도 중국의 인구가 몇 명인지 정확하게 파악하기 어려운데, 하물며 고대임에랴. 그래서 역대 왕조는 나라 살림에 필요한 만큼의 세액을 미리 정하고 그것을 지역별로 할당해 거두는 방식으로 조세 제도를 운용했습니다. 그러나 그 과정에서 누수되는 세액이 얼마나 되는지는 알 수 없는 노릇이었습니다. 세금을 집행하는 현장에서는 탐관들의 가렴주구가 있다 해도 정작 나라 살림은 좀처럼 주름살을 펴기 어려운 일들이 빈번하게 일어났습니다.

그런 모순 상황이 지속되면 사회 일각에서 불평불만 세력이 들고일어나 천하는 다시 혼란에 빠집니다. 한 왕조의 명운이 이 조세 제도의 마련과 시행에 달렸다 해도 과언이 아니었던 것입니다. 어찌 세금 문제뿐이겠습니까? 나라의 덩치가 크다 보니 중국은 유사 이래로 항상 이러저러한 문제로 하루도 편할 날이 없었습니다. 그런 의미에서 보자면 과연 이런 거대 제국이 반드시 존재해야 할 필요가 있는가 하는 생각이 들기도 합니다.

진시황릉 병마용갱

그런데 다른 한편으로 생각해 보면 중국이 거대 제국이 될 수 있었던 데에는 지리적인 고립성이 중요하게 작용했습니다. 중국 역사의 주무대가 되었던 이른바 '중원' 땅은 북쪽은 사막과 산지이고 서쪽 역시 흔히 허시 회랑河西回廊(하서회랑)이라 부르는 혈로를 제외하면 높은 고원 지대로 막혀 있고, 남쪽은 양쯔 강揚子江(양자강) 이남이 미개척지였고, 동쪽은 바다에 임해 있습니다. 그 사이에 있는 드넓은 평원 지역에서 중국 역사가 명멸했던 것입니다.

그렇기 때문에 중국 역사는 외부 세계와의 접촉이 어려운 상황에서 장기간 분열과 통일의 역사를 이어갔고, 최초의 통일을 이룬 이가 바로 진시황秦始皇이었습니다. 그러나 정작 천세 만세를 이어갈 것이라던 시황제의 호언은 남가일몽이 되어 버리고 천하는 이내 혼란의 소용돌이에 휘말립니다. 실로 창업創業이 어렵긴 하되 그보다 더 어려운 것이 수성守成이라는 것은 시대를 불문하고 통용되는 진리인 셈입니다.

『초한지』는 없다

장기는 바둑과 함께 동아시아 3국에서 가장 인기 있는 오락으로 초楚와 한漢으로 나뉘어 있는 장기 말을 부려 지략을 겨룹니다. 명불허전이라 했던가요? 과연 천하를 두고 쟁패했던 초의 샹위項羽(항우)와 한의 류방劉邦(유방)은 중국 역사에서 가장 유명한 라이벌이라 해도 과언이 아니며, 관례상 수가 약한 사람이 초를 잡고 선공을 하게 되는데, 이것은 초와 한 두 나라의 싸움에서 한이 최종 승리를 거두었기 때문입니다.

우리는 샹위와 류방의 싸움을 『초한지』라는 소설을 통해 알고 있습니다. 그런데 정작 중국에는 '초한지'라는 제목의 소설이 없습니다. 중국의 고대소설을 어지간히 모아 놓은 『중국고전소설총목제요』中國古典小說總目提要라는 책에도 '초한지'라는 서명은 보이지 않습니다. 그렇다면 우리가 알고 있는 『초한지』는 어디서 유래한 것일까요?

이에 대한 실마리는 우리나라에서 최초로 '초한지'라는 제목의 소설을 펴낸 팔봉八峯 김기진金基鎭(1903~1985)의 『초한지』(어문각, 1984) 「머리말」에서 찾아볼 수 있습니다.

> 천하장사 샹위라면 모르는 사람이 없고, 불량소년들의 조롱을 받고 그 가랑이 밑으로 기어 나가는 수모를 당하면서도 꾹 참아내었다가 후일에 한나라의 대장군이 되어 샹위를 무찌른 한신韓信(한신)의 이름도 그에 못지않게 널리 알려져 있으며, ……그러나 이런 것들을 알기는 해도, 그저 단편적이고 피상적인 일화로서

수박 겉핥기로 알고 있을 뿐이요, 역사적인 배경이나 시대적인 조류, 등장인물들의 인간적인 특성이나 업적에 관해서는 거의 백지상태에 있는 것이 보통이다. ……나는 이것을 늘 안타깝게 생각하던 끝에, 우리 생활에 밀착되다시피 한 중국 고전 가운데 하나를 널리 알리려는 의도 하에, 『서한연의』西漢演義를 원본으로 하여 '통일천하'統一天下라는 제명으로 오래 전에 『동아일보』에 연재했다. ……이번에 이를 다시 '초한지'楚漢誌로 개제하면서, 그 문장과 내용에도 새로이 손질을 많이 하고 편집 체재도 현대 감각을 살려서 보기 좋고 읽기 좋도록 다듬었다.

곧 중국 소설 『서한연의』를 김기진이 '초한지'라는 제목으로 새롭게 펴낸 것*이니, 당연하게도 중국에는 『초한지』라는 책이 없는 것입니다. 현재 남아 있는 『서한연의』는 여러 판본이 있는데, 모두 저자를 알 수 없습니다. 명대에 처음 나온 『서한연의』는 모두 8권 101회로 되어 있으며, 이후에 나온 판본들 역시 이와 비슷한 체제를 갖고 있습니다.

사슴을 일러 말이라 하다

어느 시대나 영웅은 있겠지만, 난세는 그 영웅을 빛나게 하는 훌륭한 배경 역할을 합니다. 흔히 진한秦漢 교체기라고 부르는 시기에도

* 이 책에서는 김기진이 옮긴 『초한지』(어문각, 1984)를 저본으로 삼았다.

수많은 영웅들이 명멸했으니, 그 시대의 단초를 연 것은 단연 진秦의 시황제始皇帝이며, 『초한지』 역시 그의 출신으로부터 시작합니다.

많은 논란이 있기는 하지만, 시황제 정政이 뤼부웨이呂不韋(여불위)의 아들이라는 설이 끊임없이 제기되었는데, 소설에서는 이것을 사실로 단정하고 있습니다.

진秦 소왕昭王의 황손인 이런異人(이인)은 대장 왕허王齕(왕흘), 왕졘王翦(왕전)과 함께 병사 10만을 이끌고 조나라를 정벌하다 조나라 장수인 롄포廉頗(염파), 린샹루蘭相如(인상여)에게 대패해 포로로 잡혀 인질이 됩니다.

조나라의 거상인 뤼부웨이는 가산을 팔아 인질 신세가 된 이런을 후원하는 한편 자신의 아이를 잉태한 주지朱姬(주희)를 그에게 주어 아내로 삼게 합니다. 뒤에 이런은 진으로 무사히 돌아가고, 뤼부웨이 역시 진의 수도 셴양咸陽(함양)에 가서 안국군安國君을 설득해 이런을 적자로 세우도록 합니다. 이때 안국군의 부인인 화양부인華陽夫人은 이런의 이름을 쯔추子楚(자초)로 개명할 것을 건의합니다.

얼마 안 있어 노쇠한 진 소왕이 죽고 뒤를 이어 안국군이 효문왕孝文王으로 왕위에 오르지만, 즉위한 지 사흘 만에 죽고 쯔추가 왕위에 오르니 곧 장양왕莊襄王입니다. 일찍이 뤼부웨이는 자신의 아비에게 인질로 와 있는 이런에게 투자할 것을 권하며 이렇게 말한 적이 있습니다.

"밭을 갈고 농사짓는 이익을 몇 배로 보십니까?"
"농사짓는 이익은 열 배는 되느니라."
"그러면 보물과 비단을 무역해서 파는 장사는 그 이익을 몇 배로 보십니까?"

"비단과 보물 매매는 그 이익이 백 배라고 말할 수 있다."

"그러면 한 나라의 주인을 세우고 그 나라를 완전하게 정하면 그 이익은 얼마나 될까요?"

"입주정국立主定國은 그 이익이 불가형언이다. 그러나 그런 일을 꾀하다가 잘못하면 패가망신할 뿐만 아니라 생명을 보전하기가 어려워……." 『초한지』 제1권

장양왕 역시 왕위에 오른 지 3년 만에 위魏나라를 치다가 패한 뒤 울화병으로 죽으니, 드디어 그 아들 정이 열세 살의 나이로 왕위에 오릅니다. 뤼부웨이는 어린 왕을 대신해 국정을 농단하니 과연 그는 말로 형언할 수 없는 이익을 얻은 셈이었습니다. 하지만 진왕 정이 성인이 된 뒤 뤼부웨이는 비참한 최후를 맞이합니다. 결국 그 아비가 말한 대로 "생명을 보전하기가 어려웠"던 것입니다.

그러나 시황제의 치세는 얼마 가지 못합니다. 시황제가 죽은 뒤 그를 이어 즉위한 이세 황제는 어리석었기에 그 주위에는 자오가오趙高(조고)와 같은 간신들만 진을 치고 있었습니다. 자오가오가 저지른 악행 가운데 가장 큰 것이 바로 '이름'을 왜곡한 것입니다.

그때에 자오가오가 이세에게 사슴을 바쳤다.

"훌륭한 말을 한 필 구해 왔기에 폐하께 바치옵니다."

자오가오는 사슴을 말이라고 아뢰고서 뜰에 내려가서 사슴을 끌어다가 황제 앞에 가까이 세우게 하였다.

이세 황제는 껄껄 웃었다.

"경이 재담을 하는 셈인가, 허허허."
"황송한 말씀이오나 재담을 폐하께 아뢸 이치가 있사오리까. 말이옵니다."
이세는 웃기를 다하고서 좌우를 둘러보며 신하들에게 물었다.
"경들은 이것을 말이라 하는가? 사슴이 아닌가?"
그러나 신하들은 국궁하고 서 있을 뿐 아무도 대답하지 못한다.
……
이세가 한 사람씩 한 사람씩 말인가 사슴인가를 물어보니 모든 신하가 똑같이 말이라고 대답하는데 그중에서 다만 세 사람이,
"사슴이라고 아뢰오."
이같이 대답하였다.
자오가오는 이세 황제에게 사슴을 사슴이라고 바른대로 대답한 신하들을 기억해 가지고 대궐 밖에 나와서 심복 장수들로 하여금 그들이 대궐문 밖으로 나가거든 목숨을 끊어 버리라고 분부했다.

『초한지』제1권

'사슴을 가리켜 말이라 한다'는 의미를 가진 사자성어 지록위마 指鹿爲馬는 우리가 알고 있는 것보다 그 의미가 깊고 큽니다. 현대의 언어학자들은 '말言'이라는 것을 그 명목과 실질의 결합으로 정의합니다. 곧 말은 그 '소리'signifiant에 걸맞은 '의미'signifie의 결합이라는 것입니다.

우리를 둘러싼 세계는 이와 같은 명목과 실질의 결합으로 이루어져 있다 해도 과언이 아닙니다. 그러므로 이렇듯 명목과 실질 사이에 왜곡이 일어나면 큰 혼란이 발생합니다. 그래서 쿵쯔孔子도 '이

름을 바로 세우는 것'正名이야말로 정치의 요체라 말한 것입니다.

쯔루子路(자로)가 말했다.
"위나라 임금이 선생님을 모셔다가 국정을 맡기려고 하는데, 선생님께서는 무엇을 먼저 하실 생각인지요?"
쿵쯔께서 말씀하셨다.
"먼저 명분상의 용어를 바로잡겠노라."必也正名乎
쯔루가 말했다.
"선생님께서 현실에 어두운 것이 이 지경에까지 이르렀군요. 하필 그것을 바로잡으시겠다니요?"
쿵쯔께서 말씀하셨다.
"비루하구나. 유由(유)야! 군자는 자기가 확실히 알지 못하는 일에 대해서는 유보적인 태도를 취하는 법이다. 용어가 바르지 아니하면 말이 이치에 맞지 않게 되고, 말이 이치에 맞지 않으면 일이 잘될 수 없고, 일이 잘되지 않으면 나라의 예악제도 역시 제대로 시행되지 않을 것이며, 예악제도가 제대로 시행되지 않으면 형벌도 타당하게 적용되지 않을 것이니, 형벌이 타당하게 적용되지 않는다면 백성들은 손과 발을 어디다 두어야 좋을지를 모르게 된다. 그래서 군자는 하나의 용어로 이치에 맞는 말을 할 수 있고, 이치에 맞는 말 역시 통하게 할 수 있어, 군자는 그 말에 있어 구차한 바가 없게 되느니라."

두 영웅의 만남

결국 어리석은 군주와 간악한 신하가 어우러진 천하는 새로운 영웅의 등장을 예비하게 되니, 그 가운데 가장 두드러진 이가 샹위項羽였습니다. 샹위는 초나라 명문가의 후손으로 할아버지인 샹옌項燕(항연)은 전국시대 말기 진나라 장수 왕졘王翦(왕전)에게 살해되었습니다. 진나라가 천하를 통일한 뒤에는 숙부인 샹량項梁(항량)을 따라 우중吳中(오중. 지금의 쑤저우蘇州)으로 피신해 살았습니다.

기원전 209년 진나라에 항거하는 최초의 농민 봉기가 천성陳勝(진승)과 우광吳廣(오광)에 의해 다쩌샹大澤鄕(대택향)에서 일어났습니다. 진에 의해 망한 전국시대 6국의 귀족들은 그 소식을 듣고 각지에서 군대를 일으켰으니, 같은 해 9월 샹량과 샹위도 구이지會稽(회계) 군수 인퉁殷通(은통)을 죽이고 군사를 일으킵니다.

비슷한 시기에 페이 현沛縣(패현. 지금의 쟝쑤 성 쉬저우 시徐州市 페이 현)에는 정장亭長이라는 말직 벼슬을 사는 류방劉邦이라는 자가 있었습니다. 류방은 진시황 능묘 축조 부역에 동원된 장정들을 인솔하는 임무를 맡았는데, 도중에 절반 이상의 사람들이 도망치자 어쩔 수 없이 남은 사람들에게 술자리를 베풀고 풀어준 뒤 자신도 도망쳐 초적이 됩니다. 이때 길 위에

샹위

누워 있는 거대한 백사白蛇를 두 동강 내어 죽였다는 등의 요언을 퍼뜨려 사람들의 마음을 움직이니 많은 장수들이 그를 찾아왔습니다.

샹량과 샹위의 세력은 날로 커져 일시에 6, 7만 명으로 늘어 당시 반진反秦 세력의 중심이 되었습니다. 샹량은 군사軍師인 판쩡范增(범증)의 조언에 따라 초楚 회왕懷王의 후손을 찾아내 왕으로 세워 민심을 수습하고 진을 공격했습니다. 하지만 몇 차례의 승전으로 오만해진 샹량이 진의 맹장인 장한章邯(장한)에게 패사하자 샹위가 그 뒤를 잇습니다. 결국 긴 싸움 끝에 장한이 샹위에게 굴복해 투항하니, 초왕은 샹위를 노공魯公으로, 류방은 패공沛公으로 임명합니다.

초왕은 류방과 샹위에게 동과 서로 방향을 나누어 셴양咸陽을 치되 먼저 관중關中(관중)에 들어간 이를 왕으로 세우겠노라고 약속합니다.

"경들이 진의 이세가 시황의 무도함보다도 더욱 심하게 흉악하므로 나를 초왕으로 세우고 민심을 거두려고 하는 줄 내가 아오마는, 나는 나이도 어리고 몸도 약하고 재주도 없고, ……."
초왕은 잠깐 동안 말을 멈추고 있다가 다시 계속하였다.
"이제 경들이 동서로 진격함에, 그 거리는 같다 하니 먼저 셴양에 들어가는 사람이 왕이 되고, 다음에 들어가는 사람이 신하가 되도록 하오." 『초한지』 제1권

서쪽으로 진격한 류방은 성을 직접 공격하는 것攻城보다는 민심을 움직이는 것攻心을 주요 계책으로 삼았습니다. 류방은 이때 천하의 재사才士 장량張良(장량)을 얻어, 드디어 먼저 셴양에 도달했습니다

다. 사세가 다급해지자 자오가오는 이세 황제를 죽이고 쯔잉子嬰(자영)을 삼세 황제로 세우지만, 쯔잉은 자오가오를 죽이고 이내 항복합니다.

> 패공은 삼세가 자기에게 와서 예를 갖추어 항복하겠다는 기별을 받고서 부하 막료들을 인솔하고 본진을 떠나 영문 밖으로 나와서 기다린다.
> ……
> "모某가 황위에 있었으나 덕이 없었으므로 장군께서 서행하여 오심을 알고서 일찍이 항복함으로써 만민을 도탄에서 구하려 하였습니다. 옥새를 바치오니 원컨대 받으시옵소서."
> ……
> "네가 이미 항복하였으니 내가 초왕에게 상주하여 너의 목숨을 구하고 토지를 주어서 일생을 편안히 살도록 해 주겠다."
> 패공은 옥새를 받아 두고서 이같이 말했다. 『초한지』 제1권

그러나 류방은 아직 샹위에 맞설 힘이 없었습니다. 이에 장량의 계책을 받아들여 셴양에서 나와 바상灞上(패상)에 주둔하며 샹위를 기다렸습니다. 이때 샹위는 셴양에 조금 못 미친 신청新城(신성)이라는 곳에 주둔해 있었는데, 항복한 진나라 출신 병사들의 불평불만을 우연히 듣고는 20만 명이나 되는 이들 진나라 군사들을 모조리 죽여 버립니다. 그리고 셴양으로 들어가는 마지막 관문인 한구관函谷關(함곡관)에서 류방의 군사들에게 제지를 당합니다.

홍먼의 만남

사실 샹위의 입장에서는 초왕과의 약속 따위는 안중에 없는 것이었습니다. 동서로 나뉘어 셴양에 누가 먼저 들어가는가 하는 것은 애당초 샹위에게는 아무런 의미가 없는 말이었습니다. 그 와중에 류방 진중의 자오우샹趙無傷(조무상)이라는 자가 류방에게 다른 뜻이 있다는 편지를 샹위에게 은밀히 보내옵니다. 이에 샹위는 야습하여 류방을 제거할 계획을 세웁니다.

이때 샹위의 숙부인 샹보項伯(항백)가 장량張良에게 찾아가 이 사실을 알리고, 본진으로 돌아가 야습을 만류할 테니 류방이 훙먼鴻門(홍문)으로 찾아와 직접 샹위를 만나볼 것을 권유합니다. 과연 샹위는 샹보의 말대로 공격을 중지시키고 군사를 거둡니다.

하지만 류방을 제거하지 않으면 천하의 패업을 이룰 수 없다고 생각한 판쩡范增은 샹위에게 내일 류방이 찾아오거든 지체 없이 죽이라고 거듭 간청합니다.

"패공을 처치하는 방책으로 세 가지 꾀를 생각했습니다. 노공魯公(샹위를 말함)께서 패공을 내일 훙먼으로 초대하십시오. 그래서 패공이 도착하거든 노공이 나와서 마중하시면서 좌석에 들어오기 전에, 패공이 관중에 들어와서 지은 죄를 문책하십시오. 그래서 만일 얼른 대답을 못하거든 즉시 노공께서 패공의 목을 베십시오. 이것이 상책입니다."

"그리고 중책은?"

"그다음에 노공께서 친히 마중하시기 싫으시다면 장막 뒤에다 힘

홍먼의 만남

센 군사를 200명 가량 숨겨 두었다가 제가 때를 보아서 가슴에 차고 있는 옥패를 쳐들거든 그것을 신호로 즉시 노공께서 군사를 불러서 죽이도록 하십시오. 이것이 중책입니다."

"그리고 하책은?"

"그다음에 하책은 패공에게 술을 자꾸 권해서 몹시 취하게 한 다음 만약 취중에 실례를 하면 그때 죽이십시오. 이같이 상중하 3책만 가지시면 패공을 쉽게 처치해 버릴 수 있을 것입니다."

『초한지』 제1권

그러나 샹위는 상중하 3책을 모두 놓치고 우유부단하게 머뭇거렸습니다. 이 모습을 지켜보던 판쩡은 일을 그르칠까 두려워 샹위의 사촌동생인 샹좡項莊(항장)을 시켜 검무를 추게 합니다. 이때 류방을 수행한 장량은 밖에서 시위하고 있던 판콰이樊噲(번쾌)를 불러 들입니다.

샹위가 누구냐고 묻자 판콰이는 목이 마르고 시장하여 들어왔노라 대답합니다. 샹위는 병졸을 시켜 한 말들이 술통에 술을 가득 채워 갖다 주게 했는데, 판콰이는 두 손으로 받아 단숨에 다 마셔 버리고는 안주로 가져온 돼지다리를 잠깐 동안에 다 깨물어 먹어 버립니다. 그러고는 이렇게 말합니다.

"진나라가 호랑이같이 함부로 사람을 죽이는 까닭에 천하가 진나라를 배반했습니다. 그래서 우리 회왕께서는 제후와 약속하시기를 먼저 셴양에 들어가는 사람을 왕으로 삼겠다고 말씀하셨습니다. 그런데 지금 패공이 먼저 셴양에 들어왔건만 재물과 부녀를 추호도 건드리지 아니하고 군사는 바상灞上에 주둔시키고 노공께서 셴양에 들어오시기만을 기다렸습니다. 고생도 고생이려니와 패공의 공이 크다고 봅니다. 그런데 작爵을 봉하고 상을 주기는커녕 소인의 간계를 듣고 공 많은 사람을 죽이려고 하니, 이것은 망해 버린 진나라의 망하는 길을 따라가는 것밖에 안 됩니다……."
샹위는 판콰이의 장황한 사설을 듣고서 대단히 유쾌하게 웃었다.
……
샹위는 판콰이를 처음 보는 장사라고 칭찬하면서 자기도 큰 잔으로 술을 연거푸 마셨다. 조금 있다가 샹위가 술기운을 이기지 못해서 탁자 위에 쓰러져 버렸다. 좌우에 있던 사람들이 샹위를 부축해서 옆방에 있는 침상에 눕혔다. 『초한지』 제1권

이때의 일을 사람들은 '홍먼의 만남'鴻門之會이라고 부릅니다. 천하를 두고 벌였던 두 영웅의 건곤일척의 쟁패는 사실상 이것으로 판가름 난 것이나 다름없었습니다. 위기를 벗어난 류방은 날래게 자기 진영으로 도망칩니다.

패왕별희

셴양에 들어간 샹위는 이미 항복한 삼세 황제 쯔잉子嬰 등을 모두 죽이고 아방궁阿房宮을 비롯한 모든 궁궐을 불태워 버리고 재물을 약탈해 부하 장수들에게 나누어주었습니다. 항복한 사람은 살리고 '약법삼장'約法三章으로 진의 가혹한 법치에 시달린 백성들을 위무했던 류방과는 사뭇 다른 길을 걸어간 것입니다.

샹위는 초왕을 의제義帝에 봉하고 자신은 '서초 패왕'西楚霸王이라 칭하고 펑청彭城(팽성)에 도읍했습니다. 아울러 시황제가 확립한 군현제를 부정하고 전국시대의 옛 체제를 부활시켜 공적이 있는 장군 등 18명을 왕으로 삼아 전국에 분봉했는데, 류방은 당시로서는 오지인 바수巴蜀(파촉)와 한중漢中(한중) 땅을 분봉 받습니다.

류방은 훗날을 기약하며 중원으로 나가는 잔도棧道를 모두 불태우고 권토중래의 시간을 보내는 한편 샹위에게 중용되지 못한 한신韓信(한신)을 대장군에 임명했습니다. 한신의 조련으로 강병으로 거듭난 류방의 군사는 알려지지 않은 혈로를 찾아 다시 중원으로 돌아와 자신들을 감시하던 삼진三秦의 군사를 평정했습니다.

초기에는 샹위가 류방을 압도했지만 보급로가 길어진 샹위의 군사는 시간이 흐를수록 장기 소모전을 치르며 곤경에 빠졌습니다. 이에 반해 류방은 장량의 지모와 한신의 용병, 그리고 샤오허蕭何(소하)의 보급을 바탕으로 서서히 샹위의 목을 졸랐습니다.

기원전 202년, 류방과 한신, 펑웨彭越(팽월) 등은 샹위를 공격해 가이샤垓下(해하. 지금의 안후이 성安徽省 링비 현靈壁縣)에서 샹위의 군사를 포위했습니다. 궁지에 몰린 샹위의 군사를 흔드는 것은 사방에서 들리는 초나라 노래였습니다. 바로 '사면초가'四面楚歌의 상황입니다. 샹위는 한밤중에 일어나 주연을 차리고 만감에 젖어 시를 읊습니다.

> 힘은 산을 뽑을 정도이고 기세는 천하를 뒤덮었다네
> 사세가 불리해서일까? 주이騅(추)마저 달리지 않네
> 주이마저 달리지 않으니, 내 이를 어찌할 거나
> 위虞(우)여, 위여! 그대는 또 어찌할 거나

주이騅는 샹위가 타던 천하의 명마이고, 위虞는 샹위가 아끼는 애첩입니다. 샹위가 노래를 마치자 위는 칼을 뽑아 자신의 목을 찔러 자결하고 맙니다. 샹위는 그날 밤을 도와 800기騎를 데리고 포위망을 뚫고 남쪽으로 향했습니다. 하지만 한나라 군사의 추격에 많은 병사를 잃고, 우 강烏江(오강)에 이르렀을 때는 28기만 남아 있을 뿐이었습니다.

강가에는 우 강의 정장亭長이 배 한 척을 준비하고 그들을 기다리고 있었습니다. 하지만 샹위는 배에 올라 몸을 피하라는 정장의 말을 거부합니다. 쓰마쳰은 『사기』 「항우본기」項羽本紀에서 다음과 같이 기록합니다.

경극 〈패왕별희〉

이것은 저항할 수 없는 것이다. 저항할 수 없는 것이다. 하늘이 나를 망하게 한다면 저항할 수 없는 것이다. 나는 숙부와 더불어 구이지會稽에서 군사를 일으켰다. 우리가 8천 명의 강동 젊은이를 이끌고 강을 건너 싸우기를 8년, 70여 차례의 싸움을 치르고 난 지금엔 모두들 죽고 아무도 남지 않았다. 숙부께서도 일찍이 딩타오定陶(정도)에서 전사하셔서 이제 나 혼자만이 남았다. 나 혼자 강동으로 돌아가, 설령 강동의 노인들이 나를 가엾게 여겨 왕으로 추대할지라도 내가 무슨 면목이 있어 그들을 만날 수 있겠는가? 『초한지』 제2권

결국 샹위는 뒤쫓아 온 한나라 군사와 마지막 일전을 치르고 스스로 생을 마감합니다. 최후의 순간 샹위는 한나라 군사들 사이에서 예전에 자신의 친구이자 부하였던 뤼마퉁呂馬童(여마동)의 얼굴을 알아보고 이렇게 말합니다.

"너는 옛날 내 친구가 아니냐!"
그 고함소리는 마치 벼락 치는 소리 같다. 뤼마퉁의 말은 그 소리에 놀라서 걸음을 못 걷고 우뚝 섰다. 그리고 뤼마퉁은 샹위를 똑바로 보지 못하고서 떨리는 목소리로,
"네! 신은 대왕의 옛날 친구이옵니다. 대왕께서 저에게 부탁하실 말씀이 있사옵니까?"
……
"내 들으니, 한왕이 삼군에 호령하기를, 샹위의 목을 베어 오는 자에게는 천 금의 상을 주고, 만호후에 봉한다고 했다더라! 내 너

와 오래 전부터 알아 오던 터인 고로, 내 목을 너에게 주는 것이니, 네가 가져가거라!"

이렇게 말하더니 한 칼로 자신의 목을 썽둥 잘라 버린다. 그의 머리와 몸은 두 동강이 되어 땅위에 굴렀다. 『초한지』 제2권

최후의 승자가 된 류방은 기원전 202년, 여러 제후들과 장수들의 추대로 딩타오定陶 근처 쓰수이汜水(사수)에서 황제의 자리에 올랐습니다.

날랜 토끼를 잡고 나면 사냥개는 잡아먹힌다

『초한지』의 두 주인공은 샹위와 류방이지만, 샹위와 치른 모든 전투의 배후에는 한신韓信이 있었습니다. 흔히 많은 사람들이 샹위의 힘과 무공을 이야기하지만, 사실상 그의 힘은 한신의 뛰어난 전략 앞에서는 한갓 힘센 어린아이의 치기에 불과했습니다.

그러나 최후의 승리를 거머쥔 사람은 '산을 뽑는 힘과 천하를 뒤덮는 기세'力跋山氣蓋世를 가진의 샹위도, 천재적인 군사 전략가 한신도 아닌, 표리부동하고 음험한 류방이었습니다. 천하의 대권을 잡으려면 육체적인 힘도 필요하고 지략도 필요하지만, 그보다 앞서는 것은 욕심이었습니다.

이 풍진 세상을 살아가며 이전투구를 벌일진대 어찌 내 손에 진흙을 묻히지 않을 수 있겠습니까. 세속의 욕망을 뜬구름처럼 여기는 산림처사라면 무욕無慾과 무목無目의 눈으로 세상사를 바라볼 것

류방

이니, 황제니 권력이니 하는 것 역시 한낱 부질없는 한여름 밤의 꿈에 지나지 않을 것입니다. 결국 "옷이 찢기고, 얼굴에 생채기가 생기고, 피가 흐르건만 열 번 스무 번…… 오십 번…… 칠십이 번을 얻어맞다가 끝내 땅 위에 엎어지지 아니하고 버티"는 끈질긴 근성을 갖고 있다가 "최후로 한 번 힘 있게…… 후려갈기"는 집요한 욕심이 있어야 "붉은 해를 주워 안고" 갈 수 있는 것입니다.(『초한지』 제1권)

청말과 근대 초기의 문필가 리쭝우李宗吾(이종오, 1879~1944)는 이런 욕심을 이른바 '흑심'이라 하였거니와, 여기에 더해 '두꺼운 얼굴'을 갖춘 자만이 천하를 얻을 수 있다고 하였습니다. 그런 의미에서 유명한 삼국시대의 두 영웅 차오차오曹操(조조)와 류베이劉備(유비)의 예를 들면, 차오차오는 '흑심'은 있으되 '두꺼운 얼굴'이 없었고, 류베이는 '두꺼운 얼굴'은 있으되 '흑심'이 없었다 할 수 있습니다.

샹위와 한신의 경우는 각각 힘과 지략만 있을 뿐 '두꺼운 얼굴'도 '흑심'도 없었으니, 애당초 천하를 놓고 쟁패하되 운명적으로 최후의 승자가 될 수 없었습니다. 결국 한신은 샹위가 죽은 뒤, 용도 폐기되어 버림을 받습니다.

현대의 작가 이중톈易中天(이중천, 1947~)은 다음과 같은 한신의 말을 인용해 한신이 류방을 배신하지 않은 이유로 삼았습니다.

남의 마차에 탔다면 그의 환난을 짊어져야 하며, 남의 옷을 입었다면 그의 걱정을 마음에 품어야 하고, 남의 음식을 먹었다면 그의 일을 위해 죽어야 한다. 이중톈, 『초한지 강의』(에버리치홀딩스, 2007)

하지만 이중톈이 보기에 한신의 결정적인 패착은 샹위의 휘하에 있다가 자신에게 귀순한 같은 고향 사람 중리메이鐘離昧(종리매)를 지레 죽인 것입니다. 이때까지만 해도 류방은 한신을 어려워했으며 명분상으로 한신을 어찌할 수 없었는데, 한신이 제 풀에 중리메이를 죽여 그 목을 류방에게 바침으로써 세 가지 면에서 잘못을 저질렀다는 것입니다.(이중톈, 『초한지 강의』)

첫째, 한신은 친구를 팔아 영화를 구하고자 하여 도덕적인 오점을 남겼습니다. 곧 한신이 이미 공신에서 친구를 판 소인으로 전락했기 때문에, 중국의 전통 문화 관념에 따르면 소인은 누구나 언제든 죽일 수 있었으며, 소인을 죽이는 것은 도덕적으로 비난의 대상이 되지 않았다는 것입니다. 한신은 도덕적으로 지고 들어갔으니 이것이 그의 첫 번째 실수입니다.

둘째, 류방의 비위를 맞추기 위해 중리메이의 머리를 벰으로써 벌써 심리적으로 지고 들어갔습니다. 남의 비위를 맞춘다는 것은 무엇인가 떳떳하지 못한 점이 있다는 뜻입니다. 이는 벌써 자신과 류방을 동등한 위치에 놓지 않고, 류방에게 머리를 숙이는 것입니다. 이것이 그의 두 번째 잘못입니다.

셋째, 한신은 자진해서 항복했습니다. 이는 전술적인 패배입니다. 류방은 아무런 말을 하지 않았고, 류방이 한신을 어떻게 처분하겠다고 한 것도 아니고, 그를 잡으려 든 것도 아니었습니다. 싸움은 시작도 안 했는데 바로 무릎을 꿇었으니 어디 제대로 된 싸움이나 할 수 있었겠습니까? 류방에게 체포되어 수도인 창안長安(장안)으로 돌아가는 길에 한신은 수레에서 다음과 같은 말을 내뱉습니다.

> 아아! 높이 뜨는 새가 없어졌으니 큰 활이 소용없고高鳥盡而良弓藏, 토끼를 다 잡았으니 개를 잡는다狡兎死而走狗烹 하고, 적국을 격파했으니 모신이 망한다敵國破而謀臣亡고 하더니, 과연 이 말이 나를 두고 한 말이로다! 『초한지』 제3권

그러나 아무리 후안무치한 류방이라도 개국의 일등 공신을 이내 죽일 수는 없는 법입니다. 그때까지만 해도 한신이 모반을 일으켰다는 증거도 부족했습니다. 그래서 한신은 초왕楚王에서 회음후淮陰侯로 강등되어 연금 상태로 수도에 붙잡혀 있었습니다. 결국 손에 피를 묻힌 것은 류방의 부인인 뤼 후呂后(여후)였습니다. 뤼 후의 손에 죽기 직전 한신은 피를 토하는 심정으로 다음과 같이 말합니다.

> 아하! 내가 진작에 원퉁文通(문통)의 말을 들었더라면 오늘날 이렇게 일개 부녀자 때문에 생명이 없어지지 아니했을 것을! 아하…… 천명이로구나! 『초한지』 제3권

원퉁은 한신의 모사 콰이처蒯徹(괴철)를 가리키는데, 일찍이 콰이처는 한신에게 샹위를 멸하지 말고 류방과 함께 정족지세鼎足之勢를 이루어 훗날을 도모할 것을 건의한 바 있습니다. 한신은 그의 말을 듣지 않았습니다. 결국 한신에게는 그럴 욕심, 곧 '흑심'이 없었다

는 것을 알 수 있습니다.

 같은 처지라도 류방의 모사였던 장량은 처신을 잘해 속세를 떠남으로써 일신을 보전할 수 있었습니다. 장량은 길을 떠나기 전에 다음과 같은 최후의 한마디를 남깁니다.

 무릇 국가는 백성이 주인입니다. 그런 고로 한 사람을 위해서 이롭게 하면 백성들은 떠나 버리고야 맙니다. 한 가지 일만 이롭게 하고 만 가지 일에 해롭게 만들면 국가는 망해 버립니다. 그러나 그 한 사람을 버리고서 백 명에게 이롭게 할지면, 백성들은 사모하고 복종하여 오는 것이며, 한 가지 일을 버림으로써 만 가지 종류에 이롭게 할지면 정사는 비로소 문란해짐이 없는 것입니다.

『초한지』 제3권

삼국시대, 난세의 도래와 영웅들의 시대

삼국지三國志

삼국시대三國時代

삼국시대(220~280)는 후한後漢이 몰락하기 시작한 2세기 말엽부터 위魏, 촉蜀, 오吳 삼국이 세워져 서로 패권을 다투다가 서진西晉(265~317)이 중국을 통일하는 3세기 후반까지를 가리키는 말입니다. 일반적으로는 위나라가 세워진 220년부터 오나라가 서진에게 멸망한 280년까지를 삼국시대로 봅니다만, 많은 학자들은 황건적의 난(184에 시작)을 삼국시대의 시작점으로 보기도 합니다. 삼국시대는 중국 역사에서 가장 잔혹한 시기였습니다.

또다시 분열의 시대로

천하의 대세는 분열된 상태가 오래되면 반드시 통일될 것이요, 통일된 상태가 오래되면 반드시 분열할 것이다.

天下大勢, 分久必合, 合久必分.

이것은 우리가 '삼국지'라는 이름으로 알고 있는 『삼국연의』의 첫머리에 나오는 말입니다. 춘추전국의 오랜 동란기를 거쳐 최초의 통일 제국 진秦나라가 세워지고 곧이어 한漢나라가 전후 400여 년이라는 비교적 긴 시간 동안 명맥을 이어 왔습니다. 하지만 한나라 말기에 이르자 또다시 천하는 분열해 이후 위진남북조魏晉南北朝라는 미증유의 대 혼란 시대로 접어들었습니다.

중국의 역대 왕조를 돌아보면 하나의 왕조는 유기체와 같이 영고성쇠가 기승전결의 구조로 반복되고 있음을 알 수 있습니다. 여기에 더해 통일과 분열의 시기가 갈마들어 중국의 역사는 통일과 분열의 역사라 해도 과언이 아닐 정도입니다. 흥미로운 것은 천하가 분열되어 혼란에 빠졌을 때 중국의 문화는 화려한 꽃을 피운다는 사실입니다.

천하가 강력한 황제의 권력 아래 통일되면, 외견상 사회는 안정을 찾고 백성들의 삶은 풍요로워집니다. 하지만 사상적인 면에서는 중앙정부의 강력한 통제 하에 활기를 잃고 지식인들은 저마다 입신양명을 위해 제한된 지식만을 추구합니다. 이에 반해 천하가 분열되면 황제의 권위는 땅에 떨어지고 끝없이 이어지는 전란 속에 백성들의 삶은 피폐해지지만, 그만큼 중앙정부의 통제가 약화되고 자유로운 사상 해방이 가능해지는 것입니다.

춘추전국시대의 '백가쟁명'百家爭鳴 '백화제방'百花齊放이 그러했고, 위진남북조 300년 간의 분열기 역시 그러했습니다. '건안칠자' 建安七子를 비롯해 '죽림칠현'竹林七賢이니 하는 문인 집단의 문학적 성취뿐 아니라, 극도의 형식미를 추구한 이 시기의 시가詩歌 발전은 당대唐代 근체시近體詩의 완성에 결정적인 공헌을 한 바 있습니다.

사상적으로는 중국 최초로 불교가 전파되었으니, 불교의 전래는 후대에 이루 헤아리기 어려울 정도로 다양한 방면에 깊고 큰 영향을 주었습니다. 실로 천하가 분열되어 '제왕의 기강이 해이해지는' 王綱解紐 시기야말로 거꾸로 문화 예술의 중흥기라 할 수 있는 것입니다.

> 400년 동안 독특한 고대 유가적 질서를 바탕으로 중국을 지배했던 한 제국이 멸망하고 중국은 장기간의 혼란 시기인 위진남북조 시기를 맞이하게 된다. 이 위진남북조 시기는 지배계급 사이의 권력 쟁탈이 격심했던 시기였으며, 동시에 그 동안 중국 역사의 주변부에 머물던 남쪽 지방이 중국 역사의 전면으로 부각되면서 정치적·경제적으로 중요한 위치를 점하는 시기였다. 정치적 혼란은 역설적으로 문학에 자양분을 공급해 주기도 했으니, 당시 문학 담당자들은 인생의 궁극적 의미와 인간과 사회 및 자연과의 관계를 깊이 사고하여 이를 문학으로 담아 내려 노력하면서 문학 그 자체에 대한 고민을 본격적으로 시작했다. 김학주 등, 「중국고전문학의 전통」(한국방송통신대학교 출판부, 2002)

아울러 위진남북조 시대는 황허黃河와 양쯔 강 사이의 이른바 '중원'을 넘어서 양쯔 강 이남의 지역이 본격적으로 중국 역사에 편입되는 시기라 할 수 있습니다. 다섯 유목민 부족五胡이 세운 열여섯 나라十六國를 중심으로 한 '북조北朝'에 의해 양쯔 강 이남으로 밀려난 한족 왕조들南朝은 어쩔 수 없이 자신들의 거점이었던 양쯔 강 이남 지역을 적극적으로 개발해야 했습니다. 이로부터 양쯔 강 이남 지역은 정식으로 중국 영토에 편입되었으며, 이후로 풍부한 물산을 기반으로 문화 예술의 중심지 역할을 하게 되는 것입니다.

북방 유목민 부족의 중국 침입은 '영가永嘉의 난'으로 거슬러 올라갑니다. 삼국시대를 끝내고 천하를 통일한 것은 쓰마 씨司馬氏(사마씨)의 진晉이었습니다. 그러나 이내 왕족들 사이에 내분이 일어나 골육상쟁의 싸움이 끝없이 이어졌는데, 이때 각각의 진영에서는 북방 유목민들을 용병 삼아 끌어들였습니다. 하지만 이것은 여우를 쫓아내기 위해 이리를 끌어들인 격이었습니다. 결국 이들 유목민 부족들이 난을 일으켜 진나라는 양쯔 강 이남으로 쫓겨나고 그 이북 지역은 북방 유목민들의 손에 떨어집니다. 이것을 '영가의 난'이라고 합니다. 혹자는 '영가의 난'의 의의를 다음과 같이 설파했습니다.

'영가의 난'이 중국 역사에 끼친 영향은 실로 다대하다. 만약 이 시대와 같은 호족胡族의 중원 침입이 없었다고 가정한다면, 오늘날의 중국은 북중국으로 한정되어 있을지도 모를 일이기 때문이다. 그도 그럴 것이 이 사건 이전 중국의 남북 사이에는 지리·자연·인문 상에서 너무나 큰 차이가 있었다. 그러나 호족의 침입은 중원 지역에서 한족을 남방으로 밀어냈고, 밀려난 한족은 남방에서 다시 새로운 '중국'을 건설했다. 이로써 남중국이 명실 공히 중국의 강역으로 들어와 자리 잡게 된 것이다. '영가의 난'은 단순한 하나의 반란이 아니라 한인 남진의 추동력이 되었던 것이다.

박한제, 『박한제 교수의 중국 역사 기행 2: 강남의 낭만과 비극』(사계절출판사, 2003)

이렇듯 중국 역사에서 중요한 의미를 갖는 위진남북조시대를 열었던 것이 바로 위魏, 오吳, 촉蜀 세 나라가 천하를 놓고 각축전을 벌였던 삼국시대였습니다. 세 나라의 싸움은 곧 각각의 나라를 이끌었던 영웅들 사이의 싸움이라 할 수 있으니, 고래로 이에 대한 많은 이야기가 만들어져 많은 사람들로부터 사랑을 받았습니다.

우리가 알고 있는 『삼국지』

흔히 『삼국지』로 알려진 이 소설의 원래 이름은 『삼국지통속연의』三國志通俗演義(줄여서『삼국연의』)입니다. '연의'라는 것은 주로 역사적인 사실을 장회체章回體 형식을 빌어 기술한 것을 말하는데, 당연하게도 유구한 역사를 갖고 있는 중국에는 수많은 역사 연의가 존재합니다. 『삼국연의』는 그 가운데 가장 유명한 연의 소설일 뿐입니다.

주지하는 대로 『삼국지』는 천서우陳壽(진수)라는 역사가가 집필한 삼국시대의 정사正史로, 역사적 사실에 바탕을 두지만 허구적인 내용이 가미된 『삼국연의』와는 구별됩니다. 하지만 『삼국연의』가 전래된 이래로 우리는 '삼국지'라는 명칭으로 『삼국연의』를 불러왔기에 여기서도 잠시 '삼국지'로 '삼국연의'라는 명칭을 대신하겠습니다.

한국 사회에서 『삼국지』는 단순한 소설을 넘어서 하나의 사회 현상이라고 할 수 있을 정도로 유명합니다. 이것은 중국에서도 마찬가지여서, 이른바 『삼국지』 열풍은 멀리 당송대까지 거슬러 올라갑니다. 중국의 대문호 루쉰魯迅(노신, 1881~1936)은 그의 책 『중국소설사략』에서, 수많은 역사 연의 가운데 유독 『삼국지』가 인기 있었던 것은 대결 구도가 『초한지』같이 단순하지도 『열국지』같이 복잡하지도 않은 삼각 구도로 이루어졌기 때문이라고 했습니다. 게다가 등장인물이 실존 인물이고 사건 역시 역사 속에서 실제로 일어났던 사실이었고요.

하지만 당연하게도 『삼국지』의 내용이 모두 사실과 부합하는 것은 아닙니다. 그래서 중국에서도 『삼국지』의 내용 가운데 어느 것이 사실이고, 어느 것이 허구인지를 가려내고자 시도한 이들이 많았습니다. 청대淸代 학자인 장쉐청章學誠(장학성, 1738~1801)은 여러 소설을 들어 다음과 같이 말했습니다.

> 무릇 연의지서演義之書 가운데 이를테면 『열국지』나 『동서한연의』東西漢演義, 『설당』說唐 및 『남북송』南北宋은 대부분 실제 사실을 기록한 것이 많다. 『서유기』나 『금병매』와 같은 부류는 전적으로 허구에 의존한 것이니 모두가 별 다른 문제가 될 게 없다. 다만 『삼국연의』만큼은 7할은 실제 사실이고 3할은 허구이니, 독자가 왕왕 혼란에 빠질 수가 있다.

'7할이 사실이고 3할이 허구'七實三虛라는 유명한 말이 바로 여기서 나왔습니다. 사실 이런 식의 논의는 부질없는 것일 수도 있습니다. 비록 사실을 바탕으로 한 문학작품이라 할지라도 소설은 소설로 받아들여야지 이것이 사실과 부합하는지를 따지는 일은 우리가 소설을 감상하는 것과는 별개의 문제이기 때문입니다.

이것은 『삼국지』라는 소설이 이루어진 과정을 살펴보면 쉽게 이해가 갑니다. 곧 소설 『삼국지』는 천서우陳壽의 역사서 『삼국지』를 바탕으로 오랜 세월 동안 많은 사람들의 손에 의해 가공된 이야기가 어느 시기에 소설 작품으로 정착된 것입니다.

흔히 『삼국지』의 작자로 뤄관중羅貫中(나관중)을 꼽지만, 뤄관중은 단지 그때까지 전해 오는 수많은 '삼국' 관련 이야기들을 한데 엮어 펴낸 사람에 불과하다는 측면에서 보자면 '작자'라는 호칭은 어울리지 않을 수도 있습니다. 뤄관중 이후에도 청대에 들어서 마오룬毛綸(모륜)과 마오쭝강毛宗崗(모종강) 부자가 대대적으로 손을 본 것이 현재 우리가 보는 『삼국지』이기에, 『삼국지』의 작자가 누구인지를 따지는 일은 사실 조심스럽습니다.

여기서 잠시 『삼국지』의 한글 번역본에 대해 알아볼 필요가 있습니다. 『삼국지』의 한글 번역본은 헤아리기 어려울 정도로 많습니다. 번역자들은 한결같이 자신이 번역한 것이야말로 정본인 양 말합니다. 그러나 안타깝게도 『삼국지』가 워낙 대중적으로 잘 알려져서인지는 모르지만, 거의 모든 한글 번역본이 독자들이 쉽게 읽을 수 있게 윤문을 많이 해서 사실상 제대로 된 번역본이란 게 무엇을 의미하는지 헷갈릴 정도입니다.

국내의 『삼국지』 연구자 중 한 분인 정원기 선생의 말을 빌자면, "이렇게 144종이 넘는 정역류, 번안류, 번안된 일본판 중역류 가운데 단 한 종도 중국문학 전공자가 체계적인 『삼국지』 학습을 통해 성실하고 책임 있는 완역을 시도한 경우를 찾아볼 수 없"습니다. 정원기 선생은 한글 번역본『삼국지』의 문제점을 세 가지로 지적하고 있는데, 그 가운데 가장 심각한 문제점은 세 번째입니다.

> 셋째 문제는 역자 자신이 원본을 마주하고 진지한 번역 작업을 수행한 것이 아니라 초창기의 부실한 번역을 토대로 기술적 변형 및 교묘한 가필과 윤색을 가한 경우나 아예 번안된 일어판을 재번역한 역본이 많다는 사실이다. 그러면서도 저마다 이구동성으로 "시중에 나도는 판본에 오류가 많아 자신이 원전을 방증할 만한 여러 책을 참고해서 완역했다"는 식이다. 이 때문에 수십 년 동안 동일 오류가 개선될 줄 모르고 답습되어 온 상황이다.
> 이러한 현상은 저명 문학가의 번역일수록 두드러지는 경향이 있는데, 그 자체가 내포한 엄청난 양의 오역으로 말미암아 재중 동포 작가가 단행본을 출간하여 신랄하게 비판하는 국제적 망신까지 당하는 일도 벌어졌다.
>
> 정원기, 『정역 삼국지』「천년 고전『삼국지』를 옮기며」(현암사, 2008)

과연 어느 유명한 작가는 자기 이름을 앞세운『삼국지』번역본을 펴내며 자신의 노후대책으로 이 책을 냈음을 당당하게 밝힌 적도 있습니다. 이런 저런 이유로 이 책에서는 유명세에 기대어 제멋대로 번역한 기왕의 번역본들이 아니라 정공법으로 우직하게 원서를 바탕으로 우리말로 옮긴 정원기 선생의 번역본을 참고했습니다.

관두 전투와 차오차오의 등장

중국 역대 왕조의 치세가 평균 300여 년이었던 데 비해, 한나라는 비록 중간에 왕망王莽(왕망)에 의해 잠시 중단되긴 했지만, 전후로 모두 400여 년이라는 비교적 긴 시간 동안 왕조를 이어 왔습니다. 그것은 류방劉邦이 그만큼 왕조의 기틀을 잘 닦아 놓았기 때문이기도 합니다. 류방 이후에는 무제武帝가 한나라의 국세를 크게 떨쳤지만, 과도한 외국 정벌로 국가 재정의 파탄을 초래해 오히려 무제 이후에는 쇠퇴기에 접어들었다가 결국 외척인 왕망이 나라를 찬탈하는 일까지 벌어졌습니다.

그러나 한의 왕족인 류슈劉秀(류수)가 왕망의 실정을 틈 타 다시 한 왕조를 일으켜 뤄양洛陽에 도읍하니, 이로써 한 왕조는 시기적으로는 전한前漢과 후한後漢, 수도의 위치로는 서한西漢과 동한東漢으로 나뉩니다. 동한 중엽 이후, 호족들의 토지 겸병으로 농지를 빼앗긴 농민들은 고통스러운 삶을 살았습니다. 게다가 외척과 환관들의 발호로 고통은 더욱 가중되었습니다. 궁지에 몰린 백성들은 어차피 이래 죽나 저래 죽나 매일반이라는 절박한 심정으로 반란을 일으킵니다. 각각의 시대마다 반란의 무리들이 내거는 명분은 다를지언정 그 본질은 하나라고 할 수 있습니다. 한나라 말기에 일어난 황건적黃巾賊의 난 역시 결국 오갈 데 없는 농민들이 선택할 수 있었던 마지막 카드였는지도 모릅니다.

난세에는 무엇보다 무력을 가진 자들이 득세하게 마련입니다. 동한 말엽 외척인 허진何進(하진)이 황제를 오르지하며 권력을 잡은 듯했으나 오히려 환관들의 손에 죽임을 당하고, 변방을 지키던 둥줘董

卓(동탁)가 무력을 앞세워 수도인 뤄양에 들어와 제 맘대로 한 왕조의 마지막 황제인 헌제獻帝를 세웁니다.

둥줘가 황제를 끼고 포악한 짓을 일삼으니 각지에서 둥줘를 토벌하려는 동맹군들이 일어났습니다. 이에 두려움을 느낀 둥줘는 황제를 데리고 창안長安으로 천도하면서 뤄양을 잿더미로 만들어 버립니다. 비록 헌제는 이후로도 당분간 황제의 자리를 지키지만, 사실상 한 왕조는 이때 망한 것이나 다름없습니다.

이제 천하는 무정부상태에 빠졌습니다. 중원 땅에는 난세를 평정하려는 군벌들이 여기저기서 들고일어나 크고 작은 전투가 끊이지 않았습니다. 얼마 안 있어 둥줘가 피살되고, 이때를 틈타 차오차오 曹操(조조)는 홀로 남겨진 헌제를 자신의 근거지인 쉬창許昌(허창)으로 맞아들였습니다. 어떻게 보면 진흙 밭의 개싸움 같은 혼란한 상황이 이어질수록 먼저 명분을 틀어쥐는 것이 중요할 수도 있습니다. 차오차오가 헌제를 모셔 옴으로써 이른바 '천자를 끼고 제후들을 호령'할 수 있었던 것입니다.

> 이로부터 대권은 모두 차오차오에게로 돌아가서 조정의 큰 업무는 먼저 차오차오에게 보고한 다음에야 천자에게 아뢰게 되었다.
>
> 『삼국지』 제2권 제14회

이렇게 해서 차오차오가 정치적으로 유리한 고지를 점령한 것은 사실이었지만, 그에게는 여전히 헤쳐 나가야 할 길이 많이 남아 있었습니다. 무엇보다 차오차오가 중원의 패자가 되기 위에서는 반드시 허베이河北(하북) 지역 최고의 실력자인 위안사오袁紹(원소)를 넘어서야 했습니다.

  결국 차오차오의 군대와 위안사오의 군대는 관두官渡(관도)에서 결전을 치르게 됩니다. 우세한 병력과 주변 정세로 볼 때 초기에는 위안사오 군이 우위에 있었지만, 차오차오는 여러 가지로 불리한 상황에서도 뛰어난 통솔력과 지략으로 위안사오의 군대를 궤멸시킵니다. 이 전투의 승리로 차오차오는 중원의 패자로 올라설 수 있었으니, 명문가의 후손인 위안사오의 결정적 패인은 바로 자만自慢이었습니다.

  이중톈易中天은 위안사오의 실패 원인을 다음과 같이 요약합니다.

> 그는 자신의 능력을 정확히 몰라 어리석었습니다. 자신의 깜냥을 몰랐기 때문에 무모했고, 줄곧 자신이 천하무적이라고 생각했습니다. 그래서 어리석었습니다. 어리석었으므로 그는 자신의 결정이 늘 뛰어나다고 생각했습니다. 그래서 고집을 피웠습니다. 고집 때문에 그는 어떠한 다른 의견도 듣지 않았고, 이 때문에 실패했습니다. 이중톈, 『삼국지 강의』(김영사, 2007)

주거량의 룽중 대책과 삼국의 정립

한편 위안사오의 편에 섰던 류베이劉備(유비)는 남쪽 징저우荊州(형주)로 달아나 류뱌오劉表(유표)에게 몸을 맡기고 있다가, 차오차오가 병사한 류뱌오의 아들 류쭝劉琮(유종)을 정벌해 항복을 받아내자 다시 몸을 피해 달아납니다.

차오차오 군대의 기세에 놀란 쑨취안孫權(손권)은 류베이의 모사인 주거량諸葛亮(제갈량)의 계책를 받아들여 츠비赤壁(적벽)에서 차오차오의 군사와 일전을 벌입니다. 이것이 바로 츠비 대전赤壁大戰(적벽대전)입니다. 이것은 소설『삼국지』의 이야기 전개에서 클라이맥스에 해당할 뿐 아니라 실제 역사에서도 위, 오, 촉 삼국이 정족지세鼎足之勢를 이루는 중요한 계기가 됩니다.

잘 알려진 대로 주거량과 오의 장수 저우위周瑜(주유)의 활약으로 오와 촉의 연합군은 위의 군사에게 대승을 거둡니다. 그리고 차오차오는 북방으로 철수해 당분간 남쪽 지방에 대한 공략을 중단합니다. 그 사이 힘을 기른 류베이는 징저우를 점령하고, 다시 이저우益州(익주)를 취하니 드디어 위, 오, 촉 세 나라가 정립鼎立하는 대세가 정해졌습니다.

삼국의 영웅 가운데 가장 힘이 약했던 류베이가 끝내 패자가 될 수 있었던 것은 전적으로 주거량의 계책 때문이라고 할 수 있습니다. 일찍이 류베이는 주거량의 명성을 듣고 그가 살고 있는 룽중隆中(융중)에 직접 찾아가 '삼고초려'三顧草廬하여 주거량의 마음을 얻습니다. 이때 주거량은 류베이를 위해 '천하삼분'의 계책을 내놓습니다.

쿵밍孔明(공명)은 마침내 천하의 형세를 분석하기 시작했다.

"둥줘董卓가 역모를 꾀한 이래 천하의 호걸들이 여기저기서 다투어 일어났습니다. 차오차오의 세력이 위안사오에 미치지 못하면서도 결국 위안사오를 이긴 것은 하늘이 내린 시기를 잘 포착했을 뿐만 아니라 사람의 계책이 있었기 때문입니다. 지금 차오차오는 이미 백만의 군사를 거느리고 천자를 끼고 제후를 호령하고 있으니 실로 그와 무기를 들고 싸울 수는 없습니다. 쑨취안孫權은 강동을 차지한 지 이미 3대를 거쳤는데, 국경은 험난하고 백성들은 그를 따르고 있으니, 이는 지원 세력으로 삼을 수는 있을지언정 도모하려 해서는 안 됩니다.

징저우荊州는 북쪽으로 한수이漢水(한수)와 몐수이沔水(면수)가 막고 있고 남쪽으로는 남해南海(지금의 광둥과 광시 지역)의 이익을 모두 거둬들일 수 있을 뿐만 아니라 동쪽으로는 우 군吳郡(오군)과 구이지 군會稽郡(회계군)에 이어지고 서쪽으로는 파巴와 촉蜀 땅과 통합니다. 이는 무력을 쓸 만한 곳이지만 참된 주인이 아니면 지켜 낼 수 없습니다. 아마도 하늘이 장군께 이 땅을 내리시는 것 같은데 장군께서는 받으실 뜻이 있으신지요?

이저우益州는 험한 요새로 둘러싸인 데다 기름진 들판이 천리나 아득히 펼쳐졌으니 하늘이 만들어 준 곳간입니다. 이 때문에 고조께서는 이 고장을 발판으로 제업帝業을 이루셨던 것입니다. 지금 이곳은 백성이 많고 부유하지만 그 주인 류장劉璋(유장)은 사리에 어둡고 나약해 아랫사람들을 아낄 줄 모릅니다. 그래서 지혜롭고 재능 있는 이들은 밝은 군주를 기다리고 있습니다.

장군께서는 황실의 후예이신 데다 신의가 세상에 널리 알려지셨고 영웅들을 끌어안으시며 훌륭한 이를 그리워함이 목마른 자가 물을 바라듯 하십니다. 우선 징저우와 이저우를 차지하여 그 험한 곳을 지키면서 서쪽의 융인戎人, 남쪽의 이彝와 월越 등 주변의 소수 민족들과 화친하고, 밖으로는 쑨취안과 손잡고 안으로는 좋은 정치로 다스리십시오.

그러다가 천하 정세에 변화가 생기면 상장上將 한 사람에게 징저우의 군사를 이끌고 완청宛城(완성)과 뤄양으로 진군하게 하시고 장군께서는 몸소 이저우의 군사를 거느리고 친촨秦川(진천)으로 나가신다면 밥과 국을 싸 들고 나와 기꺼이 장군을 맞이하지 않을 백성이 어디 있겠습니까?
진실로 이렇게 되면 대업을 이룰 수 있고 한나라를 부흥시킬 수 있을 것입니다. 이것이 제가 장군께 드리는 계책이오니 장군께서 시행하시기만을 바랄 뿐입니다. 『삼국지』 제4권 제38회

이것이 이른바 주거량諸葛亮의 '룽중 대책'隆中對策(융중대책)입니다. 주거량은 당시 형세를 분석하면서 류베이가 살 길은 쑨취안과 손을 잡고 차오차오에게 대항하는 길밖에 없다고 보았습니다. 그러기 위해서는 세 나라의 접점이라 할 수 있는 징저우를 차지하고, 옛날부터 소문난 곡창 지대로 알려져 있는 이저우, 곧 현재의 쓰촨 지역을 후방의 보급기지로 삼아야 한다고 설파했습니다.

과연 주거량의 계획대로 오와 촉은 동맹을 맺고 위에 대항했는

주거량이 기거했던 룽중

상시商喜, 〈관우금장도〉
關羽擒將圖

데, 위나라 역시 오랜 전란으로 피폐해져서 남방의 두 나라를 멸하고 통일할 여력이 없었습니다. 그리하여 삼국의 대치 국면은 한동안 지속되었습니다.

이링의 싸움과 촉의 멸망

이러한 삼국의 균형을 깬 것은 뜻밖에도 촉이었습니다. 삼국 가운데 가장 힘이 약했던 촉은 주거량의 계책으로 오와 연합해 위에 맞섰습니다. 하지만 츠비赤壁의 싸움에서 승리한 뒤 오만해져 오나라와의 연맹을 깨고 관위關羽(관우)가 샹양襄陽(양양)을 되찾아 오고 내친 김에 위의 수도인 쉬창許昌으로 쳐들어가려 했습니다. 그러자 이번에는 위가 오와 연합해 촉에 맞서니, 이 전투에서 명장名將 관위關羽(관우)가 전사합니다.

한창 달리는데 한바탕 고함 소리가 일어나더니 양편에서 매복했던 군사들이 일제히 뛰쳐나왔다. 그들은 긴 갈고리와 올가미를 던져 먼저 관공이 탄 말의 다리를 걸어서 넘어뜨렸다. 그 서슬에 관공은 몸을 뒤집으며 말에서 굴러 떨어지고 마침내 판장潘璋(반장)의 부장인 마충馬忠(마충)에게 사로잡히고 말았다. ······ 날이 밝을 무렵 쑨취안孫權은 관공 부자가 사로잡혔다는 소식을 들었다. ······

쑨취안이 관공에게 말했다.

"내가 오랫동안 장군의 높은 덕을 사모하여 진秦나라와 진晉나라처럼 사돈을 맺고자 했는데 어찌하여 거절하셨소? 장군은 평소에 스스로 천하무적이라고 자부했는데, 오늘은 어찌하여 나에게 사로잡혔소? 장군은 오늘도 역시 이 쑨취안에게 항복하지 않으시겠소?"

관공은 사나운 음성으로 쑨취안을 꾸짖었다.

······

쑨취안은 깊은 생각에 잠겨 있더니 반나절이 지나서야 입을 열었다.

"그 말이 옳도다."

마침내 밖으로 끌어내라고 명을 내렸다. 이리하여 관공 부자는 함께 죽임을 당했으니, 때는 건안 24년 겨울 12월(220년 초)이었다.

『삼국지』 제7권 제77회

같은 해에 차오차오 역시 병으로 죽고 그 아들 차오피曹조(조비)가 그를 대신합니다. 차오피는 헌제를 핍박해 황제의 자리를 선양禪讓

받으니, 이렇게 해서 한 고조 류방이 나라를 세운 지 400여 년 만에 한나라는 망하고 말았습니다.

차오피가 헌제를 폐하고 황제의 자리에 오르니 오와 촉으로서도 방관만 할 수 없게 되었습니다. 그때까지만 해도 명목상으로나마 한나라의 황제가 있었기 때문에, 그에 대한 신하의 예를 갖추었던 것입니다. 이제 촉 역시 움직여 류베이가 황제의 자리에 오릅니다. 황제의 자리에 오른 류베이가 가장 먼저 추진한 일은 바로 관위의 죽음에 대한 복수였습니다. 류베이는 신하들의 만류를 무릅쓰고 드디어 오나라 정벌에 나섭니다.

이때 장페이張飛(장비)가 부하 장수에게 암살되니 잇달아 아우들을 잃은 류베이는 이성을 잃고 오나라에 대한 복수전을 결행합니다. 하지만 오의 입장에서도 촉과의 연합은 필요한 것이었기에 쑨취안은 주거량의 형인 주거진諸葛瑾(제갈근)을 보내 류베이를 설득하지만, 이미 분별력을 잃은 류베이는 이를 거절하고 맙니다.

내 아우를 죽인 원수와는 같은 하늘 아래 살 수 없다. 짐이 죽기 전에는 군사를 물릴 수 없다. 승상의 체면을 보지 않았다면 먼저 네 목을 베었을 것이다. 이제 잠시 너를 놓아 돌려보내니 쑨취안에게 목을 씻고 칼을 받을 채비를 하라고 이르라! 『삼국지』 제7권 제82회

결국 류베이는 오와 일전을 벌이지만 '이링夷陵(이릉)의 싸움'에서 오의 루쑨陸孫(육손)에게 결정적인 패배를 맛보고 촉으로 돌아가는 길에 바이디청白帝城(백제성)에서 병사합니다. 죽기 전에 류베이는 주거량에게 자신의 아들인 류찬劉禪(유선)을 보필할 것을 부탁합니다.

짐은 승상을 얻고 나서 다행히 제업帝業을 이루었소. 허나 지혜와 식견이 얕아서 승상의 말을 듣지 않다가 패전을 자초할 줄이야 어찌 알았겠소? 그 일이 후회되고 한스러워 병이 들더니 이제는 목숨이 경각에 달렸구려. 태자가 나약하기 이를 데 없어 대사를 부득이 승상에게 부탁하려 하오. 『삼국지』 제7권 제85회

혹자는 이것을 류베이가 죽기 직전 주거량에게 다른 뜻이 없는지 넌지시 떠보기 위해 한 말이라고 하나, 결과적으로 주거량은 류베이의 뜻을 받들어 류찬을 잘 보필합니다.

류베이가 죽은 뒤 오와 촉은 다시 화해하고 연합하지만 이미 대세는 기울어 가고 있었습니다. 주거량은 후주後主 류찬을 도와 나라의 힘을 기르는 한편 남방의 이민족을 정복해 후환을 없앤 뒤 위나라 정벌에 나섭니다. 남방의 이민족을 정복하는 과정에서 '일곱 번을 놔주고 일곱 번을 사로잡는다'는 뜻의 칠종칠금七縱七擒 고사가 나옵니다. 주거량은 류찬에게 천하의 명문이라 일컬어지는 「출사

바이디청

표」出師表를 올리고 치산祁山(기산)을 공격하니, 이후 3년 간의 노력에도 불구하고 모두 실패한 뒤 결국 철수하고 맙니다.

촉의 마지막 기둥이던 주거량이 끝내 중원 정벌의 뜻을 이루지 못하고 우장위안五丈原(오장원)에서 숨을 거두니, 이렇게 해서 삼국 정립의 한 축이 무너지고 말았습니다.

> 이날 밤 쿵밍(주거량)은 부하들의 부축을 받아 밖으로 나가 하늘을 우러러 북두성을 살피더니 멀리 있는 별 하나를 가리키며 말했다.
> "저것이 나의 장성이니라."
> 사람들이 쳐다보니 그 별은 희미하게 반짝이며 금방이라도 떨어질 듯 흔들리고 있었다. 쿵밍은 검을 들어 그 별을 가리키며 입속으로 무언가 중얼중얼 주문을 외웠다. 주문을 마치고 급히 군막으로 돌아와서는 정신을 잃고 쓰러졌다. 『삼국지』 제9권 제104회

애증과 호오의 역사, 『삼국지』의 인물론

소설 『삼국지』는 주거량의 사후 눈에 띄게 극의 긴장감이 떨어지는데, 이후에 전개되는 것은 일종의 후일담에 불과할 따름입니다. 그래서 미국의 중국소설 연구가 앤드루 플락스Andrew Plaks 같은 이는 소설 『삼국지』는 주거량의 죽음으로 끝을 맺든가, 그렇지 않으면 그보다 24회 앞서는 관위關羽와 차오차오, 장페이張飛 및 류베이의 죽음에서 끝을 냈어야 한다고 주장하기도 했습니다.

실제 역사에서도 주거량의 사후 촉은 겨우 명맥만 유지하다 결국 멸망하고 맙니다. 위나라 역시 차오 씨曹氏(조씨)에서 쓰마 씨司馬氏(사마씨)로 권력이 넘어가고 마지막으로 남은 오나라마저 망하자 위, 오, 촉 세 나라가 정립한 지 59년 만에 천하의 분열을 끝내고 통일이 된 듯 보였습니다.

하지만 잘 알려진 대로 이것은 위진남북조 300년 대 동란기의 출발점일 따름입니다. 그럼에도 삼국에 대한 이야기는 오랫동안 사람들의 사랑을 받으며 말 그대로 불후의 명작으로 남았습니다. 이렇듯 『삼국지』가 인기 있는 이유는 앞서 이야기한 대로 삼각 구도라는 황금 비율의 갈등 구조를 갖고 있기 때문이기도 하지만, 무엇보다 등장인물에 대한 사람들의 호오가 크게 작용합니다.

『삼국지』 이야기는 일찍부터 많은 사람들에게 사랑을 받았습니다. 이를테면, 수隋 양제煬帝는 차오차오가 교룡을 물리치는 장면과 류베이가 말을 타고 탄시檀溪(단계)를 뛰어넘는 장면 등을 공연한 잡희雜戱를 관람했다고도 하고, 당대唐代의 시인 리상인李商隱(이상은, 813~818)은 자신의 시 「교아」驕兒에서 "장페이의 수염을 조롱하고, 덩아이鄧艾(등애)의 말 더듬는 것을 비웃는다"라고 노래했습니다.

역시 당대의 시인인 두푸杜甫(두보, 712~770)는 당시 차오 씨 성을 가진 장수에게 바친 「차오 장군에게 바치며」贈曹將軍라는 시에서, "장군은 위 무제의 자손"이라고 했는데, 이것은 시의 주인공인 차오 장군을 칭찬하는 의미로 한 말입니다. 곧 당나라 시대에만 해도 차오차오에 대해 별다른 악감정이 없었음을 알 수 있습니다.

그런데 당을 이은 송대宋代에는 이런 상황이 일변합니다. 송대의 문장가 쑤스蘇軾(소식, 1037~1101)는 자신의 책에 다음과 같은 기록을 남긴 바 있습니다.

왕펑王彭(왕팽)이 일찍이 말했다. "여염집에서는 아이들의 장난이 귀찮아지면, 이내 이야기꾼에게 돈을 주어 옛일을 얘기하게 하고 아이들에게 모여 앉아 이야기꾼의 이야기를 듣게 했다. 삼국의 일을 얘기하는 데 이르러서는 류베이가 패했다는 말을 들으면 빈번히 미간을 찌푸렸으며 눈물을 흘리는 아이도 있었다. 차오차오가 패했다는 말을 들으면 기뻐하며 쾌재를 불렀다. 이로써 군자와 소인의 은택이 영원히 끊이지 않음을 알 수 있다."

이 말은 이 책의 「책머리에」에서도 인용한 바 있습니다. 이 말을 통해 송대에 이미 류베이를 옹호하고 차오차오에 반대하는 이른바 '옹유반조'雍劉反曹의 경향이 나타나고 있었음을 알 수 있습니다.

이런 식으로 위나라를 싫어하고 촉나라를 좋아하게 된 것은 정통正統 사상과 깊은 연관이 있습니다. 같은 송대라도 금金나라의 침략으로 양쯔 강 남쪽으로 쫓겨 가기 전인 북송 대까지만 해도 정통성은 위魏에 있었습니다. 그 대표적인 것이 쓰마광司馬光(사마광)의 『자치통감』資治通鑑입니다. 여기서는 정사의 입장에서 여전히 위나라에 정통성을 부여했습니다.

그러나 금나라에게 휘종徽宗과 흠종欽宗 두 황제가 포로로 잡혀가고 거의 멸망 직전에 이르렀다가 가까스로 양쯔 강 이남에서 구차하게 왕조를 이어 갔던 남송 대에는 한족을 대신해 중원을 차지한 금나라를 의식해 비록 지금은 양쯔 강 이남으로 쫓겨 갔지만 연면히 이어 온 중국 역사의 주인은 자신들이라는 생각이 팽배했습니다. 이런 생각 때문에 삼국 가운데 한나라 왕실과 같은 성바지인 류베이의 촉한으로 사람들의 마음이 더 기울었던 것입니다.

이러한 경향을 단적으로 드러내는 것이 바로 주시朱熹(주희)의 『통감강목』通鑑綱目입니다. 송대를 대표하는 통사通史는 쓰마광의 『자치통감』인데, 이 책은 분량도 많고 체제도 번거로워 일반 사람들이 읽어 내기가 힘들었습니다. 그래서 주시가 그 가운데 대강을 엮어 낸 것이 『통감강목』입니다. 이 책의 특징은 그때까지의 중국 역사를 정통과 비정통으로 구분해 기술했다는 것입니다.

따라서 이 책은 역사적인 사실의 진위를 따져 가며 객관적으로 기술하기보다는 의리義理를 중히 여기는 데 치중해 앞뒤가 모순되거나 사실 관계가 어긋나는 내용이 많이 포함되어 있습니다. 그 대표적인 예가 바로 위, 오, 촉 세 나라에 대한 기술입니다. 이로부터 삼국에 대한 이야기는 위魏가 아니라 촉한蜀漢을 중심으로 기술되고, 곳곳에서 류베이의 정통적 지위가 강조되었으며, 촉한의 인물은 장점을 과장하되 위와 오는 과소평가하는 경향이 나타났습니다.

남송이 망하고 몽골족이 남하해 원元나라를 세우자 한족 중심의

우이 정사武夷精舍의
주시朱熹 입상
ⓒ조관희

민족주의적 분위기가 더욱 팽배했는데, 공교롭게도 『삼국지』의 작자로 알려져 있는 뤄관중羅貫中이 살았던 시기 역시 원대였습니다. 한족 사대부들 입장에서는 비록 힘으로 눌려 있지만 한낱 야만인에 지나지 않는 몽골족에 대해 그 어떤 정통성이나 명분도 인정할 수 없었습니다. 그런 생각이 『삼국지』와 같은 소설 속에도 표출되었던 것이니, 결국 송대 이후 위, 오, 촉 세 나라와 각각의 등장인물에 대한 사람들의 호오가 여기서 결정된 것이라 할 수 있습니다.

어떤 소설 작품이나 마찬가지겠지만 『삼국지』 역시 읽는 사람에 따라서 다양한 독법이 가능합니다. 하지만 위에서 말한 정통성만을 놓고 보자면, 분열의 시대를 묘사한 『삼국지』의 커다란 주제는 오히려 통일에 대한 갈망이 아닌가 하는 생각이 들기도 합니다. 그래서인지, 『삼국지』의 결말은 소설의 첫머리를 교묘하게 뒤바꾸어 놓은 말로 끝납니다.

천하의 대세는 통일된 상태가 오래되면 반드시 분열할 것이요, 분열된 상태가 오래되면 반드시 통일될 것이다.
天下大勢, 合久必分, 分久必合.

당,
팍스 시니카, 세계 제국의 등장

서유기西遊記

당唐

삼국시대의 혼란기를 지나 위진남북조와 수隋나라 다음으로 건국된 왕조가 당唐(618~907)입니다. 당나라는 선비족 계열의 귀족인 리위안李淵이 세운 나라입니다. 당나라의 역사를 살펴보면, 크게 두 번의 치세기와 두 번의 변란이 있었습니다.

당 태종의 정관貞觀의 치治, 당 현종의 개원開元의 치, 안시安史의 난, 황소黃巢의 난이 그것입니다. 특히 당 현종의 치세기에는 이란의 조로아스터교, 그리스도교의 한 교파인 경교가 전래되고 부흥할 정도로 국제적이고 개방적인 모습을 띠었습니다. 당나라는 황소의 난을 거쳐 결국 절도사인 주취안중朱全忠에 의해 멸망합니다.

최초의 세계 제국, 당唐

중국 역대 왕조 가운데 국력이 가장 강했던 건 어느 왕조일까요? 사람에 따라 생각이 다를 수 있겠지만, 아무래도 당唐과 청淸을 꼽아야 하지 않을까 생각합니다. 왕조가 유지된 기간만 따지면 한漢이 400년이니 가장 길다고 할 수 있지만, 한은 왕조 내내 흉노족에게 시달렸고, 문약했던 송宋은 논외로 치더라도 명明 역시 무능한 황제들로 인해 그저 왕조의 명맥만 이어간 셈이니, 그나마 대외적으로 큰소리치며 살았던 것은 당과 청이라 할 수 있습니다.

공교롭게도 당과 청은 모두 북방 유목민의 혈통을 가진 왕조입니다. 곧 순수한 한족 출신이 아니라는 말입니다. 잘 알려져 있듯이 만주족 출신의 청이야 그렇다고 쳐도 당의 경우는 약간의 설명이 필요합니다. 우리는 단순히 당을 수나라를 계승한 왕조로만 이해합니다. 하지만 우리에게 고구려 침략으로 유명한 수隋 양제煬帝와 당을 건국한 고조高祖 리위안李淵(이연)이 이종사촌이라는 사실은 잘 모르고 있습니다.

사실상 수나 당은 모두 북조北朝의 문벌 귀족 출신으로 어느 시대나 그렇듯 상층계급은 혼인을 통해 서로 인척 관계를 맺은 경우가 많은데, 이들 혼맥의 중심에는 두구신獨孤信(독고신)이라는 제3의 인물이 자리하고 있습니다. 북조의 북위北魏는 내분으로 동위東魏와 서위西魏로 나뉘었는데, 이때 서위 정권의 수립에 도움을 준 이들이 '여덟 개의 주국柱國'을 분봉 받았습니다. 두구신 역시 이때 하나를 분봉 받았으나, 그의 세력이 커질 것을 우려한 서위의 실력자 위원씨宇文氏(우문씨)의 견제로 자살하고 맙니다.

두구신은 죽었지만, 그는 중요한 유산을 남겨 놓았습니다. 바로 그의 일곱 명의 딸 중에서 세 명의 딸이 당시 유력자들과 혼인을 했던 것입니다. 장녀는 북주北周의 명제明帝에게 시집을 가 황후가 되었고, 넷째 딸은 여덟 주국 가운데 하나인 당국공唐國公 리빙李昞(이병)의 왕비가 되었고, 일곱째 딸은 북주의 대장군 양중楊忠(양충)의 아들로 나중에 수 문제가 되는 양졘楊堅(양견)의 황후가 되었습니다. 당 고조 리위안이 리빙의 아들이니 결국 리위안의 어미와 수 양제의 어미는 자매가 되고, 두 사람은 이종사촌 간이 됩니다.

혈연적인 연결뿐 아니라 당은 수가 이루어 놓은 정치 제도 등을 모두 계승했습니다. 그 가운데 대표적인 것이 과거 제도의 시행입니다. 과거 제도는 귀족들의 세습 수단으로 전락한 위진魏晉 시대 이후의 구품중정제九品中正制를 폐지하고 능력 위주로 인재를 선발하기 위한 것입니다. 북조의 귀족 출신인 수 문제 양졘은 황제의 권위를 공고히 하기 위해서는 자신이 속한 문벌 귀족들을 철저히 제거하지 않으면 안 된다는 생각에 과거 제도를 창안했으며, 그 아들 양제 역시 이를 계승해 완성했습니다.

아울러 이전 시대에는 뚜렷하게 분화되어 있지 않던 형법을 가리키는 '율律'과 행정 관제를 규정한 '령令'을 구분해 제정함으로써 국가의 행정과 사법 조직을 완비해 이른바 '율령국가'의 기초를 세웠습니다. 단명한 수를 대신한 당 역시 과거 제도와 율령에 더해 임시법인 '격格'과 시행 세칙인 '식式'을 완비하니, 이러한 당의 통치 체제는 이후 중국 역대 왕조의 모범이 되었을 뿐 아니라 한반도를 비롯한 일본 등 동아시아 여러 나라에 큰 영향을 끼쳤습니다.

이뿐 아니라 당은 서역의 여러 나라들과 활발하게 교류해 중국 역사상 최초로 세계 제국이라는 호칭을 듣게 되었습니다. 위진남북조 300년의 혼란기를 끝내고 정치적 안정을 이룬 것은 수나라였지만, 그 과실은 당나라가 거둔 셈이니, 진한秦漢 교체기의 상황이 그대로 재현된 셈입니다. 이른바 '창업보다 수성이 어렵다'는 속설이 그대로 적용되는 바, 약육강식의 전국시대를 종식한 진이나 오랜 기간 남북조로 나뉘었던 천하를 다시 통일한 수가 치러야 했던 간난신고로 말하자면 각각을 계승한 한이나 당은 '천리마 꼬리에 붙어 천리를 달려간附驥尾 격이라고 할 수 있습니다.

아무튼 전대에 닦아 놓은 기반 위에 당 왕조는 정치적으로 안정되었으며, 사회적·경제적으로도 크게 발전했습니다. 특히 실크로드를 통해 서역의 여러 나라들과 활발한 교역을 진행해 당의 수도

당 태종 리스민

창안長安(장안)은 국제도시로서의 면모를 갖추었습니다. 당나라 초기의 번영을 구가했던 태종太宗 리스민李世民(이세민)은 적극적인 대외 경략에 나서서 비록 고구려는 복속시키지 못했지만 북쪽의 돌궐, 서쪽의 탕구트黨項와 고창국高昌國을 정벌하는 등, 중앙아시아와 파미르 고원 일대를 아우르는 대제국을 건설했습니다. 당은 중국 역사상 최초로 중원을 벗어나 주변 국가들을 한 손에 틀어쥐고 호령한 '팍스 시니카'Pax Sinica의 모범이라 할 만한 왕조였습니다.

고창국 고성古城 유적지 ⓒ조관희

　화려한 국제도시 창안에는 이역의 물산物産이 넘쳐났을 뿐 아니라 인적 교류 또한 활발해 흔히 말하는 '호풍'胡風이 도시 전체에 흘러 넘쳤습니다. 술집에는 아름다운 호희胡姬가 젊은이들의 혼을 빼놓았습니다.

　　호희의 자태는 꽃과 같아
　　술병 앞에 앉아 봄바람에 미소 짓네
　　봄바람에 절로 미소 지으며
　　비단옷 입고 춤추는데
　　그대 지금 취하지 않고 어디 가려는가!
　　　리바이李白(이백), 「술잔을 앞에 두고」前有一樽酒行

　호희가 추는 춤은 호선무胡旋舞라 하는데 '바람처럼 빠르게 돌며

〈무악도〉舞樂圖 감숙성 둔황 막고굴 제220굴의 벽화. 호선무를 추는 무희가 보인다.

추는 춤'이라 그런 명칭이 붙은 것이라 합니다.

> 호선녀, 호선녀!
> 마음은 현을 따르고 손은 북장단을 좇는다
> 악기 소리 울리자 두 소매 펼쳐 들고
> 휘도는 눈처럼 맴돌고 구르는 다북쑥처럼 춤춘다
> 좌우로 빙글빙글 지칠 줄 모르고
> 천 번 만 번 맴돌며 그치지 않는다
> 세상 만물 가운데 비길 데 없으니
> 달리는 마차 바퀴나 회오리바람도 이보다 느리리
>
> 바이쥐이白居易(백거이), 「호선녀」胡旋女

여러 나라에서 흘러 들어온 이국의 풍정이 손에 잡힐 듯 생생하게 그려져 있는 시들을 통해 그 당시 세계 최대의 도시였을 창안長安의 면모를 엿볼 수 있습니다. 이처럼 당 왕조는 서역과의 교류가 활발했는데, 이때 뤄양洛陽 출신의 젊은 승려 하나가 큰 뜻을 품고 창안을 떠나 서쪽으로 향했습니다. 그가 바로 우리에게 '삼장법사'라는 이름으로 더 잘 알려진 『서유기』西遊記의 주인공 쉬안장玄奘(현장, 602?~664)입니다.

쉬안장의 행로

쉬안장의 속명은 천후이陳褘(진위)로 지금의 허난 성河南省(하남성) 뤄양 인근에서 태어났습니다. 그의 나이 10살에 먼저 출가한 둘째 형의 손에 이끌려 뤄양의 정토사淨土寺에 들어갔습니다. 이후 수나라가 망하고 당나라가 들어서자 천하의 명승들이 모두 촉蜀(지금의 쓰촨) 땅으로 도망을 가니, 쉬안장 형제 역시 그들을 따라 청두成都(성도) 등지를 돌아다니며 불경佛經을 공부합니다.

이렇듯 쉬안장은 여러 곳을 돌아다니며 많은 스승에게 배우면서 그들의 설이 제각각 다르다는 사실을 알게 되었습니다. 한대漢代에 불교가 중국에 전래된 이래 오랜 세월을 두고 교세를 확장해 왔고, 이에 따라 많은 불경들이 번역되었지만, "그 오묘한 교리는 아직 충분히 펼쳐지지 못했고, 진실한 교법은 아직도 충분히 이해되지 못한 게 현실"이었습니다. 그리하여 쉬안장은 직접 인도에 가서 의문점을 풀고 그 당시 불교 연구의 보고인 『십칠지론』十七地論(현재 전하지 않음)의 완본을 가져오겠다는 염원을 품게 되었습니다.

이에 뜻을 같이 한 동지들과 함께 쉬안장은 인도에 유학할 것을 조정에 청원했으나, 변경 지방에 변고가 많다는 이유로 받아들여지지 않았습니다. 동지들은 하나씩 포기하고 떨어져 나갔지만 쉬안장

만은 단념하지 않고 초지일관하였으니, 그러는 사이 태종 리스민李
世民이 즉위하여, "때마침 사해四海가 평온하고 변경의 치안도 유지
되고 있었던 때였으므로"(『대당서역기』大唐西域記「찬」讚), 당 태종 정관
貞觀 3년, 곧 서기 629년 쉬안장은 먼 여행길에 오를 수 있었습니다.
『서유기』에서는 쉬안장이 불경을 가지러 가게 된 것을 석가여래의
말을 빌려 다음과 같이 묘사하고 있습니다.

> 법장法藏은 하늘을 논한 것이고, 논장論藏은 땅을 강설한 것이며,
> 경장經藏은 귀신을 구제하여 이끄는 것이다. 삼장三藏은 서른다
> 섯 부, 1만 5,140권으로 되어 있으며, 참眞을 닦는 지름길이고,
> 선善으로 들어가는 문이다. 나는 이것을 동쪽 땅에 보내 주었으면
> 하지만, 불행히도 그곳 중생들은 어리석어 참된 말씀眞言을 훼방
> 하고 우리 불문의 요지를 모르며, 유가瑜伽의 정종을 소홀히 하고
> 있다.
> 어떻게든 법력이 있는 자를 하나 동쪽 땅에 보내어 선하고 믿음
> 깊은 자를 찾게 했으면 좋겠다. 그리하여 그가 수많은 산을 넘고
> 무수한 강을 건너 나를 찾아와 참된 경전을 얻어 가서 동쪽 땅에
> 길이 전하여 중생을 교화한다면, 이것이야말로 산처럼 큰 복된
> 인연이고 바다처럼 깊은 훌륭한 경사이리라. 동쪽 땅에 한번 다
> 녀올 자 누구인가? 『서유기』 제1권 제8회

결국 쉬안장이 전생의 큰 인연으로 중책을 맡게 된 것입니다. 쉬
안장은 서역으로 가는 혈로인 허시 회랑河西回廊(하서회랑)을 지나
630년 2월경에 현재의 투루판 인근에 있던 고창국高昌國에 도착합

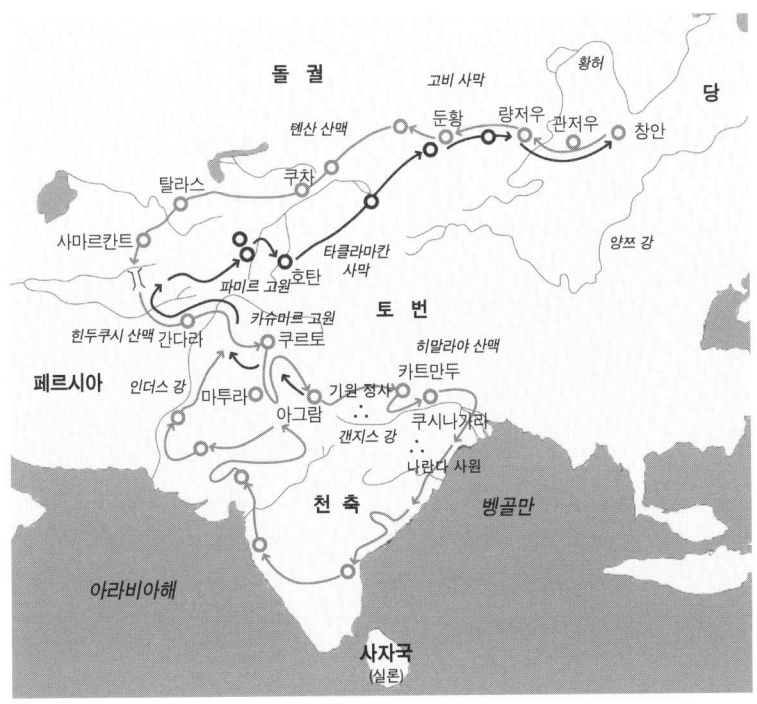

쉬안장의 행로

니다. 고창국의 왕인 취윈타이麴文泰(국문태)는 쉬안장의 해박한 불교 지식에 감동해 그를 환대했으며, 이에 그곳에서 법회를 열고 한 달 동안 『인왕반야경』仁王般若經을 설법했습니다.

　취윈타이에게서 많은 선물과 함께 노잣돈까지 받은 쉬안장은 계속 여행을 해 쿠차와 사마르칸트를 거쳐 현재의 아프가니스탄과 파키스탄 지역을 지나 카슈미르 고원을 넘은 뒤 갠지스 강 유역에 있는 부다가야 인근 나란다 사원에 도착했습니다. 그곳에서 시라바드라戒賢(계현)의 가르침을 받으며 불경 공부에 매진하다가 641년 많은 경전과 불상을 가지고 귀국 길에 오릅니다.

인도에 갈 때 쉬안장이 선택한 길이 타클라마칸 사막의 북쪽을 지나는 '톈산 북로'天山北路였던 데 반해, 돌아오는 길은 힌두쿠시와 파미르의 험로를 넘어 타클라마칸 사막 남쪽의 호탄을 지나는 이른바 '톈산 남로'天山南路를 택했습니다. 돌아오는 길에 다시 고창국에 들러 이전의 환대에 대한 보답하려 했지만, 이때는 이미 고창국이 당나라에 멸망당해 사람들도 떠난 뒤라 곧바로 창안으로 귀환합니다. 645년 정월에 쉬안장이 기나긴 여행을 끝내고 돌아오자 당시 황제였던 태종 이하 조야朝野가 모두 나와 크게 환영했습니다.

　태종은 쉬안장의 공을 치하하며, 창안의 흥복사興福寺에 머물며 가져온 불경의 번역을 명했습니다. 아울러 쉬안장이 여행길에 보고 들은 바 견문을 기록으로 남길 것을 명하니 창안에 돌아온 이듬해인 정관 20년(646)에 『대당서역기』 열두 권을 완성했습니다. 이 책에는 쉬안장이 직간접적으로 경험한 138개국의 풍토와 전설, 관습 등이 정리되어 있습니다. 특히 크고 작은 나라들이 할거했던 고대 인도의 5천축 80개국 중 75개국에 대한 사실적인 기록이 남아 있어 당시 인도 역사를 파악하는 데 귀중한 자료가 되고 있습니다.

　흔히 쉬안장은 '삼장법사'三藏法師라 불리는데, '삼장'은 본래 산스크리트어 'Tri-Pitaka'를 의역한 것으로, '장'藏의 원래 뜻은 물건을 담아 두는 대나무 바구니이며, 불교에서는 모든 불교의 전적을 개괄하는 뜻으로 쓰이니, 곧 '전서'全書에 해당합니다. '삼장'은 경장經藏(Sutrapitaka), 율장律藏(Vinayapitaka), 논장論藏(Abbidharmapitaka)을 말함이니, '삼장법사'는 바로 이 세 가지 경전에 모두 정통한 사람을 일컫는 말입니다. 그런 의미에서 '삼장법사'는 불교의 승려에게 붙일 수 있는 극존칭이라 할 수 있습니다. 중국 역사에는 이 삼장법사라는 명칭을 부여받은 승려가 몇 명 있지만, '삼장법사' 하면 가장 먼저 '쉬안장'이 떠오르는 것은 다름 아닌 『서유기』 때문입니다.

『서유기』의 유래

『서유기』는 굳이 더 이상의 설명이 필요 없는 소설입니다. 이 『서유기』를 이끄는 두 명의 주인공 가운데 하나가 지금까지 이야기한 쉬안장이고, 또 다른 하나가 바로 쑨우쿵孫悟空(손오공)입니다. 아마도 쑨우쿵은 중국의 고대소설에 등장하는 주인공들 가운데 가장 유명하고 성공적인 캐릭터가 아닌가 생각됩니다. 흥미로운 것은 전 국민의 필독서처럼 되어 버린 『삼국지』와 달리 『서유기』의 경우는 삼장법사나 쑨우쿵과 같은 주인공들의 유명세에 비해 정작 소설 자체를 읽어 본 사람은 그리 많지 않다는 사실입니다.

또 한 가지 눈길을 끄는 것은 너무나도 유명해서 당연하게 받아들이고 있는 원숭이 캐릭터가 중국소설사에서는 아주 보기 드문 예

쑨우쿵

하누만

라는 것입니다. 물론 원숭이 캐릭터가 전혀 없었다고는 할 수 없습니다. 당대唐代의 전기傳奇 작품 가운데 『보강총백원전』補江總白猿傳에는 여염집 아낙을 납치한 뒤 임신을 시키는 원숭이 이야기가 나오고, 『봉신연의』封神演義에도 탁탑천왕 리징李靖(이정)과 그 아들 너자哪吒(나타)가 나옵니다. 이 탁탑천왕 리징과 너자는 『서유기』에도 등장해 쑨우쿵과 변신술 대결을 벌입니다.

그럼에도 후스胡適(호적, 1891~1961)와 같은 현대 초기 중국소설 연구가들은 쑨우쿵의 캐릭터가 불교와 함께 전해진 인도의 서사시 『라마야나』에 나오는 '하누만'이라는 원숭이 신에 대한 이야기에서 유래한 것이라는 주장을 펴기도 했습니다. 곧 쑨우쿵은 인도에서 전래된 원숭이라는 것입니다.

이 원숭이는 공중을 비행할 수 있고, 몸을 늘였다 줄였다 할 수 있는 신통력을 지니고 있습니다. 여기에서 원숭이가 신통력을 가졌다는 것은 『서유기』에서 쑨우쿵이 신통력을 부린다는 것과 연결되는 맥락입니다.*

하지만 연구자들의 주장에 따르면, 양자를 연결하는 데는 어려움

---

* 나선희, 『서유기-고대 중국인의 사이버스페이스』(살림, 2005) 참조. 이하 하누만과 쑨우쿵 관련 이야기는 이 책을 참조했다.

이 있습니다. 쑨우쿵은 원숭이 무리의 왕인 데 반해 하누만은 원숭이 왕의 친애하는 네 신하 중 하나일 뿐이고, 쑨우쿵은 오랜 시간 학습기를 가졌는 데 반해 하누만은 제대로 된 교육을 받았는지 확인이 안 됩니다. 무엇보다 하누만은 기원전 2세기에서 기원후 4세기 무렵 사이에 기록이 남겨진 데 비해, 쑨우쿵의 원형이 등장한 것은 송대 이후로, 약 600~700년의 시간적 차이가 납니다.

백 번을 양보해서 앞서 등장한 하누만이 인도에서 오랜 세월 사랑을 받다가 중국에 전래된 것이라 볼 수도 있습니다. 그러나 이것보다 본질적인 문제는 힌두적 전통을 강하게 가진 『라마야나』와 불교적 색채가 강한 (송대에 나온 『서유기』의 원형인) 『취경시화』取經詩話가 가진 종교적인 격절입니다. 결국 힌두교 철학을 배경으로 가진 작품이 중국에 전래되면서 중국의 불교 경전으로 흡수된 것으로 볼 수도 있다는 것입니다.

이렇게 볼 때 양자의 공통점으로 들 수 있는 것은 다음의 세 가지입니다. 첫째, 『라마야나』의 하누만이나 『서유기』의 쑨우쿵이나 모두 주인공을 돕는 보조 인물의 역할을 하고 있습니다. 둘째, 이들이 보조 인물임에도 불구하고 주인공들이 위험에 처하면 가장 중요한 역할을 수행합니다. 셋째, 하누만도 쑨우쿵처럼 적을 만났을 때 몸을 부풀리는 신통력을 발휘해 위기를 모면하기도 하고 바다를 건널 때 높이 뛰어올라서 훌쩍 건너기도 하는 등 신통력을 갖고 있습니다.

다양한 견해가 있지만, 삼장법사 쉬안장의 '불경 가져오는 이야기'取經記와 무관할 수도 있는 쑨우쿵 이야기가 어떤 식으로 『서유기』에 포함되었는지 현재로서는 알 수 없습니다. 이 문제는 『서유기』라는 소설이 어떤 과정을 거쳐 완성되었는가 하는 것과 깊은 연관이 있을 텐데, 삼장법사와 원숭이 이야기가 합쳐져서 최초로 등장한 것은 평화平話인 『대당삼장취경시화』大唐三藏取經詩話와 잡극雜劇 대본인 『당삼장취경시화』唐三藏取經詩話입니다. 전문적인 이야기꾼들이 활동했던 송대에는 역사 이야기를 전문으로 들려주는 것을 '강사'講史라고 불렀는데, 원대에 들어서는 이것을 '평화' 平話라고 불렀습니다. 또 원대에는 '잡극'이라는 연극이 유행했으니, 결국 평화가 됐든 잡극이 됐든 '삼장법사'와 '쑨우쿵'이 결합한 이야기가 처음 등장한 것은 원대인 셈입니다.

그런데 평화와 잡극에 등장하는 쑨우쿵의 원형은 이보다 뒤에 나오는 『서유기』의 쑨우쿵과 다를 뿐 아니라 양자간에도 약간의 차이점이 발견됩니다. 조금 앞서 나온 것으로 추정되는 평화본 『대당삼장취경시화』에 등장하는 원숭이는 그 외모부터가 '흰 옷을 입은 선비'白衣秀才로 우리가 알고 있는 악동 이미지와 전혀 다를 뿐 아니라 그 행실 또한 점잖고 예의바릅니다. 신통력 역시 대단해서, 여행 중에 요마를 물리칠 뿐 아니라 삼장법사의 여러 질문에 대해서도 막힘없이 답변하는, 일종의 조언자이자 고문 역할을 하고 있습니다.

하지만 잡극에 등장하는 원숭이는 이미 요마의 성격이 강화되어 천상에 있는 복숭아와 금단金丹을 훔치고, 또 공공연하게 천병에게 저항하며, 여러 신들을 괴롭힐 뿐만 아니라, 성품은 음험하고 여자를 밝힙니다. 금정국金鼎國 국왕의 여자를 훔쳐 와서 처로 삼았으며, 여인국女人國에서도 만약 금테 모자를 쓰지 않았다면 색욕을 거의 자제할 수 없었을 정도입니다. 곧 『대당삼장취경시화』에 비해서 종교적인 색채는 점차로 옅어지고 좀 더 요마적인 성격이 강화된 셈입니다.

결국 명대에 나온 것으로 추정되는 100회 본『서유기』에 등장하는 쑨우쿵의 모습은 평화나 잡극에 나오는 원숭이의 이미지와 또 다른 성격을 보여 주는데, 특히 음탕하고 여자를 밝히는 부분이 사라지고 그 대신 반항적인 이미지는 더 강화됩니다.

지금 전해지는『서유기』의 가장 이른 판본은 명대에 나온 것입니다. 흥미로운 것은 청대 이전에 나온 대부분의 소설들이 작자를 특정하기 어려운 반면에, 한동안 아니 꽤 오랫동안 아니 지금까지도『서유기』의 작자는 우청언吳承恩(오승은, 1500?~1582?)이라는 문인이 지은 것으로 알려졌다는 사실입니다. 제가 이런 식으로 표현한 것은 현재는 많은 연구자들의 지적으로『서유기』의 작자가 우청언이라는 설이 거의 폐기되기 직전이기 때문입니다.

근대 이전에는 중국뿐 아니라 서구에서도 소설이라고 하는 문학 장르의 지위가 그리 높지 않았습니다. 어디라 할 것 없이 사람들의 존중을 받았던 것은 시였으며, 소설은 여자나 아이들이 즐겨 읽는 읽을거리讀物로 폄하되었습니다. 그래서 소설의 작자 또한 이름 없는 문인인 경우가 많았고, 한 권의 소설이 만들어질 때까지 많은 사람들이 가필을 하거나 수정을 하는 일이 많았습니다. 그런 까닭에 흔히 '사대기서'四大奇書라 불리는『삼국지』,『수호전』,『금병매』는 물론이고 대부분의 소설들이 작자를 특정하기 어려운 경우가 많았습니다.

그럼에도『서유기』만은 작자가 우청언으로 알려진 것은 현대 중국의 대표적인 작가라 할 수 있는 루쉰魯迅 때문입니다. 루쉰은『중국소설사략』이라고 하는 기념비적인 저작을 남긴 저명한 중국 고대소설 연구가이기도 한데, 바로 이 책에서 처음으로『서유기』의 작자가 우청언이라고 언급했습니다.

> 그러나 향토의 문헌은 사람들이 특히 말하기 좋아하는 것이기에, 그 뒤에 산양山陽(산양) 사람 딩옌丁晏(정안. 『석정기사속편』石亭記事續編), 롼쿠이성阮葵生(완규생. 『다여객화』茶余客話) 등과 같은 사람이 이미 모두 옛 기록을 뒤져내어 『서유기』의 작자가 우청언이라는 것을 알아냈다. **루쉰, 『중국소설사략』**

　루쉰이 우청언을 『서유기』의 작자로 단정한 근거는 명나라 때 편찬된 『화이안 부지』淮安府志라는 문헌입니다. 화이안淮安(회안)은 지금의 쟝쑤 성江蘇省 일대를 가리키는데, 이 책의 19권에 "우청언이 『서유기』를 지었다"는 기록이 남아 있습니다. 하지만 이 책이 과연 소설 『서유기』를 지칭하는 것인지 여부는 둘째 치고라도 정부의 공식적인 문서라 할 부지府志에 당시 천시되었던 소설 작품에 대한 기록이 수록되기는 어려웠을 거라는 등등의 이유로 놓고 볼 때 우청언 설은 단지 하나의 설일 뿐이라는 데 연구자들의 의견이 모아지고 있습니다.

　『서유기』의 작자 문제는 여기까지 이야기합니다. 나머지는 전문 연구자들의 몫이라고 봅니다. 다만 여기서 한 가지 덧붙이자면, 앞서 제가 정작 『서유기』를 읽어 본 사람이 드물다고 한 데는 제대로 된 우리말 번역본이 최근에야 나왔던 데 그 원인이 있다고 할 수 있습니다. 그 전에는 일역본에 기초한 것만 나왔을 뿐. 그나마 내용을 제멋대로 축약해서 그 전모를 알 수 없었기에 『서유기』는 우리에게 그야말로 신기루와 같은 존재였습니다. 우리는 『서유기』를 읽었으되 『서유기』를 읽지 않았던 것이고, 쑨우쿵을 알았으되 그 진면목을 몰랐던 것입니다.

유불도 삼교의 판테온

세계 제국이라는 칭호에 걸맞게 당대唐代에는 온갖 종교가 혼재했습니다. 기왕의 유교는 물론이고 불교뿐 아니라 '경교'景教라는 이름으로 알려진 기독교의 일파가 유입되어 일시 번성하기도 했습니다. 근대 이후 서구 제국주의 세력에 의해 기독교가 본격적으로 전래되기 전까지 중국에서 기독교가 유행한 것은 이때가 유일합니다. 물론 『서유기』가 쓰여진 것은 그보다 훨씬 뒤인 명나라 때이긴 하지만, 작품의 무대가 되는 당나라 시기의 종교에 대한 관용적인 태도는 유교를 비롯한 온갖 종교가 유행하게 된 주요 원인 가운데 하나였습니다. 한대漢代 이후 국가의 통치 이데올로기로 확고한 지위를 차지한 유교의 경우는 차치하고 나머지 두 종교만 놓고 보더라도 이러한 경향은 분명하게 나타납니다.

> 외국인 거주 구역의 중심지는 시스西市(서시)였다. 시스 주변에는 상당수의 외국인이 밀집해서 거주했다. 외국인은 때에 따라서 창안長安 전체 인구의 3분의 1을 차지했다고 평가되기도 한다. 비非한족 주민은 종교 시설을 세워 본국의 종교를 받들었다. 페르시아어를 사용하는 상인들은 이란에서 수입된 종교를 떠받드는 두 종류의 사원에서 참배를 드렸다. 그들은 조로아스터교의 제단에

산 동물을 희생으로 바쳤으며, 마니교 사원에서 광명의 힘이 어둠의 힘을 누르고 승리하는 찬송가를 불렀다. 시리아에서 온 여행자들은 자신들의 기독교 종파, 즉 네스토리우스파를 신봉하였다. 네스토리우스파는 예수가 두 가지 본성, 즉 모친인 마리아로부터 온 인성과 부친인 하느님으로부터 온 신성을 모두 가지고 있다고 주장하는 종파였다. 발레리 한센, 『열린 제국: 중국(고대−1600)』(까치글방, 2005)

당 태종 리스민李世民을 비롯해 고종高宗, 헌종憲宗 등이 모두 불교를 장려해 불교는 일시에 중흥기를 맞이했습니다. 앞서 이야기한 것처럼 태종은 쉬안장이 인도에서 불경을 갖고 돌아오자 칙명으로 쉬안장에게 불경의 번역을 맡겼고, 친히 「삼장성교서」三藏聖教序를 짓기도 했습니다. 그의 아들인 고종은 자은사慈恩寺를 지어 쉬안장이 거처하도록 했고, 창안의 중요한 랜드마크 가운데 하나인 대안

대안탑 당대 장안의 중심이었던 대안탑의 모습 ⓒ조관희

탑大雁塔을 지어 쉬안장이 가져온 불경을 보관하게 했습니다. 헌종 때는 당시 존경받는 거유巨儒였던 한위韓愈(한유)가 불골佛骨을 영접하려는 황제의 처사에 반대하는 상소를 올렸습니다

> 정수리에 향을 불사르고 손바닥에 기름을 부어 불을 붙이는 등 불신자의 고행을 행하고, 수십 수백 명이 떼를 지어 의복을 벗어 내고, 돈을 모아서 시주함을 아침부터 저녁까지 하고, 서로가 본받아 오직 늦을세라 걱정하여, 노소가 세차게 달음질쳐 백성들이 자신들의 생업을 버리고 말 것이옵니다. 만일 불골을 메고 다님을 금하여 그치게 하지 않으시고 여러 사찰을 지나가게 하신다면, 팔을 끊고 살을 베어 공양하는 자도 있게 될 것이오니, 좋은 풍속을 깨고 사방의 웃음거리가 되게 하는 것은 작은 일이 아니옵니다. 한위, 「논불골표」論佛骨表

이것은 당시 광신狂信에 가까울 정도로 열렬히 불교를 맹신한 사람들의 폐단을 지적한 글이지만, 한위韓愈는 이로 인해 황제의 노여움을 사 극형에 처해질 뻔합니다. 이후 한위는 간신히 사형을 면하고 당시에는 오지였던 차오저우潮州(조주)의 자사刺史로 좌천

차오저우에 있는 한위의 사당 ⓒ조관희

되었습니다.

한편 당나라는 리李 씨 성의 왕조였기에, 본명이 리얼李耳(이이)로 알려진 라오쯔老子(노자)를 조상으로 숭배했습니다. 그리하여 고종은 보저우亳州(박주)에 있는 라오쯔의 묘廟를 찾고 라오쯔에게 태상현원황제太上玄元皇帝라는 존호를 붙였으며, 왕공 이하 모든 사람에게 『도덕경』道德經을 학습하도록 하고 과거 시험에마저 이를 부과했습니다. 그리고 도사道士를 종정시宗正寺에 예속시키고 그들을 제후왕의 서열에 두었습니다.*

당나라의 국세가 최고조에 이르렀던 현종玄宗의 시대는 불교와 도교의 극성기이기도 했습니다.

> 현종은 새로 등장한 불교인 밀교파 승려들을 궁정에 초청했는데, 726년에는 자바 인 승려로 하여금 가뭄을 피하기 위한 밀교 의식을 거행하도록 했고, 742년에는 실론 인 승려가 당 군대의 승리를 위해 신비한 주술을 외우는 동안 향로를 들고 있기도 했다.
>
> 패트리샤 버클리 에브리, 『사진과 그림으로 보는 케임브리지 중국사』(시공사, 2001)

하지만 말년의 현종은 도교에 심취해 자신을 '명황'明皇으로 부르게 하고, 친히 『도덕경 주소』道德經注疏를 짓는가 하면, 여러 곳에 현원묘玄元廟를 세워 도교 식 제사인 재초齋醮를 올리게 했고, 현학박사玄學博士를 두어 매년 과거 시험으로 인재를 뽑게 했습니다. 급기야 자신의 며느리인 양위환楊玉環(양옥환)과 사랑에 빠진 현종은 주

---

* 정범진, 「당대소설개설」,(『앵앵전』, 성균관대학교출판부, 1994) 참조.

위의 이목이 두려워 우선 양위환을 여도사女道士로 임명해 남궁에 살게 하면서 태진太眞이라는 도호를 내리고 남궁을 태진궁으로 개칭했습니다. 그러고는 도사에게 법어를 듣는다는 핑계로 태진궁을 드나들며 양위환과 밀회를 즐겼습니다. 양위환을 여도사로 출가시킴으로써 그녀의 과거를 세탁하고자 했던 것입니다. 과연 얼마 안 있어 현종은 양위환을 귀비貴妃로 승격시키니, 바로 경국지색傾國之色의 대표 미녀 양귀비楊貴妃가 이 사람입니다.

이렇듯 당 왕조는 불교와 도교에 관용적이었습니다. '삼장법사'의 취경取經 이야기를 배경으로 하는『서유기』에 이 세 가지 종교가 어우러져 있는 것은 당나라의 시대상으로 볼 때 매우 자연스러운 것입니다.

『서유기』에서 가장 두드러지게 나타나는 것은 불교의 세계입니

츄잉仇英,〈인물고사도〉人物故事圖(부분) 양귀비가 단장하는 모습을 묘사한 작품. 호사스러운 궁중 생활을 재현했다.

다. 『서유기』는 기본적으로 불교에서 말하는 인과응보를 기반으로 한 육도윤회六道輪廻의 사상이 모든 이야기의 발단이 되고 있습니다. 육도란 천도天道와 인도人道, 아수라도阿修羅道를 가리키는 '삼선도' 三善道와 축생도畜生道와 아귀도餓鬼道, 지옥도地獄道를 가리키는 '삼악도'三惡道를 말하는데, 결국 육도라는 것은 삼라만상 모든 만물이 지어내는 조업造業의 인과因果에 의해 생겨나는 죄복보응罪福報應의 끊임없는 순환적 세계를 의미하는 것입니다.

> 당 태종이 묻자, 추이崔(최) 판관判官이 대답했다.
> "폐하께서 마음을 맑게 하시고 본성을 깨달으시면 틀림없이 이것들을 기억하실 것이니, 이승 사람들에게 알려주시옵소서. 이곳은 육도윤회라고 부르는 곳인데, 선행을 한 사람들은 신선의 길로 올라가고昇化仙道, 충성을 다한 이들은 태어남을 초월하여 고귀한 길로 들어가고超生貴道, 효를 행한 이들은 복스러운 길로 다시 태어나고再生福道, 공평했던 이들은 사람의 길로 환생하고還生人道, 덕을 쌓은 이들은 부유한 길로 옮겨 태어나며轉生富道, 악독한 이들은 귀신의 길로 빠져들게沈淪鬼道 되는 것이옵니다."
> 『서유기』 제2권 제11회

과연 『서유기』의 등장인물들은 모두 자신이 전생에 지은 업에 따라 현재의 모습을 하고 있습니다. 쉬안장은 전생에 여래불의 제자인 진찬金蟬(금선) 장로長老가 환생한 것이고, 주바졔猪八戒(저팔계)는 원래 은하수의 천봉원수天蓬元帥였으나 술을 마시고 창어嫦娥(항아)를 희롱한 죄로 옥황상제에 의해 하계로 쫓겨난 것이고, 사우징沙悟淨

(사오정)은 원래 천계의 영보소전靈寶霄殿에서 난여鸞輿의 시중을 들던 권렴대장捲簾大將이었으나, 반도회蟠桃會에서 실수로 유리잔을 깨뜨려 하계로 폄적을 당한 것입니다.

"보살님, 저의 죄를 용서하시고 저의 말씀을 들어주세요. 저는 요마가 아니라 영보소전에서 난여를 모시는 권렴대장입니다. 반도회 때 실수로 유리잔을 깨뜨리는 바람에, 옥황상제께서 800대를 때려 아래 세상으로 쫓아내고 이런 몰골로 만드셨습니다."
"저는 멧돼지도 아니고 못된 돼지도 아닙니다. 본래 저는 은하수의 천봉원수였습니다만, 술기운에 창어를 희롱한 죄로 옥황상제께 쇠몽둥이로 2천 대를 맞고 아래 세상으로 쫓겨났습니다."
『서유기』 제1권 제8회

"일찍이 보살님께서 경전을 가지러 가는 사람은 바로 여래님의 제자였던 진찬 장로라는 분이라고 하셨소. 부처님의 설법을 귀담아듣지 않았기 때문에 링쥬산靈鷲山(영취산)에서 쫓겨나 윤회를 통해 동녘 땅에 태어나게 된 건데······." 『서유기』 제6권 제57회

한편 불경을 가지러 인도로 떠난 삼장법사 일행은 '81난難'을 겪게 되는데, 실제로는 44가지 난관을 극복하니, '81난'은 일종의 비유적인 의미를 갖고 있습니다. 곧 '81'이라는 숫자는 『대반야경』大般若經에서 말하는 '81법法'이나 '81과科'와 같이 삼장법사 일행이 전세의 조업造業에 의해 하계에 내려온 뒤 속죄하고 수행하는 과정을 정형화한 것입니다. 이밖에도 결정적인 순간마다 나타나 위기에 빠

진 일행을 구해 주는 관세음보살에 대한 신앙은 민간에 널리 퍼져 있던 '관음신앙'의 체현이라 볼 수 있습니다.

다음으로 도교의 영향 역시 『서유기』에 강하게 나타나 있는데, 쑨우쿵이 자신의 성가를 널리 알리는 최초의 사건이라 할 '천궁에서 크게 난리를 피우는'大鬧天宮 대목에 등장하는 인물과 배경은 도교적 색채가 완연합니다. 시왕무西王母(서왕모)가 준비한 잔치에 몰래 들어가 술을 훔쳐 먹고 크게 취한 쑨우쿵은 타이상라오쥔太上老君(태상노군)의 거처인 도솔천궁兜率天宮에 가게 됩니다. 그리고 쑨우쿵은 여기서 금단金丹을 훔쳐 먹고 불사신이 됩니다. 이 에피소드에 나오는 인물들은 대개 도교에서 받드는 신이나 도사들이고, 공간 역시 도교와 밀접한 관련이 있습니다.

아울러 도교에서 숭상하는 내단이나 외단의 수련법은 물론이고, 중심 사상이라 할 오행五行에 대한 묘사는 이루 헤아릴 수 없을 정도입니다. 무엇보다 네 명의 중심인물을 오행과 연결시킨 것이 대표적입니다. 오행 중 '수'水에 속하는 삼장법사는 유약하고 자상하며 쉽게 울고 겁이 많은 반면 심지가 굳어 한 길만 가는데, 이것이 '수'의 성질과 일치합니다. 쑨우쿵은 '화'火와 '금'金에 속하니 서로 상극인 두 가지 성질이 그의 몸에 동시에 체현되어 있어 급하고 폭발적인 '화'의 성향을 내보이다가도 차갑고 냉정한 '금'의 성격이 드러납니다. 주바제猪八戒는 '목'木에 속하니 움직이기 싫어하는 나무의 성질과 호색과 식탐의 성격이 드러나 있고, 사우징沙悟淨은 '토'土에 속하니 만물을 생육하는 '토'의 성질대로 나머지 세 사람을 결집하고 조화시키는 역할을 하고 있습니다.

마지막으로 유교의 색채는 앞서의 불교나 도교와 같이 두드러지지는 않지만, 유가적 인륜 사상은 『서유기』 속 이곳저곳에서 찾아볼 수 있습니다. 쑨우쿵이 삼장법사에게 "하루를 스승으로 섬기면 평생 어버이"一日爲師 終身爲父라고 말한 것이 그 대표적인 예라 할 수 있으니, 이것은 흔히 말하는 '군사부일체'君師父一體의 유가적인 관념을 그대로 보여 줍니다.

결국 『서유기』의 말미는 삼장법사를 위시한 모든 이들이 고난을 극복하고 성불하는 것으로 끝이 납니다. 모든 것은 극에 이르면 경계가 사라지는 것일까요? 『서유기』의 배경이 되었던 당나라 역시 다른 왕조에 비해 종교뿐 아니라 계층 간의 차별 등이 상대적으로 크지 않았을 뿐 아니라 앞선 시대의 폐단이 일소되어 활기가 넘쳤던 시대였습니다.

> 모든 진여가 속세에 떨어졌다가
> 사상과 조화를 이루어 다시 몸을 수련하였네
> 오행의 원리로 물질세계를 따져 보면 공이고 적막이며
> 온갖 요괴의 헛된 명성도 모두 얘기할 것 못 된다네
> 정과正果를 이룬 전단불栴檀佛 큰 깨달음으로 돌아가고
> 공과를 이루고 직분 받아 고통의 세계에서 벗어났네
> 불경을 천하에 전하여 은혜와 영광이 충만하고
> 다섯 성인은 불문佛門 높은 곳에 살게 되었네
>
> 『서유기』 제10권 제100회

송,
난은 위에서부터 일어난다

수호전水滸傳

송宋

당나라가 멸망한 907년부터 송나라가 건립되는 960년까지, 중국은 황허 유역을 중심으로 화북을 통치했던 5개의 왕조(오대)와 화중·화남과 화북의 일부를 지배했던 여러 지방 정권(십국)이 흥망을 거듭하는 격변기로 돌입하는데 이 시기를 오대십국 시대五代十國時代(907~960)라고 합니다. 그리고 오대십국 시대 오대 최후의 왕조 후주로부터 선양을 받은 자오쾅인趙匡胤이 960년 카이펑開封(개봉)에 도읍한 나라가 바로 송(960~1279)입니다. 국호는 송이었으나, 춘추시대의 송, 남북조 시대의 송 등과 구별하기 위해 황실의 성씨를 따라 조송趙宋이라고도 부릅니다. 통상 1127년 금나라의 확장에 밀려 장강 이남으로 옮기기 전을 북송北宋, 이후를 남송南宋이라고 불러 구분합니다.

중국 자본주의의 맹아, 북송의 번성

중국 역사상 가장 국력이 강했던 당을 이어 등장한 송은 거꾸로 문약文弱에 빠져 나라의 힘이 그만큼 약한 왕조였습니다. 그것은 송의 황제들이 당의 멸망 원인을 너무 강력했던 번진藩鎭·세력 때문이라고 생각해 무인武人의 등용을 억누르고, 군대에 관련된 일들도 문관文官의 지휘를 받게 했기 때문입니다. 심지어 군대 자체도 모병제로 운용했기에 군인들은 요령껏 싸우면서도 나이를 먹어도 그만두려 하지 않았습니다. 그 결과 군사력이 약해졌고, 이 때문에 군대 숫자를 늘리지만 그렇게 약한 병사를 늘린들 별 도움이 되지 않았습니다.

> 중국의 역대 통일 왕조는 대체로 제국이라 불렸다. 그런데 송만큼은 왕조라 불린다. 지배자를 황제라 부르고, 관료 체제를 완성해 전제군주 체제를 흔들림 없이 유지해 온 국가였음에도 불구하고. 진한秦漢 제국, 당唐 제국 등이라 부르는 데 반해 송 제국이라고는 부르지 않는다. 이것은 전적으로 전제적인 체제를 갖추었으면서도 사대부의 자유로운 발언이 보였고, 서민 문화의 발달이 보였던 것 등으로 인해 제국답지 않은 이미지를 주었기 때문일까? 이하라 히로시, 『중국 중세도시 기행』(학고방, 2012)

반면에 송대는 생산력의 비약적인 발전에 힘입어 전대에 비해 상공업이 흥성했던 시기로 기억됩니다. 중국 역사를 전공하는 학자들 사이에서는 여러 가지 논쟁이 벌어진 바 있는데, 그 가운데 하나가 중국에서의 자본주의 맹아 논쟁입니다. 곧 중국에서 자본주의가 언제 시작되었는지를 둘러싸고 갑론을박이 벌어졌던 것입니다. 이 점에 대해 학자들의 의견은 굉장히 다양하게 제시되었는데, 그 시차가 무려 천 년에 이를 정도이니 이들 사이의 의견을 좁히는 것은 그만큼 어려운 것인지도 모릅니다. 혹자는 14세기에 자본주의의 맹아가 최초로 출현한다고 주장했습니다.

류쥔劉俊, 〈설야방보도〉雪夜訪普圖 북송의 자오쾅인이 어느 눈 내리는 밤 자오푸趙普를 찾아가 함께 국사를 논의하는 모습을 그린 작품.

물론 이렇게까지 시대를 끌어올리는 것은 여러 가지 면에서 무리한 점이 없지 않습니다. 하지만 송이라는 나라의 건국과 번성을 살펴보면 그 이전 시대와는 질적으로 다른 생산력 수준에 바탕을 둔 새로운 사회가 출현했다는 것을 알 수 있습니다. 위진남북조 이래로 양쯔 강 이남을 포함한 지역이 대규모로 개발되어, 이른바 '중원'에 한정되어 있던 중국의 강역이 확대되었습니다. 그리고 당대를 거쳐 송대에 이르면 이곳 '강남' 지역의 농업 생산력이 화북 지역을 능가해 경제와 국가 재정의 중심이 명백하게 강남 지역으로 옮겨가게 됩니다.

농업의 발달뿐 아니라 과학 기술의 진보에 따른 수공업의 발달로 양조업이나 제당업을 비롯해 중국을 대표하는 공산품인 비단을 짜는 직물업도 크게 번성했습니다. 이렇듯 농업과 수공업이 발달함에 따라 이것을 유통하기 위해 도시가 발달하게 되었으니, 송대의 도시는 이전 시기의 도시와는 사뭇 다른 기능을 갖추게 됩니다.

곧 이전의 도시가 기본적으로 정치·군사의 중심지로서의 성격이 강했다면, 송대의 도시는 상품의 유통 등 상업 도시로서의 성격이 강하게 나타났습니다. 물론 당대에도 많은 도시가 있었지만, 이들 도시에서 상행위는 '시'市라고 하는 특정 지역에서만 이루어졌고, 국가에서 임명한 관리들에게 통제를 받았습니다. 하지만 송대에는 '시' 이외의 지역에서도 비교적 자유로운 상행위가 행해지고 야간 영업도 할 수 있게 되었습니다.

쉬안더러우宣德樓(선덕루)에서 동쪽으로 가면 나오는 둥줴러우東角樓(동각루)는 황성의 동남쪽 모서리에 있다. 네거리十字街에서 남쪽으로 내려가면 생강 파는 가게인 쟝항薑行이 나왔다. 가오터우졔高頭街(고두가)에서 북쪽으로 가면 견직물 파는 상점인 사항紗行에서 시작해 둥화먼졔東華門街(동화문가), 천후이먼晨暉門(신휘문), 바오루궁寶籙宮(보록궁)이 나왔고, 곧바로 가면 쥬쏸짜오먼舊酸棗門(구산조문)이 나왔는데 이곳의 상점들이 가장 번화하고 시끌벅적했다. 선화宣和 연간 협성夾城을 따라 관도官道를 뚫었다. 동쪽으로 가면 판러우졔潘樓街(반루가)가 나오는데 판러우졔의 남쪽을 '매가게'鷹店라 불렸고, 매나 송골매와 관련된 것만을 사고팔았다. 그 외에는 모두 진주, 비단, 향료 등을 파는 가게들만 있었다. 남쪽으로 거리가 하나 있었는데 '졔선'界身(계신)이라고 불렀다.

야오원한姚文瀚, 〈매장도〉賣漿圖(부분) 송원 교체기의 서민 생활을 표현한 작품

여기도 금, 은, 채색 비단을 사고파는 곳이었다. 건물이 웅장하고 상점의 문이 커서 멀리서 바라보면 위엄 있어 보였다. 한번 물건을 사고팔면 보통 천만千萬을 헤아리기에 이를 들은 사람들이 모두 놀라 자빠졌다. 김민호 역주, 『동경몽화록』東京夢華錄(소명출판, 2010)

결국 벤징卞京(변경)이 송의 수도가 되었던 것은 이런 경제성 때문이라고 할 수 있는데, 이것은 중국 역사상 최초의 사례라 할 수 있습니다. 과연 위의 인용문에 나타난 대로 벤징의 번화한 거리에는 여러 가지 물색이 고루 갖추어져 있어 현대의 시장과 다를 바 없는 거리 풍경을 보여 주고 있습니다. 이렇듯 많은 상점들로 도시 전체가 흥청거렸으니, 돈이 모이고 흐르는 곳에는 사람들이 꾀게 마련입니다. 송대에는 당시로서는 대도시라고 할 인구 10만의 도시가 40여 곳 이상이나 되었는데, 이전 왕조인 당대가 세계 제국으로 다양한 나라들과 활발하게 교역을 하는 등 도시가 발달했음에도 인구 10만

안약을 뿌리는 모습을 연기한 잡극. 송대의 상인들은 자기 상점과 상품을 선전하기 위해 광고를 시작했다.

의 도시가 10여 곳에 지나지 않았던 것과는 크게 비교가 됩니다.

사람이 한세상 살아가는 것은 어느 시대나 한가지이고, 갖고 있는 본능적인 욕구 역시 매일반이니, 사람은 밥만 먹고 살 수는 없는 노릇입니다. 도시의 규모가 커지고 그곳에 사는 사람들이 많아지면 그들의 문화적 욕구를 충족시킬 다양한 문화 활동 역시 활발하게 펼쳐지게 마련입니다. 과연 송대에는 도시민들을 위한 다양한 공연이 일종의 번화가라고 할 '와자'瓦子에서 펼쳐졌습니다. '와자'라는 말은 사람이 모일 때는 기와 같이 혼잡을 이루며 왁자지껄하다가 흩어질 때는 기와가 부서지듯 한다는 데서 유래한 것이라 합니다.

북쪽 근처에는 중와中瓦, 그 다음에 이와裏瓦가 있었는데, 그 안에는 크고 작은 구란勾欄이 50여 개 있었다. 그중 중와자 안에는 연화붕蓮花棚, 모란붕牡丹棚이 있었고, 이와자 안에는 야차붕夜叉棚과 상붕象棚이 있는데 이 둘이 제일 커서 수천 명을 수용할 수 있었다. 딩셴셴丁先現(정선현), 왕퇀쯔王團子(왕단자), 장치성張七聖

(장칠성) 등의 무리들을 뒤이어 나중에 여기서 공연을 벌이는 사람들이 있었다. 와자 안에는 약을 팔고, 점치고, 헌옷을 소리쳐 팔고, 음식을 팔고, 전지화剪紙花를 팔고, 곡자曲子들을 공연하는 사람들이 하루 종일 머물고 있었기에, 구경꾼들이 날이 저무는지도 모르고 멍하니 정신을 놓았다. 김민호 역주, 「동경몽화록」

'구란'勾欄은 잡극雜劇이나 잡기雜技를 공연하는 일종의 극장으로 여기서는 직업적인 이야기꾼說話人들이 저마다 장기로 삼고 있는 이야기說話를 청중들에게 들려주었습니다.

훠쓰쥬霍四究(곽사구)는 설삼분說三分(『삼국지』에 관한 이야기)을 잘했다. 인창尹常(윤상)은 오대사五代史로 먹고 살았다. 원바냥文八娘(문팔랑)은 규과자叫果子로 유명했다. 이밖에도 수를 셀 수 없을 정도로 많은 사람들이 공연을 했다. 바람이 불고, 비가 오고, 춥고 덥고를 가리지 않고 각각의 공연을 보러 오는 사람들이 매일매일 밀려들어 왔다. 김민호 역주, 「동경몽화록」

당시 볜징卞京의 번화한 모습이 어떠했는가 하는 것은 중국 고대의 최대 규모의 풍속도라 일컬어지는 〈청명상하도〉清明上河圖라는 그림을 보면 알 수 있습니다. 이 그림은 길이 5m 남짓, 폭 25cm 크기의 비단 위에 그려졌는데, 각양각색의 점포와 갖가지 행색의 인물들이 등장합니다. 여기에 등장한 사람들만 550여 명에 달하고 동물도 60여 마리에 이릅니다. 20여 개의 다리가 그려져 있고, 20여 척의 선박이 그려져 당시 도성의 번화한 모습을 생생하게 재현하고

〈청명상하도〉清明上河圖(부분) 북송의 한림학사 장쩌돤張擇端이 그린 그림.

있습니다.

신법당과 구법당의 당쟁

사람 사는 세상은 어디라 할 것 없이 큰 차이가 없게 마련입니다. 일면 번영을 구가하는 듯 보이는 사회도 그 나름의 문제를 안고 있게 마련이니, 작게는 하나의 가정으로부터 크게는 한 나라에 이르기까지 항상 관건이 되는 것은 경제적인 문제였습니다. 겉으로 흥청거리는 듯 보였던 송대 사회 역시 재정적인 압박이 심각한 수준에 이르렀으니, 이른바 '삼용'三用이라 불리는 '용병'用兵과 '용관'用官, 그리고 '황실의 비용 낭비'가 큰 구실을 했습니다.

'용병'은 당말 이후 병농일치의 부병제가 무너지고 용병으로 군사를 대치할 때부터 문제가 되었던 것인데, 송대 초기에는 요遼와 서하西夏를 상대로 전쟁을 치르느라, 그리고 인종仁宗과 영종英宗 시대에는 서하와의 관계를 제외하고는 비교적 평온한 상태를 유지했다고는 하나 두 나라에 대한 방비를 위해 군사의 숫자가 크게 늘었습니다. 하지만 이것 또한 숫자에 불과할 뿐 병사는 실전 경험이 부족했고 훈련도 충분치 않아 실제 전력은 보잘것없었습니다.

또 송대에는 절도사를 비롯한 무관들이 득세했던 당의 실패를 되풀이하지 않으려 문관 우대 정책을 써서 관리의 숫자가 크게 늘었습니다. 이로 인해 문무백관이 받는 봉급의 증가는 국가 재정에 큰 부담이 되었는데, 이것이 '용관'입니다.

여기에 매년 서하에 은 45만 냥과 비단 50만 필, 요에도 이에 상응하는 은 20만 냥과 비단 30만 필을 보내야 했습니다. 문제는 이것이 중소 지주와 자작농에게 전가되었다는 것인데, 인종 이후에는 이렇듯 과중한 부담을 이기지 못한 농민들의 폭동이 각지에서 일어났습니다.

어느 시대나 문제가 생기면 그것을 시정하고 해결하기 위해 강도 높은 개혁이 요구되게 마련입니다. 아울러 모든 개혁에는 기득권층의 반발과 반대가 뒤따르니, 일군의 개혁적인 관리들에 의해 추진된 개혁안들 역시 기득권 세력의 완강한 반대에 부딪혀 제대로 시행되지도 못한 채 실패하고 말았습니다.

이때 왕안스王安石(왕안석)가 등장했습니다. 그는 오랫동안 중국의 여러 왕조를 지탱해 온 중원 출신이 아니라 새롭게 부상한 강남 지역을 기반으로 한 인물입니다. 왕안스는 일찍이 「만언서」萬言書를 올려 현행법과 제도를 대대적으로 개혁할 것을 요구한 바 있었으나, 처음에는 아무런 반향도 일으키지 못하고 무시당했습니다. 하지만 황제가 바뀌고 새롭게 즉위한 젊은 신종은 왕안스의 개혁안에 주목했습니다. 신종은 나라의 재정 궁핍을 해결하고 국부를 충실하게 하여, 요와 서하 같은 외부의 적들로부터 당한 굴욕을 갚아 주고자 왕안스를 전격 발탁해 그의 개혁안에 힘을 실어 주었습니다.

왕안스

왕안스는 평소 품었던 개혁안을 실행에 옮겨 부국강병을 꾀하고 백성들의 곤궁한 삶을 개선하려 했습니다. 왕안스가 파악한 문제의 본질은 국가 재정의 지출이 많아서라기보다, 나라 전체의 잠재력에 비해 실제 생산이 적기 때문에 백성들이 부유하지 못하고, 나아가 그로 인해 나라 역시 부강하지 못하다는 것이었습니다. 이에 왕안스는 다음과 같은 '부국책'과 '강병책'을 새롭게 제정해 시행에 옮겼습니다.

'부국책'은 주로 조세원의 개발에 목적이 있었는데, 여기에는 청묘법靑苗法, 균수법均輸法, 시역법市易法, 모역법募役法이 포함되었습니다.

청묘법은 대지주의 고리대로부터 빈농을 구제하기 위해 만든 법입니다. 춘궁기에 빌려 주었다가 가을 수확 후에 이를 회수하는 것으로 연리 2할 정도의 이자를 붙였습니다. 당시 빈농들은 지주에게 10할에 이르는 이자를 내고 돈이나 곡식을 빌려 쓰고 있었는데, 이 법을 시행함으로써 농민에게 농업 자금을 지원하고 이자 수입으로 국가 재정의 수익을 꾀했던 것입니다.

균수법은 본래 수도인 볜징으로 보낼 곡물과 비단 따위의 공물貢物

을 가격이 비쌀 때 해당 지역에서 직접 판 다음 가격이 떨어지면 그때 가서 수도에서 필요로 하는 물품을 다시 사들여 이익을 취하는 것으로, 재정적 수요와 산지의 실정을 일치시킴으로써 물자의 유통을 합리적으로 개선하고 대상大商들의 폭리를 방지하고자 한 것이었습니다.

시역법은 상업적 대출로, 관에서 정부 자금으로 중소 상인들의 물자를 매입해 주거나 상인에게 직접 자금을 빌려주고 장사가 끝나면 본전과 함께 2할의 이자를 돌려받는 것입니다. 이 법은 시가 변동의 이익을 독점하던 대상들을 억누르고 중·소 상인의 이익을 보호하려는 것이었습니다.

모역법은 면역법免役法이라고도 하며, 각급 지방 정부에서 차출하는 민간의 부역을 면제해 주는 대신, 빈부에 따라 5등급의 '면역전'免役錢을 대납하게 하고, 그 부역에 필요한 인력은 관부에서 백성을 고용해 처리하도록 한 것입니다. 이것은 천하 농지의 최고 소유자인 천자에 대해 백성들이 지불하는 노동 지대地貸의 잔재인 부역을 폐지하고 화폐 지대로 바꾼 것으로 조세 제도의 근대화를 의미하는 것이었습니다.

'강병책'으로는 10가家를 1보保로 하고 50가를 대보大保, 500가를 도보都保로 하여 각 가家에서 보정保丁을 내 공동으로 치안을 맡고 농한기에 군사 교련을 하게 한 보갑법保甲法과 북방 기마 민족의 침입에 대비하기 위해 민가에서 한 집 당 한 마리씩 나라에서 필요로 하는 말을 기르게 한 뒤 사육에 드는 비용은 나중에 말을 나라에 바칠 때 말의 살진 정도에 따라 지불 받는 보마법保馬法, 변방의 방어를 강화하고 군대의 편성과 훈련의 조직화를 위한 개편안으로, 무예가 뛰어난 군인을 선발해 장將에 배치하고 훈련을 강화시켜 전투력을 높이고 군대의 자질을 향상시키는 장병법將兵法 등이 있었습니다.

왕안스의 이런 개혁안을 '신법'新法이라 했는데, 결과적으로 신법의 시행으로 국가 행정은 효율성이라는 측면에서 일정한 성과를 얻었고, 국가 재정 역시 만성적인 적자 상태를 벗어나 흑자로 돌아섰으며, 지방 재정 역시 충실해졌습니다. 하지만 실적을 올리기 위해 관료들이 강제적으로 무리하게 신법을 시행하는 등 부작용이 적지 않았던 데다 왕안스 자신이 지나친 자신감으로 당시 사회의 여론 주도층이라 할 기득권 세력을 이해시키고 설득하는 데 소홀해 결국 신법은 반대파의 강력한 저항에 부딪혀 실패하고 맙니다.

신법의 실패는 단순히 왕안스 개인의 이상이 좌절된 것으로 끝나지 않았습니다. 왕안스를 지지하는 세력과 반대하는 세력은 각각 붕당을 이루어 이른바 '신법당'新法黨과 '구법당'舊法黨 간의 당쟁으로 발전했던 것입니다. 신종이 왕안스를 발탁할 때 구신舊臣들은 왕안스에 대해 명백하게 반대 의사를 표명했습니다. 그래서 실제로 정책을 집행할 때 왕안스는 자신과 뜻을 같이 하는 신진 세력을 등용했는데, 이들은 지역적으로도 왕안스와 같은 남쪽 지방 출신들이었습니다. 개혁이 진행되자 기득권 세력이라 할 관호官戶와 형세호形勢戶 및 지주 계층 등은 격렬히 반대했는데, 여기에는 어우양슈歐陽修(구양수), 쓰마광司馬光(사마광), 쑤스蘇軾(소식), 청이程頤(정이) 등과 같은 당대의 유명한 문인 학자들이 대거 포함되어 있었습니다. 하지만 왕안스의 신법을 적극적으로 밀어 주던 신종이 죽고 10살 먹

---

* 송대에는 지방의 재산 있는 호족을 형세호形勢戶라 하여 조세 징수 상 특별 취급을 했는데, 이와 병행하여 관리를 배출한 집안을 관호라 칭하여 승려, 도사 등과 함께 요역 면제의 특권을 부여받았다.

은 철종이 즉위하자 가오 태후高太后가 섭정을 했는데, 가오 태후는 원래 신법당을 싫어했기에 쓰마광 등이 다시 기용되었습니다.

구법당은 정권을 다시 잡은 뒤 왕안스가 추진한 개혁 정책들을 모두 폐지하고 예전으로 돌렸으며, 이에 왕안스는 울분을 참지 못하고 죽고 말았습니다. 그러나 결국 구법당의 정책은 현실에서 별다른 실효를 거두지 못하고, 가오 태후의 사후 철종이 친정을 시작하자 다시 신법당이 득세했습니다. 하지만 왕안스 사후 신법당에는 그를 대신할 만한 유능한 인물이 나오지 않았습니다. 결국 사회 개혁의 기치를 내세웠던 신법당 역시 구법당의 보복에만 몰두해, 사회 개혁의 성과는 지지부진했습니다. 그리고 이후에 벌어지는 사태는 구법당과 신법당의 당쟁에만 국한되어, 양자의 싸움은 더 이상 새로운 정책의 제시와 경쟁이라는 긍정적인 면을 잃고 오직 반대를 위한 반대만을 일삼는 소모적인 상호 비방으로 흘렀습니다.

급기야 휘종徽宗이 즉위하자 소인 간신배인 차이징蔡京(채경), 퉁관童貫(동관) 등이 집권했는데, 이들은 굳이 따지자면 신법당의 무리들이었습니다. 이들은 놀기 좋아하는 황제의 비위를 맞추는 한편 반대자 탄압에 나서 구법당을 철저하게 제거해 나갔습니다. 그러는 사이에 국고는 고갈되고 백성들의 삶은 점점 더 곤궁해졌으며, 사회는 점차 혼란 속으로 빠져들었습니다.

어쩔 수 없어 량산보에 오르네

결국 먹고살기 힘든 백성들은 관리들의 가렴주구를 피해 초적草賊

이 되는 길을 선택할 수밖에 없었습니다. 당시 곳곳에서 들고일어난 도적 떼가 천하를 횡행하며 사회를 어지럽혔습니다.『송사』宋史에는 당시 이들에 대한 기록이 조금 남아 있는데, 그 가운데 쑹쟝宋江(송강)이 이끄는 무리가 제법 세력이 크고 성대했다고 합니다.

이것으로 알 수 있는 것은 쑹쟝의 무리가 단순히 허구의 소산이 아니라 실존한 인물이라는 사실입니다. 우리가 '수호지'水滸誌라고 알고 있는 소설『수호전』水滸傳 역시『삼국지』와 마찬가지로 실제 역사를 바탕으로 쓰인 작품입니다.

원래 명칭이 '수호전'인 이 소설이 우리에게 '수호지'라는 이름으로 알려진 것은 아무래도『삼국지』의 영향인 듯합니다.『삼국지』가 워낙 유명하고 인기를 끌었기 때문에『수호전』이 처음 소개될 때『삼국지』의 이름을 따라 '수호지'라는 이름으로 바뀌었다는 것입니다.

또 '수호전'이라는 제목은 '물의 가장자리'水滸를 의미하는데, 이것은『시경』에서 나온 말입니다. 주周 왕조의 조상인 구궁단푸古公亶父(고공단보)는 당시 왕의 압제를 피해 자신의 무리를 이끌고 '서쪽 물가'西水滸로 갔습니다.

길게 뻗은 오이 덩굴이여	緜緜瓜瓞
주나라에 사람이 처음 삶이	民之初生
투수이沮水와 치수이漆水에 터전을 잡음으로부터이니	自土沮漆
구궁단푸가	古公亶父
굴을 파고 지내시어	陶復陶穴
집이랄 것도 없으셨네	未有家室

구궁단푸가	古公亶父
아침에 말을 달려 오시어	來朝走馬
서쪽 물가를 따라	率西水滸
치산岐山 아래에 이르시니	至於岐下
이에 강녀姜女와 함께	爰及姜女
와서 집터를 보시니라	聿來胥宇

『시경』「면」緜

  바로 그 '서쪽 물가'에서 구궁단푸는 자기들만의 나라를 세우고 뒷날 문왕文王과 무왕武王이 은殷나라를 정벌할 기초를 세웠던 것입니다. '수호'라는 이름은 이렇듯 부패한 현실을 견디지 못하고 어쩔 수 없이 떠난 백성들의 신산한 삶을 은유하고 있습니다. 결국 이것은 '관에서 핍박하여 백성들이 반란을 일으킨다'官逼民反는 근대 이전 중국소설에 보편적으로 나타나는 관념을 대표하는 것이라 할 수 있습니다.

  그런 의미에서 보자면, '수호'라는 제목은 기존 사회를 의미하는 '물'水을 벗어나 그 '언저리'滸를 맴돌고 있는 사람들의 이야기라는 해석이 가능해집니다. 곧 『수호전』의 주인공이라 할 108명의 호한好漢들은 기존 사회에서 적응해 살지 못하고 량산보梁山泊(양산박)로 쫓겨 올라간 이들입니다. 그런데 이들이 량산보에 오른 이유는 각자의 처지에 따라 저마다 다른데, 자발적으로 참여한 이가 있는가 하면 강압에 못 이겨 마지못해 참여한 이들도 있습니다.*

---

* 이하의 내용은 필자의 논문인 「『수호전』에 나타난 "의"와 "충"의 갈등구조에 대한 연구」를 바탕으로 재구성한 것이다.

초기에는 무능한 간신들이 권좌에 올라 권력을 농단하고 부정부패를 자행하는 현실에 염증을 내 량산보에 참여했던 인물들이 주류를 이루었습니다. 이들이 기존 사회의 부조리에 대해 품고 있던 막연한 불만이 하나의 가치 의식으로 표출된 것이 곧 '의리'입니다. '의리'는 한편으로는 외부 세계의 핍박에 대해 호한들이 취했던 행위를 정당화시켜 주는 기능을 하고, 다른 한편으로는 그들만의 배타적 집단 구성원으로서의 자격 요건을 규정해 주는 가치 규범으로 기능하면서 초기 량산보의 성격을 특징짓는 가치 체계 역할을 담당했습니다.

　그런데 그들이 말하는 '의리'의 내용을 좀 더 자세히 들여다보면 각자의 출신에 따라 지향하는 바가 조금씩 달랐음을 알 수 있습니다. 곧 사회적으로 미천한 신분이나 원래부터 암흑세계 출신의 호한들이 말하는 의리는 주로 '재물에 대한 이기적인 욕구를 미화시킨 것'에 지나지 않았습니다. 그리고, "어쩔 수 없어 량산보에 참여한"逼上梁山 호한들에게 '의리'는 '외부의 적들로부터 자신을 보호할

량산보의 호한들

공동의 방어막'으로 기능했습니다. 또한 "량산보의 필요에 의해 강압적으로 참여한"梁山逼上 이들에게는 '현실을 체념하고 자신의 처지를 합리화시켜 량산보에 적응하고자 하는' 것 이상의 의미가 없었습니다.

결론적으로 량산보에 참여한 호한들에게 '의리'는 재물에 대한 이기적인 욕구와 현실세계의 적들에 대한 공동의 방어막으로서의 의미와 함께 기본 사회의 부조리에 대한 호한들의 저항을 정당화시켜 주는 일종의 허위의식false consciousness으로서의 의미가 담겨 있다고 할 수 있습니다.

그런데 량산보의 우두머리가 차오가이晁蓋(조개)에서 쑹쟝宋江으로 바뀐 뒤부터 이들은 면모를 일신하고 크게 세력을 떨쳐 조정에서도 무시할 수 없는 세력으로 성장합니다. 쑹쟝은 량산보의 세력을 확장하는 데 힘을 기울이는 한편, 무리의 기율도 엄격하게 세워 백성들에게 피해를 입히지 못하게 했습니다. 이제 량산보 무리는 단순한 도적 떼가 아니라 정권에 위협이 될 만한 정치 세력으로까지 그 존재감이 높아진 것입니다.

이에 따라 량산보는 기존 사회에 대한 저항 이념으로서 개인 지향적인 성격이 강한 '의리'를 대체할 만한 새로운 가치 체계가 필요하게 되었습니다. 우여곡절 끝에 108명의 호한들이 모두 모이자 쑹쟝은 여러 형제들을 모아 놓고 다음과 같이 말합니다.

> 나는 쟝저우江州(강주)에서 소동을 일으키고 량산보에 오른 뒤 여러 영웅 형제들의 도움을 받아 산채의 주인이 되었소. 오늘 도합 108명의 두령이 이처럼 한자리에 모이게 되니 기쁘기 한량없소.

차오가이晁蓋 형님이 세상을 뜨신 뒤로 인마를 거느리고 산을 내려갈 적마다 내내 무사했는데, 이는 오로지 하느님의 보살핌이 있었기 때문이지 어찌 사람의 힘이라 하겠소. 혹 잡혀서 옥에 갇혔거나 혹 상하여 돌아오긴 했어도 모두 무사하여 지금 108명이 한자리에 모였으니 이는 실로 고금에 드문 일이오. 우리가 전일에 군사를 거느리고 도처에서 무수한 생령들을 살해했으나 여태까지 공양을 드리지 못했는데 아무래도 한번 나천 대제(도교에서 거행하는 제사)를 지내서 천지신명의 보우에 감사를 드려야 하겠소. 그래서 첫째로는 여러 형제들의 심신의 안락을 빌고, 둘째로는 조정이 속히 은광을 베풀어 하늘을 거역한 대죄를 사면하고 우리 형제들이 모두 충성을 다하고 서슴없이 몸을 바쳐 나라에 보답하게 해 주기를 기원하며 ……. 「수호전」 제71회

쑹쟝의 말 가운데 주목할 것은 "조정이 속히 은광을 베풀어 하늘을 거역한 대죄를 사면하고 우리 형제들이 모두 충성을 다하고 서슴없이 몸을 바쳐 나라에 보답"할 것을 기원한다는 대목입니다. 사실 량산보에 모인 호한들은 그 전후 사정은 다를지언정 기존 사회를 거부하거나 그로부터 배척을 당해 어쩔 수 없이 참여한 경우가 대부분이었습니다. 그런데 조정의 사은을 기다려 대죄를 사면 받고 나아가 나라에 충성을 다한다는 쑹쟝의 말은 어찌 보면 량산보의 존립 근거를 뿌리부터 뒤흔드는 가히 혁명적인 발상이라 할 수 있습니다.

사실 '충'이라는 것은 당장 눈앞의 이익에 좌우되는 것이 아니라 국가와 사직이라는 좀 더 추상적인 존재를 상정한 관념 체계로, 이

해 당사자들 간의 수평적 관계를 강조하는 '의리'와 달리 쑹쟝의 말에 나타나 있는 대로 수직적 관계를 바탕으로 한 무조건적인 헌신을 요구합니다. 따라서 기존 사회를 자발적으로 거부하거나 배척당한 이들이 모인 량산보라는 집단을 이끌어 간 이념이라 할 '의리'와 나라에 대한 무조건적인 복종을 넘어서 기존 사회에 대한 강한 긍정과 현실세계로의 복귀를 의미하는 '충'은 애당초 양립할 수 없는 가치 체계였다고도 할 수 있습니다.

당연하게도 이런 전환은 량산보의 호한들 중에서도 초기에 참여한 암흑세계 출신 호한들의 반발과 저항을 불러왔습니다. 하지만 쑹쟝은 이에 아랑곳하지 않고 자신의 생각대로 집단을 이끌었고, 결국 조정의 '초안招安'을 받아들입니다. '초안'이라는 것은 나라의 부름에 응한다는 것으로 결국 투항에 다름 아닌 것이니, 이로 인해 량산보 영웅들 사이에 내분이 일어나고 『수호전』의 결말에도 큰 영향을 주게 됩니다. 곧 량산보의 영웅들은 그대로 '의리'의 세계에 남으려는 영웅들과 '충'의 세계로 편입되고자 하는 영웅들로 나뉘게 되고, 이에 따라 그들 모두는 서로 다른 최후를 맞게 되는데, 결과적으로 '의리'를 중심으로 모였던 영웅들이 '충'으로 인해 흩어집니다. 그래서 어떤 학자는 량산보를 형성한 구심력을 '의리'로 보고, 량산보 해체에 결정적인 계기를 마련한 원심력을 '충'으로 보기도 했습니다.

진성탄은 왜 『수호전』을 요참했는가?

'의리'와 '충'으로 나뉘는 작품 세계는 당연하게도 독자들의 흥미에도 영향을 줍니다. '의리'를 중심으로 전개되는 전반부와 '충'을 중심으로 전개되는 후반부의 이야기는 재미라는 측면에서 볼 때, 가히 하늘과 땅 차이라 할 만큼 큰 차이를 보입니다. 그래서 이를 두고 많은 사람들의 갑론을박이 있어 왔는데, 이것은 『수호전』의 작자 문제와도 긴밀하게 연관되어 있습니다.

『수호전』도 다른 소설들과 마찬가지로 일시에 창작된 것이 아니라 오랜 세월을 두고 많은 사람들의 손을 거쳐 이루어졌습니다. 판본은 크게 120회 본과 70회 본 두 가지로 나뉩니다. 이렇게 두 가지로 나뉘는 것은 앞서 말한 이야기의 재미 때문입니다. 곧 120회 본이 108명의 호한들이 모이기까지의 전반부 70회와 그 이후에 쑹쟝이 주도한 '초안'을 받아들인 뒤의 후일담인 후반부 50회로 이루어진 것이라면, 70회 본은 이야기의 긴장도가 떨어지는 후반부 50회를 과감하게 삭제해 버린 것입니다.

흔히 『수호전』의 작자는 스나이안施耐庵(시내암)으로 알려져 있지만, 사실 이에 대해서는 여러 가지 의문이 제기되고 있으며, 나아가 스나이안이라는 사람의 실존조차 의심하는 사람도 있을 정도입니다. 그래서 혹자는 『삼국

스나이안

지』의 작자로 알려진 뤄관중羅貫中을 『수호전』의 작자로 보기도 합니다. 아울러 『수호전』이라는 소설의 판본 문제는 중국의 수많은 고대소설 가운데서도 가장 복잡한 것으로 알려져 있습니다. 하지만, 여기서는 판본 문제까지 상세하게 논의할 필요는 없을 듯합니다. 사실 독자의 입장에서 중요한 것은 120회 본과 70회 본의 차이입니다.

70회 본의 편자는 청대 초기의 문학비평가인 진성탄金聖嘆(김성탄)입니다. 진성탄은 『수호전』에서 이야기의 생동감이 현저하게 떨어지는 후반부 50회를 과감히 삭제했습니다. 그래서 70회 본은 일명 '요참본'腰斬本이라 불리기도 합니다. 실제로 후대 사람들로부터 사랑 받은 『수호전』은 바로 이 70회 본입니다. 진성탄이 생각하기에 후반부 50회가 재미없는 이유는 여기서 묘사되고 있는 싸움들이 본래 량산보에 모인 영웅들이 추구했던 바가 아니기 때문이었습니다. 진성탄은 여기서 한 걸음 더 나아가 문장 자체도 자신의 취향에 맞게 뜯어고쳤을 뿐 아니라 등장인물의 성격 또한 자신의 잣대에 맞추어 변형시켰습니다.

진성탄의 손에 의해 가장 크게 변한 인물은 다름 아닌 『수호전』의 주인공이라 할 수 있는 쑹쟝입니다. 진성탄은 량산보의 실질적인 지도자인 쑹쟝의 이면에 내재해 있는 용렬한 면모들을 신랄하게 비판하고 그의 이중성을 까발림으로써 독자들이 소설의 주인공에게 걸고 있는 은근한 기대를 여지없이 무너뜨렸습니다. 이렇듯 진성탄이 쑹쟝을 깎아 내림으로써 어떤 미학적 효과를 노렸는가 하는 것은 앞서의 후반부 50회 삭제 의도와 함께 많은 논란을 불러 일으켰습니다.

그러나 오히려 진성탄의 공로는 작품에 가한 평점評點에서 찾아야 할는지도 모릅니다. 평점이란 근대 이전의 소설 이론가들이 작품 자체에 대해 논평한 것을 말합니다. '평'評은 작품의 어느 대목이나 한 회 전체 등에 대한 작자의 평어評語를 가리키고, '점'點은 중요한 대목에 점이나 기타 부호를 써서 표시한 것을 가리킵니다. 진성탄은 『수호전』의 전체 내용에 대해 수정을 가하고 나서 수정을 가한 글에 대해 스스로 평을 하기도 했습니다. 그 가운데 가장 유명한 대목은 중국문학사상 최고의 음녀淫女로 손가락질을 받는 판진롄潘金蓮(반금련)과 『수호전』의 108명 영웅들 가운데 가장 용력이 강한 우쑹武松(무송)의 만남에 대한 평어입니다.

판진롄의 연애 이야기는 『수호전』 내의 숱한 독립된 이야기들 가운데서도 독자들에게 가장 많은 인기를 끄는 대목입니다. 잘 알려진 대로 못생기고 그야말로 보잘것없는 사내인 우다武大(무대)의 아내가 되어 한심스런 인생을 맞게 된 판진롄이 우다와 정반대로 잘생긴 동생 우쑹을 만나는 대목은 『수호전』 가운데 사람들의 이목을 집중시킵니다.

길에서 우연히 아우 우쑹을 만난 우다는 아우를 자신의 집으로 데려가서 아내 판진롄에게 인사를 시킵니다. 천하의 영웅호걸과 천하의 호색녀가 역사적인 만남을 가진 것입니다. 첫눈에 우쑹에게 반해 버린 판진롄이 우쑹에게 건넨 말은, "도련님 인사 받으세요"叔叔萬福였습니다. 진성탄은 바로 이 대목 밑에 다음과 같은 평어를 달았습니다.

'도련님' 첫 번째. 무릇 '도련님'이라는 말을 서른아홉 번 하고 나서 갑자기 '너'라는 명칭으로 바뀌니 진정 사람을 절도케 하도다.
> 叔叔一. 凡叫這三十九遍叔叔, 忽然改作你字, 眞欲絶倒人也.

그 뒤로 판진롄과 우쑹이 얼굴을 마주 대하고 대화를 나눌 때마다 진성탄은 판진롄의 '도련님'叔叔이라는 말의 횟수를 일일이 셉니다. 그러다가 결정적으로 눈 내리는 오후의 만남에서 사건은 벌어지고 맙니다. 평소보다 일찍 돌아온 우쑹을 맞이한 판진롄은 집 안 팎을 꼭꼭 걸어 잠그고 술자리를 마련하여 같이 술잔을 기울입니다. 우쑹은 내심 눈치를 채고 있었지만 내색을 안 하고 있던 중에, 몸이 달아 있던 판진롄이 먼저 도발을 합니다. 그러나 계속 무시하고 술만 마시고 있는 우쑹에게 판진롄은 자기가 술 한 잔을 따라 반쯤 마신 뒤, 우쑹에게 다음과 같이 말하면서 술잔을 건넵니다.

> 너 (내게) 마음이 있거든, 내가 주는 이 반잔의 남은 술을 마셔 봐.
> 你若有心, 吃我這半盞兒殘酒.

진성탄은 여기에서 다시 앞서의 평어를 다시 인용하면서 "절묘한 발상과 절묘한 필치"妙心妙筆라고 칭찬했습니다. 그런데 우스운 것은 『수호전』의 본래 텍스트에는 이런 묘사가 없다는 사실입니다. 이 부분은 진성탄 자신이 개작을 해 놓고는 시치미를 뚝 떼고 마치 남 얘기하듯 "절묘하다"고 자평自評한 것입니다.

현실 세계의 모순 극복과 '시대적 한계'

한 사람의 의식이 그 사람이 살고 있는 시대를 뛰어넘을 수 없다는 것은 언제나 통용되는 진리입니다. 과연 아무리 뛰어난 천재라 할지라도 자기가 살면서 접하고 받아들인 인식의 지평을 넘어서기란 어려운 일입니다. 그 이유야 어쨌든 량산보는 기존 사회에서 살아갈 수 없는 호한들이 모여든 일종의 도피처였습니다. 따라서 량산보에서 지켜지는 윤리 규범은 기존 사회의 그것과는 다를 수밖에 없었습니다. 초기에는 개인 사이의 은원恩怨에 따른 철저한 보답과 응징을 의미하는 '의리'가 집단의 논리였습니다. 하지만 쏭쟝이 량산보에 참여한 뒤로는 오히려 나라에 대한 '충'으로 바뀝니다. 곧 개인 지향적 가치 체계인 '의리'가 집체주의적 가치 체계인 '충'으로 전환되는 것입니다.

> 개인은 사회생활을 하기 위해 어느 한 집단에 소속되지 않을 수 없으며, 그러기 위해서는 기존의 사회규범을 내면화해야 한다. 그 결과 개인은 그 집단이 바라보는 방식으로 세계와 세계 속의 인물들을 바라보게 된다. 쿨손·리들, 『사회학에의 접근』(민영사, 1990)

상반된 가치 체계 속에서 갈등하는 사람들은 흔히 말하는 '절이 싫어진 중'이 되어 그 집단을 떠나거나 그렇지 않으면 그 가운데 주류가 된 것을 내면화해야 합니다. 하지만 이것 또한 말처럼 그리 쉬운 일은 아닙니다. 대부분의 사람들은 이러지도 저러지도 못하면서 끌려 다니게 마련인데, 바로 여기에 비극의 씨앗이 배태됩니다. 기존 사회에서 배척되어 량산보에 들어온 호한들이 바로 그 기존 사회를 위해 앞장서 싸워야 한다는 이 엄청난 모순적 상황이 작품의 비극적 결말을 예비하게 된 것입니다.

　자신을 배척한 현실 세계의 모순과 문제에 대한 해결책은 결국 그 상황을 혁명적으로 돌파할 때에만 찾을 수 있습니다. 하지만 쑹쟝은 그렇게 하지 않았습니다. 애당초 자신들을 배척하고 내친 기존 사회에 대해 결연히 칼을 뽑지 않고 오히려 그것을 위해 싸운다는 것은 엄청난 자기모순입니다. 결국 그 과정을 통해 얻은 것은 나라에 충성을 다해 '푸른 역사에 한낱 허망한 이름을 남긴 것'靑史留名 뿐이었고, 잃은 것은 개별적 자아의 상실이었습니다.

　이러한 상황은 동서고금을 통해 반복적으로 일어나고 있습니다. 독재에 항거해 권력을 잡은 이들이 오히려 독재 권력을 휘두르는 경우도 있습니다. 결국 사람들은 불합리한 현실을 받아들이지 못하고 저항하지만, 그것을 대체할 만한 대안을 제시하는 대목에서 항상 실패하는 것입니다. 그것은 과연 자기가 살아온 인식의 지평을 넘어서는 일이 얼마나 지난한가 하는 사실을 일깨우기도 하지만, 부인할 수 없는 것은 그러한 과정을 거쳐야만 한 걸음 한 걸음 전진할 수 있다는 것입니다. 열심히 연습을 하다 보면 자기도 의식하지 못하는 사이 실력이 느는 것처럼, 역사의 발전 역시 그러한 것은 아닐까 생각해 봅니다. 그렇다면 항상 봉착하게 되는 '시대적 한계'라는 절망적 상황은 결국 역사 발전을 향해 던져진 하나의 밑돌일 수도 있는 것입니다.

명,
장삼이사의 염량세태

의화본擬話本

명明

송나라는 몽골족에 의해 멸망합니다. 몽골이 중국에 건국한 원元나라 왕조는 14세기에 들어와 제위 상속을 둘러싸고 다툼이 일어나 통치 능력이 저하되었습니다. 설상가상으로 천재지변과 전염병이 차례로 일어나면서, 1351년에 백련교도가 홍건적의 난을 일으키자 반란은 순식간에 퍼져 나갔습니다. 홍건군에 속한 장수였던 가난한 농부 출신 주위안장朱元璋은 난징南京을 근거지로 하여 양쯔 강 유역을 통일하는 데 성공하여 1368년 명(1368~1644)을 건국합니다. 명나라는 모두 16명의 황제가 있었고 277년간 존속했습니다.

아무 일도 없었던 왕조

이민족 왕조인 원元을 북쪽으로 몰아내고 명明을 건국한 주위안장朱元璋(주원장, 재위 1368~1398)은 몇 가지 면에서 독특한 인물이었습니다. 무엇보다 그를 돋보이게 한 것은 역대 왕조의 다른 황제들과 달리 매우 미천한 신분으로, 그야말로 밑바닥에서 황제에 오른 입지전적인 인물이라는 사실입니다. 중국 역사상 그와 비견될 만한 인물은 한漢을 세운 류방劉邦(유방) 정도가 유일합니다. 또 한 가지는 중국 왕조는 대개 중원을 중심으로 세력을 일으켰던 데 반해 명은 남쪽에서 일어나서 북쪽으로 진출한 왕조라는 사실입니다.

주위안장은 원나라 말기 중국을 휩쓸었던 반군들 가운데 백련교白蓮敎를 추종하는 무리에 들어가 두각을 나타냈습니다. 백련교는 마니교와 불교가 혼합된 민간 신앙으로, 세계를 광명과 암흑 두 가지로 구분하는 마니교의 영향으로 '명교'明敎라고도 불렸는데, 뒤에 주위안장이 나라를 세운 뒤 국호를 '명'明이라 한 것은 여기에서 비롯됩니다.

하층민 출신 주위안장은 매우 현실적인 인물이었습니다. 그는 나라를 세운 뒤에도 대외 경략과 같은 허세를 부리지 않고 눈을 국내로 돌려 백성들의 삶을 돌보고 나라의 기틀을 굳건하게 세우는 데 힘썼습니다. 아울러 이민족 왕조에 의해 끊어진 한족 왕조의 법통을 회복하기 위해 전통적인 유가儒家 이념에 입각한 통치 체제를 확립하고자 했습니다.

말년에 주위안장은 태자를 잃었습니다. 그리고 자신의 뒤를 이을, 아직 나이 어린 황손皇孫을 위하여 황제 자리에 위협이 될 만한 공신功臣과 무장武將들을 모조리 제거했습니다. 공신과 무장들을 제거하기 위해 그가 일으킨 모반죄와 문자옥文字獄 등으로 10만이 넘는 사람들이 죽임을 당했습니다. 그리하여 당시 조정의 관료들은 하루하루를 좌불안석으로 보냈습니다. 매일 아침 궁에 들어가기 전에 가족들과 미리 작별 인사를 나누었을 정도라고 합니다.

태조 홍무제 주위안장

주위안장 다음으로 황위를 계승한 이는 주위안장의 손자인 혜제惠帝입니다. 하지만 혜제는 얼마 황위에 앉아 보지도 못하고, 숙부에게 죽임을 당합니다. 어찌 보면 우리나라의 단종端宗과 비슷한 운명의 황제입니다. 이 숙부가 바로 명의 3대 황제 영락제永樂帝(재위 1402~1424)입니다. 황제의 자리에 오른 영락제는 북쪽 변방 지역을 끊임없이 위협하던 몽골과 여진족을 직접 정벌했습니다. 영락제는 아마도 역대 중국 황제들 가운데 가장 뛰어난 무장이었다고도 할 수 있는데, 무술에만 뛰어났던 게 아니라 국가 경영에 엄청난 의욕을 갖고 내치內治에도 큰 업적을 남겼습니다. 이 때문에 명나라 초기에는 나라가 평온하고 백성들의 삶도 안정되었습니다.

문제는 그 이후인데, 태조太祖 홍무제洪武帝 주위안장과 성조成祖 영락제 주다이朱棣(주체)가 잘 닦아 놓은 창업기를 지나 수성기에 접어든 뒤에 즉위한 황제들은 하나 같이 정사를 돌보지 않아 나라가 환관宦官들의 손에 좌지우지되는 지경에 이르렀습니다. 간혹 만력제萬曆帝(재위 1572~1620) 때의 장쥐정張居正(장거정, 1525~1582) 같은 현명한 신하가 조정을 다잡았을 때는 별 문제가 없었지만, 그가 죽은 뒤에는 사정이 예전으로 돌아갔습니다. 명 왕조는 명맥은 이어 갔지만 나라는 속속들이 곪아 가고 있었습니다. 여기에 나라 안팎에서 임진왜란과 같은 변란이 연이어 일어나니, 이를 진압하느라 국가 재정이 고갈되었고 이것을 벌충하느라 가혹하게 세금을 거두어 물가는 폭등하고 물자의 유통이 두절될 지경에 이르러 나라꼴이 말이 아니었습니다.

명나라 말기에는 조정에 붕당이 생겨 '동림당'東林黨이니 '비非 동림당'이니 하는 세력으로 나뉘어 정쟁을 일삼았습니다. 그러는 사이에 북방에서는 여진족의 세력이 떨치고 일어나 중원을 위협했습니다. 만력제 때의 현신 장쥐정이 죽은 바로 다음해인 1583년, 누르하치가 싱징興京(흥경)에서 군사를 일으켰습니다. 그때까지 분열해 있던 여진족의 여러 부족들을 통일한 누르하치는 1616년 칸의 자리에 올라 자신들의 선조인 금金나라를 잇는다는 의미에서 국호를 '후금'後金이라 했습니다. 1618년 누르하치는 이른바 '칠대한'七大恨을 발표해 명나라의 죄상을 열거하고 정식으로 명나라에 선전포고를 했습니다.

잇단 승전으로 남진하던 후금의 군사들은 중국 본토로 들어가는 관문인 산하이관山海關(산해관)에서 명나라 군사의 강력한 반격으로 패배하고 그 와중에 누르하치가 전사합니다. 후금은 일시 명에 대한 공격을 중단하고 배후의 적인 조선을 복속시켜 미리 후환을 없앴습니다. 이것이 바로 병자호란입니다. 명나라의 마지막 명운을 쥔 장수는 위안충환袁崇煥(원숭환, 1584~1630)이었습니다. 결국 위안충환의 군사에게 거듭 패배한 후금의 군대는 멀리 몽골 지역으로 우회해 베이징北京 인근의 장성인 시펑커우喜峰口(희봉구)를 거쳐 베이징을 공격했습니다.

역사는 항상 반복되는 법이고 '악화가 양화를 구축한다'는 일반 법칙은 어느 시대나 적용되는 것입니다. 명 왕조의 마지막 보루인 위안충환은 어이없게도 후금에게 매수된 환관들에 의해 모반죄를 뒤집어쓰고 1630년 9월 22일 베이징의 시스西市(서시)에서 능지처참되고 말았습니다. 결국 나라를 보전할 마지막 기회를 스스로 차 버린 명은 만주족의 나라 청에게 멸망당하고, 주위안장이 이민족 왕조인 원을 물리치고 세운 한족 왕조는 다시 역사의 무대에서 사라지고 말았습니다.

양명학의 발흥과 인성의 해방

명대 초기에는 태조 주위안장이 천하의 권력을 틀어쥐고 강력한 중앙 집권적 전제 체제를 이끌어 사회가 안정되었습니다. 하지만 이것은 물리적 억압에 기초한 수동적이고 보수적인 안정이었던 만큼, 전반적인 사회 분위기는 진취적인 기상이나 활력을 찾아보기 힘들었습니다. 대개 이런 분위기는 비록 이민족 왕조라고는 하지만 원나라와 달리 적극적인 한화漢化를 추구했던 청대에도 이어져 명청 양대는 전반적으로 복고주의가 주류를 이룹니다.

명대 초기에는 가혹한 문자옥으로 인해 문인들은 오로지 태평성대를 찬양하고 황제의 공덕을 칭송하는 것만을 일삼았습니다. 당연

왕서우런

하게도 창의나 정열이 배제된 공허한 내용의 작품들은 사람들의 외면을 받게 되어, 한위漢魏와 당송唐宋대의 건강한 기풍으로 돌아갈 것을 주장한 '전칠자'前七子니 '후칠자'後七子니 하는 일군의 문인들이 등장해 문단을 일신했습니다. 하지만 이들의 복고 운동은 현실에 바탕을 둔 것이 아니라 과거의 문학에 안주하고 고전의 세계로 도피하려는 소극적이고 퇴영적인 성격을 띠고 있었기에 명백한 한계가 있었습니다.

이런 사회 분위기를 일신한 것이 왕서우런王守仁(왕수인, 1472~1528)이 제창한 양명학陽明學입니다. 본래 주시朱熹(주희)의 성리학을 배웠던 왕서우런은 이에 만족하지 못하다 마치 선승이 득도하듯 스스로 깨친 바가 있어 '마음'心은 기氣이고 이 마음에 깃든 도덕성과 같은 이치는 '리'理라고 파악한 주시의 이원론적 견해에 맞서, '마음이 곧 리'心卽理라고 하는 일원론적 주장을 내세웠습니다.

주시의 학문은 객관 세계에 실재하는 사물의 이치를 탐구해 지식에 이르는 이른바 '격물치지'格物致知를 중시했기에, 문헌에 대한 연구나 관념적 원칙에 치중했습니다. 이에 반해 왕서우런은 마음이 발동해야 외재 사물이 의미를 갖게 되므로 무엇보다 이치를 파악하는 주체로서 마음의 선천적인 앎의 능력인 '양지'良知를 이룩해야 한다고 주장해, 추상적 사고보다는 주관적인 판단과 현실적인 행동을 중시했습니다.

　사실 양자의 차이는 이와 같은 관념적인 수준에서의 논의보다 계급적인 차원에서 좀 더 큰 의미를 갖습니다. 주시의 학문이 당대의 정치, 경제와 철학 사상을 지배한 보수적인 관료 사대부들이 견지했던 이념 체계였다면, 왕서우런의 양명학은 관료로 진출하지 못한 재야 사대부들과 정치적·경제적 권력에 도전할 만큼 성장한 시민 계층의 이해와 세계관을 상당 부분 반영한 것이었습니다. 왕서우런 자신도 젊은 시절 환관의 미움을 받아 당시로서는 오지 중의 오지라 할 구이저우貴州 지방으로 좌천된 적도 있었고, 관직을 지내는 동안 내내 쟝시江西, 안후이安徽, 저쟝浙江 등 지방관으로만 돌면서 비적을 토벌하는 등의 임무를 수행했습니다.

　왕서우런의 사후 그의 제자들은 몇 갈래로 분파를 이루었는데, 그 가운데 왕학의 좌파라 불렸던 타이저우 학파泰州學派(태주학파)는 인간의 본능적 욕구를 긍정하고 유가적 예교에 반대하는 등 급진적인 주장을 펼쳐 당시 보수적인 관료 사대부들의 탄압을 받아 처형을 당하거나 저서가 불태워지기도 했습니다.

　이들의 사상은 당시 소외 계층이 향유하던 문학 장르인 소설과 희곡 등에 큰 영향을 미쳤습니다. 당시 소설은 주로 '과거에 급제하지 못한 선비'落第秀才나 출판업자들에 의해 창작되고 소비되었는데, 이들은 양명학의 영향으로 무의미한 모방만 일삼는 복고주의적 문풍에 반대하면서 문학이란 '어린아이와 같은 천진한 마음'童心이나 '인간의 진솔한 성정'性靈 등을 표현해야 한다고 주장했습니다. 아울러 문학 작품의 우열을 따질 때에도 이것을 비평의 기준으로 삼아야 한다고 하였으니, 그때까지 문학으로 대접받지 못하던 소설이

푸젠 성 젠양建陽은 당시 출판의 중심지 가운데 하나였다. 사진은 목판 인쇄를 하고 남은 먹물을 모아 두었다는 조그만 연못. ⓒ조관희

나 희곡과 같은 통속문학의 가치가 인정받고 또 많은 작품들이 쏟아져 나왔습니다.

당시에 창작된 소설은 송대에 거리에서 이야기를 들려주고 먹고살았던 강석사講釋師나 설화인說話人의 대본이었던 '화본'話本을 흉내낸 '의화본'擬話本이었습니다. 의화본은 '백화 단편소설'이라고도 부르는데, 말 그대로 일상의 구어로 이야기를 풀어낸 것입니다. 이것으로도 소설의 생산과 소비에 참여했던 사람들의 계층과 성격을 엿볼 수 있습니다.

이들 의화본 작품들에서는 당시 도시에 거주하던 도시민들의 일상적인 삶이 묘사되었는데, 그 가운데 사·농·공·상이라는 전통적 신분 질서에서 천대받던 상인들이 긍정적인 인물로 그려지고 상업 활동 역시 정당한 직업으로 인정을 받습니다. 나아가 인간을 옥죄는 불합리한 윤리 도덕에서 벗어나 남녀의 자유로운 연애와 여성들의 적극적인 구애가 긍정적으로 그려지기도 합니다. 아울러 지배계급인 권문세가의 횡포와 비리, 충신에 대한 간신들의 핍박, 무뢰배들의 횡포와 사기 행각 등 사회의 어두운 면을 적나라하게 폭로함으로써 핍박받는 백성들의 삶을 대변했습니다.

명대에 나온 의화본은 그 수량과 작자의 수가 헤아릴 수 없을 정도로 많습니다. 여기서는 가장 유명한 의화본 작가들 가운데 한 명인 펑멍룽馮夢龍(풍몽룡, 1574~1645)에 대해서 이야기합니다. 펑멍룽은 뛰어난 재능을 지녔지만 과거 시험에는 거듭 낙방해서 말년에 겨우 푸젠福建(복건)의 서우닝 현壽寧縣(수녕현)의 지사知事를 지냈습니다. 결국 주변부에서 머물던 '방외지사'方外之士였던 셈인데, 낮은 신분의 하층민과 교류하는 것을 꺼리지 않았고, 기루妓樓에 출입하며 이름난 기생과 염문을 뿌리기도 했습니다. 펑멍룽은 『삼수평요전』三遂平妖傳이나 『신열국지』新列國志와 같은 작품들을 개작하는 한편, 일생 동안 당시 문인들이 경시하던 소설과 민가를 수집하고 간행하는 데 힘을 쏟았습니다.

하지만 그가 남긴 여러 저작들 가운데 가장 유명한 것은 흔히 '삼언'三言이라 줄여 부르는 『유세명언』喩世明言, 『경세통언』警世通言, 『성세항언』醒世恒言을 편집하고 교정해 펴낸 것입니다. 이것은 매 권마다 40편으로 되어 있어 모두 120편으로 이루어져 있는데, 펑멍룽이 송·원·명대 500년 간의 단편 화본소설을 수집·정리하는 한편 문장을 다듬어 다시 펴낸 것으로, 이 가운데 80여 편 정도가 명대에 나온 의화본입니다.

'삼언'에 실린 이야기들은 앞서 말한 다양한 사회 현실을 반영하고 있습니다. 그중에 눈에 띄는 것은 인간의 본능적 욕구 가운데 가장 기본적인 것이라 할 남녀 간의 애정에 대한 대담한 묘사입니다.

흔히 근대 이전에는 '하늘의 이치를 보존하고 인간의 욕구를 멸한다'存天理 去人慾는 성리학의 영향으로 애정에 대한 관념 등이 보수적으로 흐른 듯이 보이지만, 인간의 본능은 어느 사회나 다를 게 없었습니다. '삼언'에는 남자보다 더 적극적인 여인의 사랑이나 한 여자를 향한 한 남자의 지고지순한 순애보와 같은 사랑 이야기가 많이 등장합니다. 아래에서는 그 가운데 대표적인 이야기 두 편을 소개하고자 합니다.

강물에 버린 사랑

한 여인이 있었습니다. 이름은 두웨이杜媺(두미)라 했으나, 사람들은 항렬을 따라 두스냥杜十娘(두십낭)이라 불렀습니다. 당대의 명기로 이름이 높았으니, 시가 있어 이것을 증명합니다.

> 온몸에 교태가 자르르
> 머리끝에서 발끝까지 향기 넘치네
> 두 눈썹은 마치 두 개의 산봉우리인 양
> 두 눈은 가을날 맑은 물이 스며들어 있는 양
> 연꽃과도 같은 얼굴은 줘원쥔卓文君(탁문군)이요
> 앵두 같은 입술은 바로 판쑤樊素(번소)로다
> 가련타! 하늘이 내린 아름다운 옥 같은 그녀
> 어이하여 화류계에 떨어졌는고?

줘원쥔은 서한 시기의 문인 쓰마샹루司馬相如와의 사랑으로 유명한 여인인데, 거문고와 문장에 능했다고 합니다. 그리고 판쑤는 당나라 때의 시인 바이쥐이白居易 집안의 가기家妓로, 출중한 미모에 노래와 춤이 뛰어났다고 합니다. 두스냥은 이들과 비견될 만큼 뛰어난 여인이었나 봅니다. 당시는 만력제의 치세라, 그때 나라 안팎으로 전쟁과 반란이 잇따르자 이를 평정하느라 나라 살림이 파탄에 이를 지경이었습니다. 그리고 나라에서는 구멍 난 재정을 벌충하기 위해 돈을 받고 국자감에 입학할 자격을 주는 제도를 만들었습니다. 당시 베이징北京과 난징南京의 국자감에는 그렇게 돈을 내고 입학한 태학생들이 천 명을 헤아리게 되었습니다. 그 가운데 리쟈李甲(이갑)라는 자가 있었습니다. 어느 날 리쟈는 고향 친구와 함께 기방에 놀러 갔다가 우연히 두스냥을 보고는 한눈에 반했습니다. 마침 기생으로서의 삶에 회의를 느끼던 두스냥 역시 리쟈에게 호감을 느껴 두 사람은 마치 부부라도 된 양 한 시도 떨어지지 않았습니다.

바다보다 더 깊은 사랑
산보다 더 높은 믿음

급기야 두스냥은 다른 손님은 받지 않고 오직 리쟈와 함께했습니다. 그러나 차츰 리쟈의 수중에 돈이 떨어지자 기생어멈이 눈치를 채고 리쟈를 박대하기 시작합니다. 때마침 고향에서도 부친이 그 소식을 듣고 집으로 돌아올 것을 독촉하는 편지를 보내왔습니다.
우유부단한 리쟈가 이러지도 저러지도 못하는 사이 애가 탄 기생어멈은 두스냥에게 리쟈를 쫓아내라고 종용하다가 급기야 자기 속내를 드러내고 맙니다.

들볶이다 못한 두스냥이 기생어미에게 쏘아붙였다.
"리쟈가 처음부터 빈손으로 찾아온 것도 아니고 그동안 돈도 쓸 만큼 썼잖아요?"
"그때는 그때고, 지금은 지금인 게야. 어서 리쟈에게 몇 푼이라도 좀 달라고 해라. 그걸로 쌀이라도 사고 나무라도 사야겠다. 다른 집 딸내미들은 갈퀴로 돈을 긁어모은다는데 난 지지리도 복도 없어 늘그막에까지 쌀이야, 나무야 모든 것을 내가 해결해야 하니, 아이구 내 팔자야. 이젠 한술 더 떠 저 리쟈 녀석까지 나한테 은근슬쩍 떠넘길 심산이냐? 어서 리쟈 녀석한테 똑똑히 말해라. 재주껏 돈을 구해와 너를 데려가라고. 나는 따로 다른 년을 구해 오는 게 백 번 낫겠다."

뜻밖의 말에 두스냥이 얼마면 되겠냐고 묻자 기생어멈은 은자 300냥만 주면 자유롭게 풀어주겠노라 약속합니다. 두스냥은 이 이야기를 리쟈에게 전했고, 리쟈는 열흘 기한으로 돈을 구하러 나섭니다. 하지만 둘 사이의 내막을 알고 있는 리쟈의 친구들은 손사래를 치고 돈을 빌려주지 않았습니다. 어쩔 수 없이 리쟈는 고향으로 돌아가는 노잣돈 핑계를 대 보지만 이마저도 여의치가 않았습니다. 리쟈의 고향 친구인 류위춘柳遇春(유우춘)은 리쟈에게 다음과 같이 말합니다.

자네가 진정 고향으로 돌아가려 한다면 도울 사람이 나서겠지만,

자네가 300냥을 얻어 두스냥을 구하려고 한다면 그건 열흘이 아니라 열 달이라도 불가능할 걸세. 지금 세상인심이 어디 그렇게 호락호락한가. 기생어미가 다 자네의 딱한 처지를 알고 일부러 자네를 골탕 먹이려는 수작인 게야.

탕인唐寅, 〈왕촉궁기도〉王蜀宮妓圖 명대 젊은 여자들 사이에서 유행한 복장을 묘사한 그림

　결국 돈을 구하지 못한 리쟈는 두스냥을 볼 낯이 없어 류위춘의 집에 머물다 두스냥의 하인에게 붙잡혀 그녀에게 돌아갑니다. 두스냥은 리쟈의 이야기를 듣고 자기가 그간 화대로 받아 모아 놓은 은자 150냥을 리쟈에게 주면서 나머지만 융통해 오라 말합니다. 리쟈가 이 사실을 류위춘에게 전하자 류위춘은 그 말을 듣고 나머지 150냥을 구해 주면서 말합니다.
　"내가 이렇게 은자 150냥을 마련하여 온 것은 자네를 위해서가 아니라네. 두스냥의 진심이 나를 감동시켰기 때문이라네."
　속전贖錢을 마련해 가니 기생어미는 놀라는 한편 이내 태도를 바꿔 매몰차게 두스냥을 내쫓아 버립니다. 맨손으로 집을 나선 두스냥은 평소 가깝게 지내던 기생들을 찾아가 며칠 묵었습니다. 기생들은 두스냥의 처지를 딱하게 여겨 그녀를 치장해 주고 같이 지냈습니다. 하지만 리쟈는 여전히 어찌 할 바를 모르고 시간만 보내고 있었습니다. 하루는 두스냥이 리쟈에게 물었습니다.

"이제 우리는 어디로 가죠? 무슨 계획이라도 있으신가요?"

"아버님은 지금도 내게 화를 내고 계신데 내가 또 기생하고 혼인해서 돌아가면 나를 가만 두지 않으실 것이오. 이리 생각해 보고 저리 생각해 봐도 뾰족한 수가 없으니……."

"부모 자식은 하늘이 낸 사이인데 영원히 등지고 살 수야 없지요. 하지만 갑자기 찾아가서 놀라시게 할 수도 없으니, 우선 쑤저우나 항저우 근처에서 자리를 잡은 연후에 낭군께서 먼저 고향으로 돌아가 친척들에게 저간의 사정을 아버님께 말씀드려 달라고 부탁한 다음 저를 인사시켜 드리는 것이 나을 듯싶습니다."

결국 리쟈와 두스냥은 길을 떠나기로 결정합니다. 이별에 앞서 동료 기생인 쓰웨냥四月娘(사월낭)이 두스냥에게 패물함 하나를 건네줍니다.

"우리 두스냥이 수중에 돈 한 푼 없이 사랑하는 님과 함께 천릿길을 떠난다는데 가만히 있을 수 없어 십시일반 돈을 거두어 왔네. 이걸로 노자에나 보태 쓰시게."

웬일인지 두스냥은 상자를 열어 보지도 않고 그렇다고 사양하지도 않고 그저 쓰웨냥에게 고맙다는 표정만 살짝 지어 보였습니다. 두 사람은 길을 떠나 과저우瓜洲(과주)에 이르러 배를 옮겨 탔습니다.

때는 9월 보름밤, 달빛이 강물을 환히 비추는데 오랜만에 두 사람은 술상을 마주하고 감회에 젖습니다. 두스냥이 흥에 겨워 노래를 한 자락 하는데, 마침 근처 다른 배에 타고 있던 이가 두스냥의 노래를 들었습니다. 그는 바로 나이 스물에 난징의 국자감 태학생 신분인 쑨푸孫富(손부)라는 자였습니다. 이 사람의 집안은 대대로 소금 거래를 통해 막대한 부를 축적했으니, 위인이 공부보다는 기생집 출입으로 호가 났습니다.

쏜푸는 적적한 마음에 혼자 술을 마시다 마침 두스냥의 노래를 듣게 됩니다. 쏜푸는 문득 호기심이 일어 하인에게 이 노래의 주인공이 누군지 알아보게 합니다. 그러는 사이 갑자기 날씨가 돌변해 짙은 구름이 깔리더니 눈이 내렸습니다. 배는 일시 발이 묶였는데, 쏜푸는 짐짓 계략을 써 리쟈에게 접근해 같이 술을 마셨습니다. 이런 저런 이야기를 나누다 형님 동생 하며 드디어 쏜푸가 속내를 드러내고 두스냥에 대해 묻자 속없이 리쟈는 두스냥과 있었던 일을 미주알고주알 쏜푸에게 털어놓습니다.

쏜푸가 말했다.
"두스냥과 같은 미인을 데리고 고향으로 돌아가는 일이야 누가 뭐라 하겠습니까만, 기생을 며느리로 맞이할 부모가 있을지 모르겠소이다."
"사실 부친이 너무 엄격한 분이라서 나도 망설이는 중이라네."
바로 지금이 기회라고 생각한 쏜푸는 다시 물었다.
"춘부장께서 그처럼 엄격한 분이시라면 그런 며느리를 받아들이지 않으시려 할 터인데 부인과 그 일을 상의하긴 하셨습니까?"
……
"이 아우가 형님을 안 지 얼마 되지 않았다. 하지만 말은 바로 해야 할 것 같습니다. 부디 이 아우를 책망하지 말아 주십시오."
"내가 아우님의 고견을 듣고자 함인데 무슨 그런 겸양의 말씀을 하시오?"

"춘부장처럼 높은 관직에 있으신 분은 평소 형님의 행동조차 예법에 어긋난다고 하셨을 터인데, 어찌 예법에 어긋난 교제를 허락하시겠습니까? ……형님은 결국 결혼을 허락 받지도 못하고 아버님의 총애만 잃게 될 것이니 쑤저우와 항저우 등지를 떠돌면서 기회를 엿본다는 것 역시 좋은 계책이 되지 못할 것입니다."
……
"아우님, 무슨 좋은 수가 없겠소?"
……
"춘부장께서 지금 그렇게 화가 나신 것은 형님이 기녀에 빠져 돈을 물 쓰듯이 써 버리는 것을 보고 앞으로 형님이 가업을 제대로 잇지 못하고 그저 그런 일로 가산을 탕진하지는 않을까 걱정이 앞서시기 때문일 것입니다. 하여 지금 빈손으로 돌아간다면 아버님께서 더욱 화를 내실 것임은 자명한 이치입니다. 지금 형님께서 사사로운 남녀의 정을 과감히 끊으실 수만 있다면 이 아우가 황금 1천 냥을 드리겠습니다. ……이는 제가 여색에 눈이 어두워서 드리는 말씀이 결코 아니고 그저 형님을 위한 길이 무엇인가 고민하다가 겨우 생각해 낸 것입니다."

어이없게도 리쟈는 쑨푸에게 일어나 절까지 하며 고맙다고 사례하고 맙니다.

오다가다 만난 사람 말을 듣고서
사랑하는 사람을 어찌 저버릴 수 있단 말인가?

두스냥에게 돌아온 리쟈의 안색이 별로 좋지 않음을 눈치 챈 두스냥이 채근하자 리쟈는 쑨푸와의 대화 내용을 그대로 실토합니다.

두스냥은 뜻밖의 말에 놀라 물었다.
"낭군님의 생각은 어떠하신지요?"
"나는 이 일의 당사자라 사실 지금도 멍한 상태요. 그런데 쑨 아무개라는 이 친구가 제3자의 입장에서 나에게 좋은 계책을 알려 주었으나 당신이 따르지 않을까 걱정이오."
"쑨 아무개라는 친구는 어떤 사람인지요? 그 말이 그럴듯하다면 제가 어찌 따르지 않겠나이까?"
"그 사람의 성은 쑨孫(손)이요, 이름은 푸富(부)라고 하오. 신안新安(신안) 출신의 염상으로, 나이는 젊지만 풍류를 아는 사람이라오. 어제 저녁 그대의 노랫소리를 듣고서 내게 묻기에 그동안 우리의 내력을 다 이야기해 주었다오. 그랬더니 그가 1천 냥을 주고서 당신을 맞이하겠다고 제안하더이다. 나는 1천 냥을 얻어 아버지를 뵐 면목을 세우고 당신은 믿음직한 남편을 얻는 셈이라고 하면서 말이오. 허나 차마 당신을 떠나 보낼 수 없어 이렇게 눈물을 흘리는 것이오."
……두스냥은 리쟈를 안고 있던 팔을 거두고 입가에 차가운 미소를 띠었다.
"낭군을 위해서 그런 계책을 내놓으시다니 그분은 틀림없이 일세의 영웅일 것입니다. 낭군께서는 그동안 기방에서 낭비한 돈을 다시 얻게 되시고 저는 다른 사람을 찾아 떠나게 되니 먼 길을 따라다니며 낭군에게 짐 되는 일도 없을 것입니다."

무슨 생각인지 두스냥은 흔쾌히 리쟈의 말을 따라 쑨푸에게 가기로 약조하고 정성껏 화장을 마친 뒤 뱃전으로 나섰습니다.

두스냥은 한 손으로 뱃전을 잡고 한 손으로 쑨푸를 불렀다. 쑨푸는 그런 두스냥을 보고서 정신이 아득해질 지경이었다. 두스냥은 앵두 같은 입술을 열었다. 하얀 치아가 더욱 하얗게 보였다. …… 두스냥은 열쇠로 그 패물함을 열었다. 패물함 안은 몇 층의 서랍으로 나뉘어져 있었다. 두스냥은 리쟈에게 그 가운데 맨 위 서랍을 열어 보도록 했다. 그 안에는 비취야, 옥이야 그냥 보아도 백금 이상은 되어 보이는 보물들이 가득 넘쳐 났다. 두스냥은 그 보물들을 강물에 던져 버렸다. 리쟈와 쑨푸 그리고 지켜보던 사람들은 모두 탄성을 지르며 아깝다고 난리법석이었다. 두스냥은 리쟈에게 그다음 서랍을 열어 보도록 했다. 그 안에는 금이야, 노리개야 그냥 보아도 수천금은 더 나갈 것 같은 보물이 가득했다. 두스냥은 이것들도 몽땅 강물에 던져 버렸다.

마지막 서랍을 열고 역시 값을 따지기 어려울 정도의 보물을 강물에 던지려 하니 그제야 리쟈는 두스냥을 껴안고 통곡했습니다. 두스냥은 리쟈를 밀쳐 내고 쑨푸에게 일장 연설로 꾸짖고는 리쟈에게 이렇게 말합니다.

내 본디 화류계 생활 몇 년 동안 남 몰래 돈과 보물을 모아 왔습니다. 내가 특별히 쓰웨냥 언니에게 부탁해 우리가 베이징을 떠나오던 날 나에게 건네주도록 했지요. 아마 그 패물함에 들어 있

쑨푸를 꾸짖는 두스냥(좌), 패물함을 안고 강물로 뛰어드는 두스냥(우)

는 것만 해도 수만금은 족히 될 겁니다. 나는 그걸 모두 당신을 위해 쓰고자 했지요. 당신의 부모가 나를 혹시 어여삐 여겨 거두어 주신다면 죽어도 여한이 없을 것이라 생각했지요. 한데 당신은 나를 믿지 못하고 다른 사람의 허황한 말을 믿고서 중도에 나를 버리고 나의 진심을 짓밟았어요. 나는 여러 사람들 앞에서 패물함을 열어 보여 그깟 천금 정도야 아무것도 아님을 보여 주고자 한 것입니다. 내 패물함에는 보물이 이리도 많았으나 애석하게도 당신의 눈과 마음에는 하나도 들어오지 않았던 모양입니다. 화류계 생활을 청산하고 새 삶을 찾는가 했더니 내 팔자 기구하여 이렇게 또 버림을 받는군요. 이제 저 많은 사람들이 다 증명해 줄 것이외다. 내가 당신을 버린 것이 아니라 당신이 나를 버렸다는 것을.

결국 두스냥은 패물함을 안고 강물로 뛰어들었습니다.

그녀의 영혼은 용궁으로 젖어들고
그녀의 혼백은 저승길로 떠나는구나

이날 이후 리쟈는 미쳐 버리고, 쑨푸는 병이 들어 두스냥의 환영에 시달리다 죽었습니다.

중국소설사에는 두스냥 같이 사랑을 주도적으로 이끌어 가는 여주인공들이 많이 등장합니다. 아울러 두스냥의 이야기는 중국소설사에서 보편적으로 나타나는 기생과 문인 사대부의 사랑 이야기로, 사랑의 비극은 우유부단한 주인공의 성격 때문에 빚어진다는 통속적인 이야기의 틀을 크게 벗어나지 않습니다. 그럼에도 이 이야기가 우리에게 감동을 주는 것은 온갖 보물이 들어 있는 패물함은 물론이고 죽음마저도 두려워하지 않는 한 여인의 결기 때문입니다.

사실 그 당시 사회 분위기로는 리쟈와 같은 풍류남아나 두스냥과 같이 돈에 팔려 가는 노류장화가 적지 않았을 것입니다. 쑨푸에게 돈을 받고 두스냥을 넘기겠다는 리쟈의 말을 듣고 두스냥이 짐짓 그 말을 따르겠노라고 한 것 역시 항용 있을 법한 일입니다. 하지만 두스냥은 그 순간 이미 알고 있었습니다. 자기가 평생을 걸고 선택한 사랑이 이루어질 수 없다는 것을. 안타까운 것은 돈에 팔려 가는 두스냥 자신이 아니라 패물함 속의 보물 같이 소중한 여인을 몰라보는 어리석은 리쟈였던 것입니다. 그래서 사랑은 어려운 것입니다.

제대로 알지도 못하면서 함부로 풍류를 이야기하지 말지니
정이란 이 한 글자만 해도 얼마나 어려운가
그대 정이란 이 한 글자 제대로 아신다면
그땐 풍류를 이야기하여도 부끄럽지 않으리

기름장수, 절세의 미녀를 얻다

세상사란 묘한 것입니다. 자기 손에 쥐고 있는 보물을 몰라볼 수도 있고, 남들이 돌아보지 않는 아주 하찮은 존재에서 진정한 사랑을 발견할 수도 있습니다.

때는 송나라 시절입니다. 수도인 볜징卞京에 양곡 가게 딸 신야오친莘瑤琴(신요금)이라는 여인이 있었습니다. 마침 금나라가 쳐들어오자 피난길을 떠났는데, 피난 도중에 부모를 잃고 이웃집 아저씨를 만나 유랑하다 남송의 수도 린안臨安(임안)에 이릅니다. 이웃집 아저씨는 신야오친을 기생집에 팔아 버렸습니다. 신야오친은 졸지에 기생으로 전락한 것입니다. 기생이 된 뒤 이름을 왕메이王美(왕미)로 바꾼 그녀는 문재文才를 갖춘, 린안에서 으뜸가는 기생이란 뜻의 '화괴낭자'花魁娘子라 불렸습니다.

> 기생 가운데 그 누가 왕메이 아가씨만큼 고울까. 서예도 잘하고 그림도 잘 그리고 또 시도 잘 짓네. 악기 연주와 가무는 기본이구나. 세상 사람들은 시후西湖(서호)를 시스西施(서시)에 비하지만, 시스도 그녀만큼은 못하리. 그 누가 그녀를 한번 가져 볼까? 그러면 죽어도 좋을 것이다.

그도 그럴 것이, 왕메이는 기생이 되긴 했지만 부모를 만날 때까지는 몸을 더럽히지 않겠다고 결심합니다. 하지만, 이런 왕메이도 기생어멈의 농간에 결국 동정을 버리게 됩니다. 그 뒤로 왕메이가 기생질도 안 하고 돌아눕자 기생어멈의 부탁을 받은 류劉(유) 씨 여인이 감언이설로 왕메이를 설득합니다. 결국 류 씨의 말에 넘어간 왕메이는 기생어멈에게 속전을 내고 기생의 신분에서 벗어나기 위해 본격적으로 손님을 받고 악착을 떨며 돈을 모으는 한편 평생을 같이할 짝을 찾습니다.

한편 린안의 한 기름집에는 친중秦鍾(진종)이라는 젊은 일꾼이 있었습니다. 가게 주인인 주朱 노인은 친중을 잘 보고 아들처럼 여겨 이름도 주중朱鍾(주종)으로 바꿔 부르게 합니다. 그런데 주중에게 마음을 두었던 그 집 하녀가 그에게 꼬리치다 퇴박을 맞자 새로 들어온 서기인 싱취안刑權(형권)과 배가 맞아 주 노인에게 없는 말을 지어내 주중을 쫓아내게 했습니다.

가게에서 쫓겨난 주중은 어릴 적 집을 떠난 아버지를 찾기로 결심합니다. 그리고 먹고살기 위해 기름 행상을 다닙니다. 주중은 이때 여러 사람들의 도움을 받았던 데다 근본이 성실해 곧 돈을 모았습니다. 하지만 그의 머릿속에는 온통 아버지를 찾을 생각뿐이었습니다. 이름을 원래의 이름인 '친중'으로 다시 바꾸고, 메고 다니는 기름통에도 '친'秦이라는 글자를 써서 그것을 표식으로 삼았습니다.

그러던 어느 날 자주 다니는 절에 기름을 팔러 갔다가 우연히 왕메이를 본 친중은 그 아름다운 모습에 홀딱 반합니다. 그날 이후로 왕메이의 집에 기름을 배달하게 된 친중은 자나 깨나 그녀 생각뿐이었습니다. 결국 생각 끝에 돈으로 그녀를 사 하룻밤을 보내기 위해 1년 동안 피땀 흘려 돈을 모읍니다. 드디어 친중은 정확하게 은자 16냥을 모았습니다.

당장 색깔 좋은 열 냥짜리 큰 덩어리 하나로 바꾸고, 다시 한 냥

여덟 전으로는 그보다 작은 것 하나로 바꾸었다. 남은 넉 냥 두 전은 더 작은 돈으로 바꾸어 가죽신과 깨끗한 양말을 구입하고 바지와 만자卍字 형 두건을 사는 데 사용했다. 또 집으로 돌아와서도 옷에 풀을 먹여 깨끗이 하고, 안식향安息香을 조금 사서 옷에 냄새를 묻혔다. 그리고 화창한 좋은 날을 골라 단장하고 나섰다.

친중은 왕메이의 집을 찾아 갑니다. 끼끗하게 차려입은 친중의 모습에 놀란 기생어멈은 어쩐 일인가 묻습니다. 친중은 왕메이를 보고 싶다며 돈을 건넵니다. 기생어멈은 친중의 돈을 받으며 이렇게 충고합니다.

"이 은자 열 냥은 장사하며 어렵게 번 돈일 텐데 심사숙고한 다음에 결정하게나."

그럼에도 친중이 뜻을 굽히지 않자 결국 돈을 받아 챙긴 기생어멈은 왕메이가 기름장수와는 만나 주지 않을 것을 염려해 한동안 적당한 기회를 엿보았습니다. 드디어 12월 중순의 큰 눈이 내린 어느 날, 기생어멈은 손님이 불러 나갔다가 술에 취해 일찍 돌아온 왕메이를 친중과 만나게 해 주었습니다.

술 취한 왕메이는 친중을 보고 어디서 본 듯한 얼굴이라고 생각하다가 술을 더 마시고는 크게 취해 눕습니다. 친중은 그녀의 아름다운 모습을 바라보다가 그냥 몸을 안은 채 눈도 감지 않고 그대로 밤을 지새웁니다.

한편 메이냥美娘은 한밤중이 되어서야 비로소 술에서 깨어나기 시작했다. 술기운을 이기지 못해서인지 가슴이 답답하게 막혀 있는 듯했다. 천천히 일어나 이불 위에 앉았지만, 연신 구역질하며 토할 것만 같은 기세였다. 친중은 얼른 일어나 찻주전자를 놓고, 메이냥이 토할 수 있도록 등을 가볍게 두들겨 주었다. 한참을 그렇게 있다가 메이냥은 결국 참지 못하며 토하기 시작했다. 친중은 이불을 버릴까 염려하여 자신의 도포 소매를 벌려 메이냥의 입에 대었다. 메이냥은 아무 것도 모르고 그곳에다 마음껏 토했다. 토하기를 마치자 메이냥은 여전히 눈을 감은 채로 갈증을 느끼며 물을 찾았다. 친중은 침상에서 내려와 도포를 벗어 방구석에 두고, 아직 따뜻한 찻주전자에서 향기 나는 진한 차를 따라 메이냥에게 건넸다. 연거푸 두 잔을 마신 메이냥은 속은 조금 풀렸지만, 그래도 아직 피곤했다. 메이냥은 한기를 느끼며 이불 안으로 들어가 다시 잠에 빠졌다. 친중은 메이냥이 토해 낸 것을 몇 겹으로 싸서 침상 옆에 두고 자신도 침상 위로 올라갔다. 그리고 메이냥을 여전히 안은 채로 누워 있었다.

다음날 아침, 왕메이는 그가 다름 아닌 기름장수 친중이라는 것을 알았습니다. 친중에게서 자초지종을 들은 왕메이는 "제가 어제 술에 취해 당신을 접대하지 못했으니 많은 돈을 날린 셈인데, 후회하지 않으세요?"라고 물었습니다. 친중이 그렇지 않다고 대답하니 왕메이는 은근히 마음 한 구석으로 감동하고 그만 물러나려는 친중에게 은자 스무 냥을 주며 장사 밑천에 보태 쓰라고 합니다. 그날 왕메이는 하루 종일 친중을 생각했습니다.

기생집을 찾아다니는 한량이 아닌 당신은 장사를 하며 열심히 살아가는 사람. 그러나 당신은 따뜻하고 부드러우며 남의 마음을 잘 감싸 주네. 생각건대 당신은 고집을 부리는 남자가 아니고, 박정한 남자도 아닐 것이로다. 잠시 동안 짧은 만남은 내게 생각을 남기고, 어느새 그리움을 남겼구나.

그러는 동안 주 노인의 기름집에서는 하녀와 싱취안邢權이 가게 돈을 털어 달아나니, 그제야 주 노인은 그들에게 속았다는 사실을 알고 친중을 다시 불러들입니다. 결국 한 달 만에 주 노인이 중병을 얻어 죽으니, 친중은 여전히 기름 가게를 열고 장사를 했습니다. 그때 어떤 이가 오십이 넘은 중늙은이 하나를 우연히 가게로 데려왔는데, 그는 다름 아닌 왕메이, 즉 신야오친莘瑤琴의 아비였습니다. 딸을 잃고 유리걸식하다가 린안臨安에 흘러 들어와 밥벌이라도 할 양으로 기름 가게에서 점원을 찾는다는 말을 듣고 찾아온 것이었습니다. 결국 아무 것도 모르는 그들은 한 집에서 같이 기거하게 되었습니다.

그렇게 시간이 흘러 다시 1년이 지난 청명절 날, 우바吳八(오팔)라는 공자가 푸저우福州 태수인 제 아비의 위세를 믿고 왕메이를 납치해 시후西湖로 데려와 뱃놀이를 하며 술시중을 들게 했습니다. 왕메이는 울기만 하다 물에 빠져 죽으려 하니, 우바의 무리는 흥이 깨져서 왕메이를 사람들이 드문 외진 곳에 내버려 두고 가 버렸습니다. 그런데 우연히 그 옆을 지나던 친중이 그녀를 발견하고 가마를 불러 집으로 데려다 주었습니다. 결국 그날 밤 왕메이는 친중을 집으로 돌려보내지 않고 하룻밤을 같이 보냅니다.

왕메이가 결연히 친중과 결혼하겠다고 선언하자 친중은 놀라며 자기를 놀리지 말라고 말합니다. 하지만 이미 뜻을 세운 왕메이는 기생의 신분을 벗기 위해 그 동안 모아 놓은 금은보화를 모두 친중의 집으로 은밀히 보내는 한편 감언이설로 자기를 기생의 길로 들어서게 한 류 씨 여인을 다시 찾아 기생어미를 설득해 달라고 부탁합니다. 사례금으로 거금을 받은 류 씨 여인은 예의 언변으로 기생어미를 설득하니, 결국 기생어미도 허락하여 두 사람은 혼례를 치르고 친중의 집으로 갑니다. 그리고 그곳에서 살고 있던 왕메이의 아비는 자기 딸을 알아보고 크게 기뻐합니다. 뒤에 친중은 절의 향불지기 노릇을 하던 자신의 아버지도 만나니, 드디어 모든 가족이 다 같이 한데 모여 大團圓 행복하게 살았습니다.

이 이야기는 앞서 두스냥의 이야기와는 정반대입니다. 중요한 것은 두스냥을 버린 것은 이른바 그 사회의 상층 계급이라 할 문인 사대부였던 데 반해, 왕메이에게 지고지순의 사랑을 베푼 것은 하층 계급인 시장통의 기름 장사꾼이라는 사실입니다. 섣부른 감은 없지 않지만, 이를 통해 당대 지배계급의 이중적인 면모가 여실하게 드러나고, 인간의 진정한 사랑은 그런 계급이나 재산의 유무와 무관하다는 것을 알 수 있습니다.

명, 욕망의 오감도

금병매金瓶梅

『금병매』, 데카당 시대의 거대한 벽화

명나라는 창업주인 태조 주위안장朱元璋과 그의 뒤를 이은 영락제가 매우 정력적으로 나라를 경영한 끝에 어느 정도 궤도에 올라 안정되었습니다. 그러나 시대를 막론하고 황제의 비호 아래 막강한 권력을 휘두르다 결국 나라를 망국의 길로 들어서게 한 것은 환관들이었습니다. 그런 사실을 잘 알고 있던 주위안장은 환관들이 국정에 참여하지 못하게 하는 한편 아예 그들이 글을 익히지 못하게 했습니다. 하지만 자신의 힘을 과신한 영락제는 아버지의 뜻을 거스르고 환관들에게 글을 익히게 했을 뿐 아니라 그들로 하여금 정보 수집의 임무마저 맡겼습니다.

여기에 더해 명나라 중기 이후에 즉위한 황제들은 하나같이 어리석은 군주로 나랏일은 관심이 없었으니, 명이라는 나라는 허울만 남았을 뿐 근근이 그 명맥을 이어갈 따름이었습니다. 명 왕조 최후의 중흥기라 할 성화제成化帝(재위 1464~1487)와 그 뒤를 이은 홍치제弘治帝(재위 1488~1505)의 도합 41년의 시기는 명 왕조가 극성기에 이르렀던 때였을 뿐 아니라 바야흐로 국운이 쇠하기 시작한 때이기도 했습니다. 그 뒤로는 더 이상 명나라의 국세를 떨치지 못했습니다. 황

성조 영락제 주다이朱棣

제는 국사를 내팽개치고 유희와 오락에 빠지거나 도교에 빠져 스스로 도사를 자처하며 궁에 사원을 세우고 장생불사를 빌었습니다. 그러는 사이 나라 밖에서는 몽골과 왜구가 쳐들어오고 나라 안에서는 환관이 발호하고 또 이에 맞서는 동림당 세력이 비판의 칼날을 거두지 않아 나라는 하루도 편할 날이 없었습니다.

이렇듯 정국이 불안한 가운데 통치 계급이 부패하자 사회 기풍 또한 타락의 길로 빠져들었습니다. 여기에는 상하가 없었으니 황제라고 예외가 아니었습니다. 가정제嘉靖帝와 만력제萬曆帝는 궁궐 안에 있는 여인들뿐 아니라 민간을 암행 시찰한다는 명목 하에 여염집 여인들까지도 손을 댔습니다. 이에 그치지 않고 신하들에게 방중술에 쓸 비방이나 춘약 등을 바치게 종용하는 지경에까지 이르렀습니다. 루쉰은 당시의 사회 풍조에 대해 이렇게 말했습니다.

> 성화成化 연간(1465~1487)에 방사 리쯔李孜(이자), 승려 지샤오繼曉(계효)가 방중술을 바쳐서 갑작스럽게 고귀한 자리에 올랐고, 가정嘉靖 연간(1522~1566)에 이르러는 타오중원陶仲文(도중문)이 홍연紅鉛을 바쳐서 세종의 총애를 얻어 벼슬이 특진광록대부주국소사소부소보예부상서공성백特進光祿大夫柱國少師少傅少保禮部尙書恭誠伯에 이르렀다. 이로부터 퇴폐적인 기풍이 점차로 사대부들에게까지 미치어, 도어사都御史인 성돤밍盛端明(성단명)과 포정사참의布政使參議인 구커쉐顧可學(고가학)는 모두 진사 출신이지만 둘 다 추석방秋石方이라는 최음제의 처방을 내놓아 높은 자리를 차지했다. 순식간에 입신출세하는 것은 세상 사람들이 간절히 바라는 바이니, 요행을 바라는 자들 가운데 자신의 지혜와 힘을 다해 진

기한 처방과 약을 구하려는 사람들이 많았으며, 이에 세간에서는 점차 규방의 일과 미약에 대해 거리낌 없이 이야기하기를 부끄러워하지 않았다. 이미 기풍이 이렇게 변하자 문학 세계에도 그 영향이 미쳐, 이 때문에 방사方士들이 등용된 이래로 방술과 미약이 흥성하였고, 음란하고 요망한 심리가 일반화되어 소설 역시 신마神魔를 다룬 이야기가 많아지고 특히 늘 규방의 일을 서술하게 되었다. 루쉰, 『중국소설사략』

불경기 때는 여자의 치마 길이가 짧아진다는 말이 있습니다. 사회가 혼란에 빠지자 황궁에서 일반 여염집에 이르기까지 음란한 풍속이 만연했습니다. 여기에 더해 당시는 '창기'娼妓마저 합법화되어 이러한 음란한 풍조를 더욱 조장했습니다. 당시 어떤 문필가는 "오늘날에는 창기의 기루가 천하에 가득 찼으니 큰 도시라면 천여 개가 있고, 편벽된 마을에도 왕왕 있을 지경으로, 하루 종일 문에 기대어 웃음 짓고 몸을 팔아 살아가니 가련할 따름"이라고 한탄할 정도였습니다.

사회 풍조가 이렇게 돌아간 데에는 당시 철학 사상의 변화에도 그 원인이 있습니다. 명대에 들어서 '인간의 욕망을 제거하고 하늘의 도리를 지킨다'去人慾 存天理는 송대 성리학의 영향에서 벗어나 인간의 가치를 강조하고 개성을 존중하며 인간의 감정과 욕구를 긍정하자는 취지의 이른바 양명학 좌파 세력이 등장했던 것입니다. 이들은 과감하게 전통적인 예교를 공격하며 이른바 '도'라는 것은 입는 옷과 먹는 음식과 같이 인간의 물질적인 쾌락을 만족시키는 것이라고까지 주장했습니다.

입고 먹는 것이 곧 인륜이며 사물의 이치이다. 입고 먹는 것을 제외한다면 인간의 윤리와 사물의 이치라고 하는 것은 없다. 세상의 모든 것이 입고 먹는 것의 한 종류이다. 따라서 입고 먹는 것을 들면 세상의 모든 것이 그 가운데에 포함되는 것이며, 옷과 음식 이외에 흔히 말하는 백성과 무관한 것들이 있는 것은 아니다.

리즈李贄(이지), 『분서』焚書

'사회적 존재가 사회적 의식을 규정한다'는 말대로 이런 사회적 풍조 뒤에는 당시 농업과 수공업의 발달로 인한 시민 경제의 흥성이 있었습니다. 왕조 초기, 주로 관청의 전매 물품을 주요 품목으로 삼는 관상官商으로 시작했던 상인들은 중후기에 이르러서는 사회 질서가 와해됨에 따라 사상私商으로 변모해 부를 축적해 나갔습니다. 이들은 축적된 부를 바탕으로 관에 영향력을 행사했을 뿐 아니라 각종 이권에 개입하는 등 점차 그 세력을 키워 나갔으니, 이들의 사회적인 지위는 이미 전대의 그것과 확연하게 달랐습니다. 그뿐 아니라 점차 부유한 자는 더욱 부유해지고 가난한 자는 더욱 더 가난해지는 이른바 '부익부 빈익빈'의 사회 모순이 첨예해졌습니다.

이렇듯 엄청난 부를 축적한 대상인 계층이 출현함에 따라 왕조 초기의 검소하고 절약하는 사회적 분위기가 일소되고 사치와 향락을 추구하는 좋지 못한 풍조가 팽배하게 되었습니다. 그리하여 혹자는 당시의 사회적 분위기를 다음과 같이 질타하기도 했습니다.

가정 중엽에서 오늘에 이르기까지 유행하는 풍속은 날로 내리막 길을 걸어 관습은 교만 각박하며 서로 욕망에 대한 탐닉과 편안

함만을 바란다. 흥겹게 잔치를 열어 흥청망청 마셔대는 것을 통이 크다고 하고, 맛난 음식과 아리따운 여인을 들어 예의가 지극하다고 한다. 『보핑 현지』博平縣志 권4 「인도육민풍해」人道六民風解

우리가 흔히 중국의 대표적인 음서로 알고 있는 『금병매』의 시대적 배경은 송대로 설정되어 있지만, 실제로는 이와 같은 명나라 당대의 현실을 그려 낸 것입니다. 따라서 『금병매』는 그저 남녀간의 상열지사에 그치는 게 아니라 당대 사회를 세밀하게 그려 낸 거대한 벽화라 할 수 있습니다.

괴로운 효자 노릇

그런데 공교롭게도 『금병매』의 작자는 알려져 있지 않습니다. 단지 란링蘭陵(난릉)의 샤오샤오성笑笑生(소소생)으로만 알려져 있는 『금병매』의 작자에 대해서는 이제껏 수많은 논자들이 여러 가지 설을 제시했지만, 논란은 여전히 이어지고 있습니다. 아울러 작품이 쓰여진 시기 또한 정확하게 언제라고 특정할 수 없지만, 현재 전하는 판본은 대략 두 가지로 압축됩니다.

『금병매사화』 표지

그 하나가 흔히 '만력본'萬曆本이라 불리는 『금병매사화』金甁梅詞話('사화

〈무송타호〉武松打虎 호랑이를 때려잡는 우쑹

본')이고, 다른 하나는 이보다 후대에 나온 이른바 '숭정본'崇禎本으로 불리는 『신각수상비평금병매』新刻繡像批評金甁梅('수상본')입니다. 시기적으로 볼 때 당연하게도 만력 연간(1572~1620)에 나온 '사화본'이 명의 마지막 황제인 숭정 연간(1628~1644)에 나온 '수상본'보다 앞섭니다.

『금병매』는 앞서 나온 『수호전』의 수많은 에피소드 가운데 하나를 부연한 소설입니다. 따라서 상대적으로 초기에 나온 '만력본'에는 『수호전』의 흔적이 많이 남아 있고, 뒤에 나온 '숭정본'은 이미 『수호전』의 영향으로부터 많이 벗어나 있습니다. 이를테면, '만력본'의 경우 우쑹武松(무송)이 징양강景陽岡(경양강)에서 호랑이를 때려잡는, 『수호전』에서 가장 유명한 에피소드로 시작하고 있는데 반해, '숭정본'에서는 시먼칭西門慶(서문경)이 열 명의 친구들과 결의형제를 맺고 우쑹이 냉담하게 형수를 만나는 장면으로 시작됩니다. 그리고 '만력본'은 제목의 대구가 때로 글자 수가 틀리는가 하면 본문에도 산둥山東(산동) 지방의 방언과 당시 속어가 그대로 사용되고 있는 데 반해, '숭정본'은 제목도 잘 정돈되어 있고 음란한 어휘가 대량으로 삭제되어 있습니다. 뒤에 나온 '숭정본'이 문인의 손을 거쳐 대대적인 수정과 가공이 이루어진 것임을 알 수 있습니다.

청대 초기에는 장주포張竹坡(장죽파, 1670~1698)의 『고학당비평제일기서본』皐鶴堂批評第一奇書本('제일기서본')이 나왔는데, 이것은 '숭정본'을 바탕으로 장주포 자신의 『금병매』론이라 할 수 있는 몇 가지 글을 수록하고, 본문에 자신의 비평을 가한 것입니다. 이 세 가지 판본은 사실 내용상 크게 다른 것은 없지만, 그 분량만 놓고 말하자면 '만력본'이 약 1백여만 자에 이르고 '숭정본'은 90여만 자, 그리고 '제일기서본'은 80여만 자로 후대로 갈수록 불필요한 내용을 줄이고 다듬었음을 알 수 있습니다. 그래서 혹자는 '만력본'이야말로 가장 원본에 가까운 것이라고 말하기도 합니다.

장주포는 '제일기서본'의 「고효설」苦孝說이라는 글에서 이 책이 만들어진 과정을 이야기하면서 작자에 대해 중요한 발언을 했습니다. 곧 어느 효자가 효를 다하기 위해 이 책을 썼다는 것입니다. 여기서 장주포는 그 효자가 누구인지는 구체적으로 밝혀 놓지 않았습니다. 다만 『한화암수필』寒花盦隨筆이라는 책에는 다음과 같은 내용이 실려 있습니다.

> 세상에 전하기를 『금병매』는 옌저우弇州(엄주)의 왕스전王世貞(왕세정)이 옌스판嚴世蕃(엄세번)을 나무라기 위해 지은 책이라 한다. 작품 속에 등장하는 시먼칭西門慶은 곧 옌스판의 화신이다. 옌스판의 어렸을 적 이름은 칭慶(경)인데, 작품 속의 시먼칭도 이름이 칭인 외자이다. ……혹자는 이 책이 어떤 효자가 그의 아버지의 복수

를 위해 지은 것이라고도 한다. 효자는 그의 아버지가 어떤 고관에 의해 살해된 것을 알고 복수하려 했으나 거듭 실패했는데, 뒤에 그 고관이 책을 볼 때 반드시 손가락에 침을 묻혀 책장을 넘기는 것을 정탐하여 알아내고 3년 동안 공을 들여 이 작품을 써 냈다. 책이 완성되자 책 모서리에 독을 묻히고는 고관이 나오기를 기다려 다른 이에게 이 책을 가지고 시장에 가서 '천하 제일기서'라고 소리치게 했다. 고관이 이를 듣고는 살펴보았는데 수레가 저택에 이르자 보던 것을 마치고는 소리 내어 감탄하며 책 장사에게 그 가격을 물으려 하니 그가 보이지 않았다. 문득 그 속셈을 알아차리고 급히 몸을 구하려 했지만 이미 늦어 독이 온몸에 퍼져 죽고 말았다. ……효자는 곧 왕스전이고 고관은 곧 탕순즈唐順之(당순지)이다.

이후로 꽤 오랫동안 『금병매』는 왕스전이 지은 것으로 알려졌습니다. 하지만 후대 학자들의 고증에 의하면 옌스판은 국법에 의해 사형되었고, 탕순즈는 왕스전의 아버지보다 반년 정도 먼저 죽었다고 합니다. 따라서 왕스전이 억울하게 죽은 아비의 원수를 갚기 위해 『금병매』를 썼다는 설은 한갓 꾸며낸 전설에 불과하다는 것을 알 수 있습니다.

인간의 굴레

명대 사회의 온갖 군상들을 그려 낸 『금병매』에는 다양한 인물들이 등장하지만, 그래도 이 작품의 남녀 주인공은 시먼칭과 판진롄潘金蓮(반금련)이라 할 수 있습니다. 작품의 초반부에서 이들을 이어 주는 매개체 역할을 하는 왕王(왕) 씨 노파는 판진롄에게 호색남이 갖추어야 할 다섯 가지 조건을 다음과 같이 설명해 줍니다.

> 이것은 다섯 가지 조건이 갖추어져야 비로소 성취될 수 있습지요. 첫째 판안潘安(반안)처럼 잘생긴 얼굴, 둘째, 당나귀만 한 물건, 셋째, 덩퉁鄧通(등통)만큼 돈이 많을 것, 넷째, 겉으로는 온화한 듯 보이면서도 참을성이 있을 것, 다섯째, 한가한 시간이 많을 것……. 『금병매』 제3회

왕 씨 노파가 판진롄에게 이런 말을 한 이유는, 시먼칭이야말로 이 다섯 가지 조건을 완벽하게 갖춘 남자이니 한번 사귀어 보는 것이 어떻겠냐고 부추기기 위한 것입니다. 하지만 이것은 사실 당대 사회는 물론이고 시대를 불문하여 통용되는 이상적인 남자의 모습이 아닐까요. 과연 판진롄은 왕씨 노파의 꾐에 빠져 시먼칭을 만나고, 중국문학사에서 가장 유명한 스캔들의 주인공이 됩니다.

유적 존재로서의 인간이 갖고 있는 가장 기본적인 본능은 '식'食과 '색'色입니다. 먹는 것은 개체의 생존을 유지하기 위해 필요한 것이고, 생식은 종의 번식을 위해 필수적인 것입니다. 그래서 『예기』禮記에서도 "먹고 마시는 것과 남녀관계, 바로 여기에 사람의 가장 큰 욕구가 있다"飮食男女 人之大欲存焉고 한 것입니다. 아울러 이러한 인간의 욕구를 충족시키기 위해서는 충분한 재물이 있어야 하니, 결국 사람이 한세상 살아가며 추구하는 게 이것을 크게 벗어나지

않는 듯합니다.

『금병매』에서는 이러한 인간의 욕구를 '주'酒, '색'色, '재'財, '기'氣의 네 가지로 나누었는데, 사詞의 형식을 빌려 '네 가지 탐욕에 대한 사'四貪詞를 이야기했습니다.

주酒

술은 정신을 상하게 하고 가정을 파괴한다. 터무니없이 시끌벅적 떠들게 하는구나. 가족과 멀어지고 친구를 잃게 하는 것은 대부분 너 때문. 은혜를 저버리고 의리를 잊어버리는 것 모두가 술 때문이다. 술을 마시는 것을 경계하라. 이를 따르면 어긋남이 없을지니, 만사를 잃는 것이 모두 이것 때문이다. 이제부터 손님을 대접할 때는 차로써 할 것이다.

색色

윤이 나는 머리결과 아름다운 얼굴을 사랑 말고, 붉은 화장, 비취 비녀 탐내지 마라. 몸을 상하게 하고 명을 재촉하는 것은 대개 매혹적인 모습 때문. 나라와 도읍을 망하게 하는 것들은 더욱 아름다울 것이다. 이것에 미혹되지 말고, 단전丹田을 키워라. 욕심을 줄이면 장수할 수 있을지니. 지금부터는 사랑 놀음 그만 두고 매화 장식 휘장 안에서 홀로 자거라.

재財

돈과 비단, 금과 진주를 그릇에 거둘 때, 올바른 길이 아니면 탐내지 마라. 가족, 벗과의 도의가 재물 때문에 없어진다. 부자간의 품은 정이 이익 때문에 끊어진다. 손을 거두고, 머리를 돌려라. 밤낮없이 하는 근심을 면할 수 있다. 자손에겐 그들의 복록이 있을 테니, 그들을 위해 먼 뒷날의 걱정을 하지 말 것이다.

기氣
무용武勇을 자랑한답시고 횡포를 부리지 마라. 주먹 휘두르고 소매 흩날리니 정신 사납구나. 한때 화를 버럭 내면 몸에 혈이 막혀, 시나브로 재앙이 몸에 이른다. 너무 지나치지 않으면, 재난이 머뭇거리는 것을 피할 수 있다. 권하노니 모든 일에 넉넉한 마음을 가질지어다. 그만둘 땐 그만두고 용서할 땐 용서하라.

이것은 앞서 말한 '만력본'에만 나오는 것으로 뒤에 나온 '숭정본'에서는 삭제된 내용입니다. 그렇다고 해도 '숭정본'에도 서두에 비슷한 내용이 나옵니다. 이것은 흔히 만력 연간에 일어난 뤄위런雒于仁(낙우인)의 상소문 사건과 연관이 있는 것으로 알려졌습니다.

신이 등용된 지 1년 남짓이 되어 가는데도 조례에서 폐하를 뵌 것은 단지 세 번뿐이었습니다. 그 외에 들은 것이라고는 옥체가 불편하셔서 모든 행사를 취소하시겠다는 것이었습니다. 성 밖 종묘에 제사지내는 것을 관리를 보내 대신하게 하시고 국정에 등한히 하시어 강연의 자리는 그친 지 오랩니다. 폐하께서 이렇게까지 이르게 된 데에는 까닭이 있는 줄 알고 있습니다.
신은 이렇게 들었습니다. 술을 좋아하면 창자가 썩고, 색에 빠지면 본성을 상하게 되며, 재물을 탐하면 올바른 마음이 사라지고,

화를 잘 내면 생명에 손상이 생긴다고 말입니다.

폐하께서 여러 좋은 음식을 드시고 술을 지나치게 마시는 것은 이러한 탐닉입니다. 낮에 열린 연회로도 부족하여 밤을 새워 계속 흥청거리니 그 병폐는 술을 좋아함에 있는 것입니다. 남색을 총애하시고 늘 행차하시며 특히 정 귀비의 부염한 언사에 빠지셔서 충언을 듣지 않고 물리치십니다. 태자의 자리 또한 비어 있은 지 오래이니 이 병은 색을 좋아하는 데 있다고 할 수 있습니다.

만력 초기에는 장쥐정張居正(장거정)이라는 신하가 황제를 잘 보필해 혁신 정치를 행해서 이른바 '만력중흥'萬曆中興이라는 치세를 이루었습니다. 하지만 장쥐정이 죽은 뒤에는 조정에 모처럼 불었던 개혁의 바람이 잦아들고 명 왕조는 본격적으로 내리막길로 들어서게 됩니다. 여기에 만력제가 24살 되던 해에 황태자 책봉 문제를 놓고 조정의 대신들과 갈등을 빚게 되자 만력제는 정사를 사보타주하고 궁궐에 틀어박혀 자신만의 세계로 빠져들었습니다. 뤄위런의 상소문은 바로 이러한 만력제를 겨냥해 올린 것이었습니다.

『금병매』는 음서로 알려져 있기에 그 내용이 남녀간의 성애에 대한 묘사로만 이해되기 쉽지만 실제로는 그렇지 않다는

신종 만력제 주이쥔朱翊鈞

장쥐정, 장쥐정의 옛집

것을 알 수 있습니다. 하지만 그렇다고는 해도 이 책에서 가장 중점적으로 다루어지는 것은 아무래도 인간의 '색욕'에 관한 것입니다. 그렇기에 『금병매』에서 이야기하고자 하는 것은 바로 "한 악녀가 끌어내는 정사에 관한 이야기, 호색녀가 무뢰한과 통정하여 날마다 환희를 좇고 아침마다 연모한 까닭에, 이윽고 몸은 칼 아래 쓰러지고 목숨은 황천에 떠돌아 영원히 아름다운 비단옷도 입지 못하고 화장도 못하게 된다는 이야기"라 할 수 있습니다.

헛되고 헛되니 모든 것이 헛되도다

그 대표적인 인물이 바로 희대의 음녀淫女로 지탄받는 판진롄입니다. 『금병매』라는 책 이름은 여러 가지 뜻이 담겨 있지만, 시먼칭의 여러 여인들 가운데 판진롄潘金蓮의 '금'金 자와 리핑얼李甁兒(이병아)

의 '병'瓶 자, 그리고 팡춘메이龐春梅(방춘매)의 '매'梅 자를 한 글자씩 따서 지은 것입니다. 하지만 판진롄의 '금' 자가 가장 수위를 차지하고 있는 것으로도 알 수 있듯이 『금병매』에서 가장 음탕한 여인은 판진롄이라 할 수 있습니다.

판진롄은 어린 나이에 아비를 여의고 홀어머니 손에 자라다가 아홉 살 때 왕자오쉬안王招宣(왕초선)이라는 이에게 팔려가 탄창彈唱을 배웁니다. 탄창은 악기를 타며 노래를 부르는 것을 말합니다. 왕자오쉬안이 죽은 뒤 열다섯이 되던 해에 다시 장다후張大戶(장대호)에게 팔려가 그의 첩이 되는데, 장다후 역시 노환으로 죽자 판진롄을 눈엣가시로 여기던 본부인 위余(여) 씨가 일부러 그녀를 그 마을에서 제일 못생기고 체구도 작은 우다武大에게 아무런 대가도 없이 주어 버립니다. 판진롄은 어쩔 수 없이 우다와 같이 살게 됐지만, 우다는 어느 모로 보나 그녀와는 어울리는 짝이 아니었습니다.

> 넓은 천지에 남자 씨가 말랐지. 어째서 하필 나를 이런 놈에게 시집을 보냈지? 이건 잡아 끌어도 걸을 줄 모르고, 때려도 뒷걸음만 치고, 오직 술만 처먹을 뿐, 꼭 필요할 때 송곳으로 찔러도 반응이 없으니, 나는 대체 무슨 원수가 져서 이런 병신에게 시집을 오게 되었을까? 『금병매』 제1회

나중에 우다의 동생 우쑹武松에게 마음이 끌리지만 뜻을 못 이룬 판진롄은 결국 희대의 난봉꾼 시먼칭을 만나 우다를 독살하고 시먼칭의 다섯 번째 부인이 됩니다. 시먼칭의 집에 들어와서는 본색을 드러내고 거리낌 없이 행동하다 과도한 음욕으로 시먼칭의 목숨마

저 빼앗고 맙니다.

> 이에 판진롄은 소맷자락을 더듬어 금갑을 열어 보니 환약이 네 알 남아 있었다. 판진롄은 소주병을 가져와 한 잔을 따라 한 알을 먹었다. 그리고 세 알이 남았는데, 한 알만 먹여서는 효과가 없을 성싶어 천부당만부당하게도 소주를 들어 나머지 세 알을 모두 시먼칭의 입 안에 털어 넣어 주었다. 뜨거운 차 한 잔을 마실 시간이 흐르자 점차 약 기운이 뻗쳐오르기 시작했다. ……시먼칭은 이미 혼수상태에 빠져 사지를 제대로 움직이지 못했다. ……시먼칭은 오로지 음淫을 탐하고 색을 즐길 줄만 알았지, 등잔불이 꺼지고 골수가 다하면 죽는다는 것을 알지 못했다. 『금병매』 제79회

판진롄의 삶은 오직 색욕에 대한 집착과 그로 인한 질투로 점철되었습니다. 판진롄은 하루도 성관계를 갖지 않으면 못 견디는 일종의 섹스홀릭, 곧 치정광癡情狂이라 할 수 있습니다.

그런 까닭에 남편인 시먼칭에 대한 독점욕 또한 대단히 강해서 시먼칭이 다른 여인과 관계를 맺고 애정을 나누는 것을 차마 받아들이지 못했습니다. 결국 리핑얼이 시먼칭의 아들을 낳고 시먼칭의 사랑을 독차지하자 그 어린 아들에게 고양이를 던져 경기가 들려 죽게 만듭니다. 진정 판진롄은 성욕의 화신이었으며, 성욕을 위해서라면 자기 목숨마저도 초개와 같이 여길 정도였습니다.

급기야 시먼칭이 죽은 지 얼마 되지 않아서 욕정을 이기지 못하고 사위인 천징지陳經濟(진경제) 등과 밀통을 하다 시먼칭의 본부인인 우웨냥吳月娘(오월낭)에게 발각되어 팔려 가는 신세가 됩니다. 그 뒤

우쑹에게 목숨을 잃으니 이때 그녀의 나이 서른두 살이었습니다.

그녀의 죽음은 『금병매』에 나오는 수많은 인물들의 죽음과도 비견됩니다. 그 어떤 죽음도 판진롄의 죽음에 대한 묘사처럼 처참하지 않습니다.

(우쑹이) 손으로 진롄의 가슴을 열어젖히고 곧바로 뽀얀 가슴을 칼로 찌르니, 단번에 구멍이 생기며 선혈이 뿜어져 나왔다. 진롄은 정신이 나가 눈을 게슴츠레 뜨고 두 다리로 발버둥을 쳤다. 그러나 우쑹은 칼을 입에 물고 두 손으로 진롄의 가슴을 벌리고는 퍽 하는 소리와 함께 심장과 간장 등 오장을 모두 끄집어내었다. 그리고 피가 뚝뚝 떨어지는 채로 (우다의) 영전에 올려놓았다. 그런 뒤 다시 한칼에 진롄의 머리를 베니 바닥에 피가 흥건해졌다. …… 옛사람이 시를 지어 진롄의 죽음을 애도했다.

애달프도다, 진롄이 진실로 가련하구나
옷을 다 벗고 위패 앞에 꿇었다네
누가 알았으리, 우쑹이 칼 들고 죽일 줄을
시먼칭과 놀아난 것이 죄로구나
지난 일을 생각하니 한바탕 꿈인 듯
오늘 그 몸은 반 푼 가치도 없구나
목숨 빚은 목숨으로 갚는다 했으니
그 인과응보가 바로 눈앞에 있구나

『금병매』 제87회

『금병매』의 한 장면

바니타스Vanitas 바니타스, 헛되고 헛되도다! 어쩌면 우쑹은 판진롄이 처음으로 남자로서 사랑을 느꼈던 대상이었는지도 모릅니다. 비록 시동생과 형수라는 관계 때문에 이루어질 수는 없었지만, 우쑹이야말로 그때까지 자신의 의사와 상관없이 이 남자 저 남자에게로 전전했던 판진롄이 죽을 때까지 마음에 품었던 첫사랑이 아니었을까요. 에로스와 타나토스. 판진롄의 죽음은 묘하게도 성적인 엑스타시를 연상시킵니다. 어쩌면 가장 사랑했던 남자의 손에 죽어 가는 판진롄은 가물가물해지는 의식의 끈을 놓으면서 어떤 희열을 느꼈던 것은 아니었을까요.

보살의 도, 축생의 도

음서의 대표격으로 여겨져 온 『금병매』는 정작 명대에는 금서의 반열에 오른 적이 없었습니다. 그것은 명나라라는 사회 자체가 음란했기 때문으로 설명할 수도 있는데, 청나라에 이르러서야 금서가 되었습니다. 내용 자체가 민감한 것이었기에 과연 이 작품이 지향하는 바가 무엇인지를 두고 이제껏 수많은 논란이 이어오고 있습니다. 그런 논란들을 거칠게 개괄하면 '음서론'淫書論과 '경계론'警戒論으로 나눌 수 있습니다.

'음서론'은 『금병매』가 음서라는 주장으로, 굳이 상세하게 소개할 필요가 없을 것입니다. 비록 『금병매』의 문장이 훌륭하고 잘 구성된 작품이라는 사실에는 이견이 없지만, 그렇다고 해서 이 작품이 세간에 미칠 부정적인 영향을 무시할 수는 없습니다.

> 이것이 비록 의미 있는 작품이라 하더라도 천지간에 어떻게 이렇게 난잡한 책이 있는 것을 허용하겠는가? 응당 서둘러 태워 버려야 할 것이다. 명대 쉐강薛岡, 『천작당필여』天爵堂筆餘

그러나 의외로 많은 사람들이 이 작품의 가치를 다른 곳에서 찾았습니다. 혹자는 『금병매』가 당시의 문란한 세태에 경종을 울리고 사람들을 교화하기 위해 쓰인 것이라고 주장하기도 했습니다.

> 판진롄은 간음하여 살해되고, 리핑얼李瓶兒은 남편을 죽게 만든 업 때문에 죽게 되며, 팡춘메이龐春梅는 과도한 음욕 때문에 죽음에 이르니, 『금병매』에 등장하는 다른 아녀자들보다 더욱 비참할 따름이다. 작자는 시먼칭의 형상을 빌어 악한을 묘사했고, 잉보줴應伯爵(응백작)의 형상을 빌어 세상의 익살꾼들을 묘사했으며, 판진롄, 리핑얼, 팡춘메이 등 여러 음란한 부녀자들의 형상을 빌어 행실이 올바르지 못한 세상의 여인네들을 묘사했는데 사람들은 손에 땀을 쥐며 이것을 읽는다. 이는 세상을 경계하려 함이지 세상에 권하려 한 것이 아니다. 『금병매』 「동오농주객東吳弄珠客의 서문」

또 어떤 이는 당시의 인간 군상들이 벌이는 추태를 풍자하기 위한 것이라고도 하고, 또 어떤 이는 당시의 정치판을 질책하기 위한 것이라 주장하기도 했습니다. 루쉰은 이런 주장들을 모두 모아 다음과 같이 정리한 바 있습니다.

> 작가는 세간의 정리情理에 대하여 매우 잘 이해하고 있었던 듯하다. 무릇 그 묘사는 혹은 명쾌하게 알기 쉽고, 혹은 곡절이 많으며, 혹은 다 드러내 보이면서 진상을 다 밝히고 있고, 혹은 미묘하고 완곡한 표현으로 풍자의 뜻을 담고 있으며, 혹은 한 번에 두 가지 측면을 모두 묘사하여 그것들을 대조시킴으로써 변환하는 일상생활의 정리가 곳곳에 드러나게 하였으니, 그 당시 소설 중에서 이보다 뛰어난 것은 없었다. ……이 책이 지어진 것을 시정의 방탕한 사내와 음란한 아낙을 묘사한 것으로만 본다면 본문의 내용과 별로 부합하지 않는다. 시먼칭은 원래부터 세족 출신의 유력자였기에, 권력자나 귀족들과 왕래가 있었을 뿐 아니라 사족士族들과도 교분이 있었다. 그렇기에 이 집안에 대해 책을 쓴 것은 바로 모든 지배계층을 욕한 것으로, 그들의 저열한 언행만을 묘사하여 붓으로 욕한 것은 아닐 것이다. 루쉰,「중국소설사략」

같은 맥락에서 『금병매』의 대표적인 평자인 장주포張竹坡는 『금병매』라는 책이 단순한 음서가 아니라 쓰마첸司馬遷의 글과 같은 빼어난 솜씨를 발휘해 만들어졌다는 사실을 강조했습니다.

무릇 『금병매』를 음서라 하는 자는 분명 그 음탕한 부분만을 보기 때문이다. 내가 보기에는 순전히 태사공太史公 쓰마첸의 문장으로 되어 있다. 장주포, 「금병매 독법」 53조

그런 까닭에 장주포는 "『금병매』를 드문드문 보아서는 안 된다. 만약 드문드문 보게 되면 음란한 곳만을 보게 된다. 따라서 며칠 동안 한 번에 다 보아야 작자가 의도한 작품 속에 내재된 기복의 층차가 기맥을 관통하여 하나의 선으로 꿰뚫고 있다는 사실을 알게 된다"라고 말합니다(「금병매 독법」 52조). 하지만 어쩌겠습니까. 대부분의 범용한 독자들은 드문드문 본 내용에만 빠져드는 것을.

결국 문제는 각자의 마음에 있는 것입니다. 아무리 훌륭한 문장으로 사람들을 삼가고 두렵게 만들어도 읽는 이가 그것을 받아들일 준비가 되어 있지 않다면 만사휴의萬事休矣인 것을. 사람들은 저마다 자기만의 잣대로 세상을 재단하고 자기만의 눈으로 세상을 바라보게 마련입니다. 그러니 부처의 눈에는 부처가, 돼지의 눈에는 돼지가 보이는 게 아닐까요.

나는 이렇게 말하겠다. 『금병매』를 읽고 연민의 마음이 생기는 사람은 보살이고, 두려운 마음을 갖는 자는 군자이며, 즐기는 마음이 생기는 자는 소인이다. 그러나 이를 배워 모방하려는 마음을 갖는 자는 금수에 불과하다. 『금병매』 「동오농주객의 서문」

청,
부귀공명의 꿈과 지식인의 허위의식

유림외사儒林外史

청淸

청나라는 1616년 만주족인 누르하치가 만주를 통일하고 후금後金을 세우며 시작되었습니다. 그 후 계자인 홍타이지는 국호를 청淸으로 고치고 주변 각국을 침공하여 영토를 확장함과 동시에 군사·행정 제도인 팔기八旗 체제를 확립합니다. 홍타이지의 다음에 즉위한 순치제 때 청의 팔기군이 산하이관을 넘어 명나라의 수도 베이징을 점령하고 수도로 삼았으니, 이때가 1644년입니다.
만주족이 세운 청은 몽골족이 세운 원과는 달리, 한족을 중용했으며 그들의 선진 문화를 수용하기에 힘썼습니다. 순치제에 이어 강희제, 옹정제, 건륭제가 강건성세康乾盛世의 전성기를 이룹니다. 건륭제 말기부터 민란을 계기로 청나라는 쇠퇴의 길로 들어섭니다.

만주족의 나라

몽골족의 원나라를 북쪽으로 쫓아 버리고 한족漢族 왕조를 재건한 명나라는 태조 홍무제와 성조 영락제의 안정기를 지나자 이내 활력을 잃고 환관의 발호와 당쟁 속에서 겨우 명맥을 이어가다 다시 만주족이 일으킨 청나라에 의해 멸망했습니다. 청나라를 세운 만주족은 여진족이라고도 부르지만 이에 대해서는 몇 가지 설이 있습니다. 그 가운데 하나가 '여진'女眞은 누르하치가 자신의 부족인 건주여진建州女眞을 통일하는 단계에서 사용한 국호이고, '만주'滿洲는 전체 여진의 통일 단계에서 사용했던 국호라는 것입니다.

1616년, 누르하치는 싱징興京(흥경)에서 칸의 자리에 올라 국호를 '후금'後金으로 바꾸고 명明에 대한 '일곱 가지 큰 원한'七大恨을 명분으로 내걸고 군사를 일으켰습니다. 일곱 가지 큰 원한이라는 것은 사실상 당시에도 행운의 숫자로 여겨지던 '칠'이라는 숫자의 운에 집착한 것일 뿐 그 내용은 별게 없었습니다. 그 가운데 가장 핵심적인 것은 '여진족의 영역'과 '경제적인 기반의 확보'에 대한 것이라고 할 수 있습니다. 곧 이제 막 분열해 있던 여진족을 통일한 누르하치가 자신들의 경제적 기반을 한족 농경사회에 뿌리내리게 함으로써 나라의 기반을 좀 더 안정시키기 위한 것이 가장 큰 이유였던 것입니다.

부족을 통일한 누르하치는 각각의 부족을 기반으로 군대를 재편하되 여덟 개의 깃발, 곧 팔기八旗로 구분했습니다. 팔기라는 것은 황黃, 백白, 홍紅, 남藍 이렇게 네 가지 색의 깃발을 테두리 유무에 따라 정正(테두리가 없는 것)과 양鑲(테두리가 있는 것)으로 나눈 것입니다.

짐승을 잡아 살아가는 수렵 민족이었던 만주족은 사냥감을 몰아넣을 목표 지점에 황기를 세워 지휘자가 진을 치고 있고, 남기의 부대를 선두로 좌우의 홍기와 백기가 산을 에워싸고 포위망을 좁혀 황기가 세워진 장소로 짐승을 몰아넣었습니다.

팔기라고 하는 것은 이렇게 각각의 깃발 아래 부대가 정연하게 행동하는 형식이 전투에도 응용된 것입니다. 전투 대형을 갖출 때는 갑주甲冑를 입은 10기騎의 무사 1개 조를 만주어로 화살을 의미하는 '니루'라 하고 그 아래 300명의 보졸步卒을 배치하며, 25니루, 250기騎, 7,500보졸이 1기旗를 구성했습니다. 나중에는 몽골인과 한인漢人들이 복속해 오자 이들 역시 팔기로 편성하여 몽골 팔기, 한군 팔기를 따로 두어 모두 칸의 직속으로 삼았습니다. 물론 이 가운데서도 만인들의 팔기가 가장 중요한 역할을 했는데, 팔기 제도가 정착되자 만인들을 '기인'旗人이라 부르기도 했습니다.

파죽지세로 남하하던 후금의 군사는 산하이관山海關(산해관)에서 명군의 강력한 저항에 부딪혔습니다. 명의 장수는 우싼구이吳三桂(오

팔기의 깃발과 갑옷
4색과 테두리 유무로
구분했다

천하제일관, 산하이관 ⓒ조관희

삼계)였는데, 이때 마침 수도인 베이징이 반란군의 수괴인 리쯔청李自成(이자성)의 손에 떨어지게 됩니다. 배후 근거지를 잃어버린 우싼구이는 반란군과 청군 사이에서 결단을 내리지 못하고 있다가 결국 청군에 투항해 말 머리를 돌려 오히려 청나라 군사를 이끌고 베이징으로 향했습니다. 전하는 말로는 리쯔청이 베이징에 남아 있던 우싼구이의 애첩을 빼앗았기 때문에 우싼구이가 청군으로 돌아선 것이라 했지만 진위는 알 길이 없습니다.

청 왕조 초기의 유명한 시인인 우웨이예吳偉業(오위업)는 이 전설을 바탕으로 그때의 일을 이렇게 묘사했습니다.

> 황제가 세상을 등지던 날
> 적을 무찌르고 서울을 수복하러 위관玉關(옥관)까지 내려가니
> 통곡하는 육군六軍은 모두 흰 상복을 입었고
> 머리카락이 관모를 찌를 듯 화를 낸 것은 홍안의 미인 때문이었다
> 鼎湖當日棄人間 破敵收京下玉關
> 慟哭六軍俱縞素 沖冠一怒爲紅顔

여기서 홍안의 미인은 곧 우싼구이의 애첩 천위안위안陳圓圓(진원원)을 가리킵니다. 결국 우싼구이를 앞세운 청나라 군사는 리쯔청을 물리치고 중원을 장악했습니다. 한족의 문화를 철저하게 무시했던 원나라와 달리 청은 민심을 다잡기 위해 강온책을 두루 썼습니다. 황궁 뒤에 있는 징산景山(경산)에서 목을 매 죽은 명의 마지막 황제인 숭정제를 후하게 장사지내고, 귀순한 관리들을 다독이는 한편, 숨어 있는 인재를 찾아내 등용하기 위해 과거 시험을 다시 시행했습니다. 다른 한편으로 만주족 고유의 변발을 강제하는 '치발령'을 내려 청에 대한 복종을 강요했는데, 특히 강희제와 옹정제 시기에는 무서운 '문자옥'文字獄으로 청에 대해 반감을 갖고 있던 지식인들을 강력하게 통제했습니다.

하지만 청 왕조는 나라의 기틀을 굳건히 하기 위해서는 무력을 앞세워 탄압하는 것만이 능사가 아니라는 사실을 깨닫게 됩니다. 청 왕조는 백성들의 마음을 얻기 위해 한족 지식인들의 협조를 구해야 했습니다. 청 제국을 완성시킨 세 명의 군주 가운데 한 사람인 강희제는 이러한 사실을 잘 알고 있었습니다. 강희제는 자신이 먼저 전통적인 유가 사상을 받아들이고 유가의 경전들을 열심히 공부했습니다. 나아가 과거 시험을 시행해 뛰어난 인재를 선발하고자 했습니다. 하지만 한족 지식인들 사이에는 이민족 정권에 대한 반감이 여전히 남아 있어서 과거 시험 자체를 꺼렸습니다. 그러자 이와 별도로 각 성省에서 의무적으로 후보자들을 선발해 과거 시험을 보도록 하는 '박학홍유과'博學鴻儒科라는 시험을 시행했습니다.

이것마저 거부한 지식인들이 없지는 않았지만 결과적으로 '박학홍유과'로 인해 재야에 묻혀 있던 50여 명의 인재가 선발되어 고관

청대 과거 시험장의 모습

에 임명되었습니다. 이 가운데 절반 가까운 이들이 양쯔 강 유역의 풍부한 물산을 바탕으로 문화가 발달했던 장쑤江蘇(강소)와 저쟝浙江(절강) 출신이었습니다. 이 지역은 명청 양대를 걸쳐 문화의 중심지이자 조정의 주요 인물들을 다수 배출한 정권의 핵심 역할을 했습니다. 시간이 흐를수록 청 왕조의 지배는 공고해졌고, 심정적으로 이민족 정권을 거부했던 한족 지식인들 역시 대세에 순응해 자기 나름대로 부귀영달의 길을 모색하게 되었습니다.

부귀공명의 길

사람들이 저마다 한세상 살아가는 이유는 제각각이겠지만, 남보다 높은 자리에 올라 물질적으로 풍요롭게 살기를 추구하는 것은 시대를 불문하고 별반 다르지 않을 것입니다. 흔히 말하는 '부귀영화'가 그것인데, 그리로 가는 길은 또 각각의 시대마다 달랐습니다.

  중국의 역대 왕조가 정권을 지탱하기 위해 고심했던 부분 가운데 하나가 바로 인재 등용이었습니다. 하지만 이것을 제대로 시행해서 말 그대로 '나라의 이익과 백성들의 행복'國利民福을 앞세우고 자신의 안위는 뒷전으로 놓았던 진정한 목민관을 찾아내기란 그리 쉬운 일이 아니었습니다. 자신이 갖고 있는 뛰어난 지적 능력을 제대로 발휘해 '천하의 근심을 남보다 앞서 근심하고, 천하의 즐거움을 남들 다 누린 뒤 즐기는'天下之憂而憂 後天下之樂而樂 지식인보다는 그 알량한 지식을 앞세워 '혹세무민'에 나서면서도 부끄러움을 모르는 자들이 항상 주류를 이루어 왔던 것이 인간의 역사였습니다.

만주족의 나라가 됐건 한족의 나라가 됐건 일신의 영달만을 추구했던 게 바로 윤똑똑이들의 처세술이었습니다. 후세 사람들은 그들을 일러 간신배라고 하고 탐관오리라고도 부르되, 그 당대에는 이들이 치세의 능신으로 국정을 오로지했던 것은 어느 시대나 마찬가지였습니다. 그러한 시대에 지식인의 사명감이니 백성들의 삶에 대한 연민 따위는 그저 거추장스러운 것이었습니다. 하지만 사실상 고관대작이 되어 누리는 부귀영화라는 것이 한편으로 생각하면 아래의 멍쯔孟子(맹자)의 비유와 뭐가 다른가 하는 생각을 지울 길이 없습니다.

제나라 사람 가운데 아내와 첩을 각각 한 명씩 거느리고 한 집에 사는 자가 있었다. 그자는 밖에 나가서 날마다 술과 고기를 실컷 먹은 뒤 돌아오곤 했다. 아내가 '누구와 함께 먹고 마셨느냐'고 물으면, 돈 많은 벼슬 높은 사람들이라고 대답했다. 그래서 그 아내가 첩에게 이렇게 말했다.

"주인이 밖에 나가면 언제나 술과 고기를 실컷 먹은 뒤에 돌아오기에 '누구와 함께 먹고 마셨느냐'고 물었더니, 모두가 돈 많고 벼슬 높은 사람들뿐이었다네. 그런데 여태껏 이름난 사람이 한 번도 우리 집에 찾아온 적이 없었으니, 내가 주인이 가는 곳을 몰래 알아보려네."

그 아내가 일찍 일어나서 남편이 가는 곳을 멀찍감치 쫓아갔다. 남편은 온 성안을 돌아다녔지만, 같이 서서 이야기하는 사람이 없었다. 마지막으로 동쪽 성 밖에 있는 무덤 사이에서 제사 지내는 사람들을 찾아가서 그들이 먹고 남은 것을 구걸하여 먹었다. 그러고도 양이 안 차면 다시 둘러보다가 다른 곳을 찾아가 얻어먹었다. 이게 바로 그가 실컷 먹고 마시는 방법이었다. 그의 아내는 집으로 돌아와서 그 첩에게 이렇게 말했다.

"남편이란 죽을 때까지 우러러 받들고 의지해야 할 사람인데, 이제 보니 그런 꼴이었구려."

그러고는 첩과 함께 마당 가운데서 울었다. 그러나 남편은 그것도 모르고 으스대며 밖에서 돌아와 자기 아내와 첩에게 뽐냈다.

군자의 눈으로 볼 때, 세상 사람들이 부귀와 이권을 찾아다니는 방법치고 그들의 아내와 첩들이 부끄러워하지 않거나 울지 않는 경우는 거의 없을 것이다. 『맹자』 「이루 하」

결국 부귀니 공명이니 하는 것을 추구한다고 하지만, 그것은 고작해야 이곳저곳을 기웃거리며 서로가 서로에게 아첨하고 비위 맞추며 기름진 음식을 배불리 먹는 것에 지나지 않을진대, 상갓집 찾아다니며 술과 밥을 배불리 얻어먹는 일과 그리 다를 바 없는 것입니다. 그럼에도 사람들은 부끄러운 줄 모르고 찰나에 불과한 한세

『유림외사』 표지

상을 살아가며 부귀공명만을 그리고 있으니 이 어찌 어리석다 하지 않겠습니까.

청대淸代에 이와 같은 생각으로 세상을 바라보며 일침을 가한 이가 있으니, 그가 바로 세상을 농락하며 거리낌 없는 태도로玩世不恭 당시 사회를 날카롭게 꼬집었던 청대의 대표적인 작가 우징쯔吳敬梓(오경재)입니다. 그가 지은『유림외사』儒林外史는『홍루몽』紅樓夢과 함께 청대를 대표하는 소설 작품으로 중국소설사에서 확고한 지위를 차지하고 있습니다.

『유림외사』의 핵심어는 '부귀공명'입니다. 이 책의 서문에서 셴자이라오런閑齋老人(한재노인)은 다음과 같이 갈파했습니다.

이 책의 뼈대를 이루는 것은 부귀공명이다. 부귀공명을 간절히 바라는 마음에 다른 사람에게 잘 보이려 하고 아첨을 떠는 이가 있는가 하면, 부귀공명에 의지해 남에게 교만을 떨고 오만하게 구는 이도 있으며, 짐짓 부귀공명에는 뜻이 없는 척 고아한 선비인 양 굴다가 다른 사람들의 웃음거리가 되는 이도 있다. 마지막으로는 부귀공명을 끝까지 마다해 인격의 최상층에 속하는 이들이 있으니, 이들은 황허黃河의 세찬 물살 속에서도 흔들림 없이 우뚝 서 있는 기둥과 같은 존재다.

이 책에 수록된 사람들을 모두 열거할 수는 없으나, 각각의 사람들의 성정과 마음 씀씀이의 근원이 하나하나 책 속에 살아 움직이는 듯하다. 독자들은 어떤 품성의 사람이든 취하여 자신을 비춰보는 거울로 삼아야 할 것이다.

과연 작품 속에 등장하는 인물들은 저마다 '부귀공명'을 추구하다가 자신의 본성을 잃고 추악한 형상으로 전락해 갑니다. 그러니 이것은 그저 흔하디흔한 소설 나부랭이에 지나지 않는다고 치부할 것은 아니라 하겠습니다.

> '부귀공명'이라는 네 글자는 이 책 전체의 착안점이기 때문에 시작하자마자 설파하되, 다만 가볍게 그 실마리만 제시해 놓았을 따름이다. 이후로 펼쳐지는 온갖 변화들은 모두 이 네 글자로부터 변형되어 나타난 지옥의 형상들에 지나지 않으니, 진정 한 줄기 가는 풀이 한 길이 넘는 금불상으로 변모한 것이라 할 수 있겠다. 『유림외사』 제1회, 워셴차오탕臥閑草堂(와한초당)의 회평

따라서 작품 속에 묘사된 군상들은 세속의 명리에 목을 매고 점차 인간성을 잃어 가는 부정적인 인물들이 대부분을 차지하고 있습니다. 이보다 더 두려운 것은 그들 스스로가 그런 지옥 형상으로 변하고 있다는 사실을 자각하지 못한다는 사실입니다. 그것은 그러한 변화가 자신의 의지에 의해서라기보다는 그들이 처한 환경, 곧 그들이 살아가는 사회와 제도와 이념의 부정성으로 말미암은 것이기 때문입니다. 그렇기 때문에 작가의 필봉에 의해 그려지는 부정적 인물들은 적대적인 대상이라기보다는 동정과 비판의 대상으로 우

스꽝스럽게 희화화되는 경향이 짙게 나타납니다.

　이렇듯 부정적 인물들이 왜곡되고 과장되는 것은 작가가 도덕적으로 우월한 입장에 서 있다는 것을 전제로 하는데, 작품 속에 그려지는 부정적 환경에서의 부정적 인물들 가운데 대표적인 이들로, 이른바 '무지'無智한 부류에 속하는 왕원王蘊(왕온)과 '무치'無恥한 부류에 속하는 쾅쥥匡迥(광형)을 들 수 있습니다. 이들은 모두 원래는 청빈한 환경에 사는 천성이 순박한 사람들로, 이들이 웃음거리가 되는 것은 이들이 사악하다거나 악행을 저질렀기 때문이 아니고 전적으로 사회적인 요인 때문입니다. 일례로 왕원은 시집간 자신의 딸이 죽은 남편을 따라 죽겠다는 말을 하자 오히려 기뻐합니다.

> "이제 시부모님과 아버지께 하직 인사를 올리고, 어떻게든 죽을 방법을 찾아 저도 남편을 따라 가겠어요."
> 그녀의 시부모는 이 얘길 듣더니 깜짝 놀라 비 오듯 눈물을 쏟으며 말했다.
> "아가야, 지금 네가 제정신이냐? 자고로 하찮은 땅강아지나 개미도 자기 목숨을 중히 여긴다는데 너는 어째서 그런 말을 입에 담느냐? ……다시는 그런 소리 말아라." ……
> 왕원이 말했다.
> "사돈어른, 가만히 들어 보니 제 딸아이가 순절하겠다는 뜻은 진심인 듯합니다. 그러니 그 아이 뜻대로 하게 내버려 둡시다. 자고로 '마음이 떠나면 생각을 돌리기 어렵다'고 하지 않습니까."
> 그리고 딸에게 이렇게 말했다.
> "애야, 네가 정히 그렇게 하겠다면 그건 청사에 길이 남을 훌륭한

일이거늘, 내가 왜 그걸 말리겠느냐! 네 뜻대로 하도록 해라. 내
지금 집에 돌아가서 작별 인사를 할 수 있도록 네 어미를 보내주
마." 『유림외사』 제48회

결국 딸이 곡기를 끊고 남편을 따라 세상을 등지자, 왕원은 하늘을 우러러 껄껄 웃으며 이렇게 말했습니다.
"잘 죽었어! 참 잘 죽었어."
사랑하는 딸을 사지로 몰아넣고도 그것이 잘못된 일이라 생각하기는커녕 오히려 잘 죽었다고 좋아하는 모습은 봉건적인 윤리 도덕에 사로잡힌 선비의 어리석음을 잘 보여 줍니다. 하지만 어찌 그렇다고 딸의 죽음에 일말의 감정이 없을 수 있겠습니까.

또 한참을 구경하는데 흰 옷을 입고 배 위에 있는 젊은 여인 하나
가 눈에 들어오자, 그는 다시 죽은 딸 생각에 울컥하면서 목이 메
더니 뜨거운 눈물이 주르륵 떨어졌다. 『유림외사』 제48회

왕원의 비극은 자기가 믿고 있는 신념이 오히려 본연의 인성을 소외시켰기 때문에 비롯된 것이라 할 수 있습니다.
순박한 시골 청년으로 효심이 지극했던 쾅중의 변신은 왕원의 이야기보다 더욱 극적입니다. 쾅중은 『유림외사』에 등장하는 인물 가운데 가장 복잡한 성격을 가지고 있으며, 그로 인해 가장 극적으로 변신합니다. 애당초 부모에 대한 지극한 효만을 생각하던 쾅중은 그때그때 끼니도 해결하지 못하고 객지에서 유리걸식하다시피 하던 중 마징馬靜(마정)을 만납니다. 마징은 과거 시험 모범 답안을 만

들어 파는 선문가選文家 노릇을 하던 사람인데, 쾅쭝의 이야기를 듣고 그의 효심에 감복해 그를 도와주는 한편 결의형제까지 하며 다음과 같이 충고합니다.

> 아우님, 내 말 좀 들어 보시게. 이제 집에 돌아가면 부모님을 봉양하면서 과거 시험 준비에만 전념하시게. 세상에 태어나 과거 급제가 아니면 입신양명할 길이 달리 없다네. ……오로지 재주를 발휘해 수재가 되어서 학교에 들어가고, 거인, 진사 시험에 급제하면 그날로 조상의 이름을 빛낼 수 있지. 이게 바로『효경』에서 말한 "조상을 빛내고 이름을 떨친다"는 것이지. ……옛말에 책 속엔 황금으로 된 집이 있고, 책 속엔 천 종鍾의 곡식이 있으며, 책 속엔 옥 같은 미녀가 들어 있다고 하지 않던가. 참으로 맞는 말일세. 그렇다면 그 책이란 게 요새는 무엇이겠는가? 바로 과거 시험에 필요한 팔고문 선집일세. ……형편이 어려워도, 봉양이 조금 소홀해도, 크게 마음을 쓸 필요 없네. 오로지 팔고문 공부에만 힘을 쓰시게. 『유림외사』 제15회

그러고는 팔고문 몇 권을 골라 그에게 주었습니다. 애당초 쾅쭝의 효심에 감복해 그를 도울 생각으로 팔고문 공부를 권한 것은 마징의 사심 없는 마음에서 비롯된 것이었습니다. 사실 아무 것도 가진 게 없는 백면서생이 어느 정도 경제적인 걱정 없이 살아가며 부모에게 효를 다할 수 있는 방법이란, 결국 팔고문을 익혀 과거 시험에 급제하는 것 말고 달리 무슨 방도가 있었겠습니까.

마징을 만난 뒤 쾅쭝은 또 하나의 은인이라 할 판潘(판) 보정保正

의 천거로 수재가 됩니다. 그런데 그때까지 부모에게 효도를 다하고 근면 성실했던 쾅중은 일단 수재가 된 뒤로는 사람이 돌변합니다. 애초의 순박한 본성을 잃어버리고 예전의 그와는 전혀 다른 사람이 되었습니다. 그는 현학縣學의 선생이 자신의 과거 급제를 축하하여 접대하기 위해 보낸 심부름꾼에게, "나는 내 스승님만을 알 뿐이오! 그런 학교 관리 따위를 무엇 하러 만난단 말이오?"라고 말하는데, 여기에서는 그가 이전에 보여 주었던 겸손함을 전혀 찾아볼 수 없습니다. 그 뒤 판 보정이 소개한 판쯔예潘自業(반자업)를 만나고부터는 문서를 위조하고, 남을 대신해서 시험을 봐 주는 등 못하는 짓이 없게 되어 중혼重婚까지 하기에 이릅니다. 처음에 진심으로 자신을 도와준 마징에 대해 쾅중은 주위 사람들에게 이렇게 말합니다.

> 그분도 저의 친한 벗입니다. 그 마징 형님은 이법에는 능란하나 재기가 부족해서 그분이 선집한 책은 별로 인기가 없답니다. 그런 책은 어쨌거나 잘 팔리는 게 중요한데, 인기가 없으면 서점에서 손해를 보게 되요. 다른 지방까지 보급되는 건 오직 저의 선본뿐입니다. 『유림외사』 제20회

이미 마징의 그늘로부터 벗어나 또 하나의 팔고문 과거 제도의 신봉자로 전락한 쾅중의 이 말 속에는 결의형제까지 했던 은인에 대한 예우 같은 것은 찾아볼 수 없고 동업자로서의 경쟁의식만 담겨 있습니다. 애초에 쾅중의 순수한 효심에 감복해 마징이 권했던 과거 시험의 길이 도리어 그의 본성을 해치는 결과를 낳았던 것입니다. 앞서 왕원의 경우가 봉건적인 윤리 도덕을 맹종했던 융통성

없는 유자儒者의 어리석음 때문에 빚어진 비극이라면, 쾅중의 경우는 과거 시험이라는 '부귀공명'의 추구가 한 사람의 순수한 영혼을 타락시킨 것이라 할 수 있습니다. 하지만 어쩌겠습니까. 결국 사람 사는 세상은 달라도 부귀공명을 추구하는 본질은 하나인 것을.

풍자냐 자살이냐

중국의 문호 루쉰은 『광인일기』와 『아큐정전』 같은 소설을 쓴 저명한 소설가일 뿐만 아니라 중국 고대소설 연구가로서도 그 명성이 높습니다. 그가 지은 『중국소설사략』은 이미 경전이 되어 이후에 나온 수많은 중국소설사의 전범이 되고 있습니다. 이 책에서 루쉰은 『유림외사』에 대해 다음과 같이 평했습니다.

> 우징쯔吳敬梓의 『유림외사』가 나오고 나서야 공정성을 견지하면서 당시의 폐단을 지적하게 되었으니, 특히 당시 사대부 계층에 그 풍자의 예봉을 겨누었다. 그 문장은 또한 개탄하는 가운데 해학이 있고, 완곡하면서도 풍자가 많이 담겨 있었다. 이에 소설 가운데 비로소 풍자지서諷刺之書라 부를 만한 것이 있게 되었다.
> 루쉰, 『중국소설사략』

곧 『유림외사』야말로 중국소설사에서 가장 먼저 나온 본격적인 풍자소설이라는 것입니다. 루쉰의 말에 의하면, 풍자소설이 갖추어야 할 덕목은 '객관성'과 '사실성'으로 집약됩니다. 우선 "공정성을 견지하면서 당시의 폐단을 지적"했다는 것은 풍자가 개인의 사사로운 감정에서 출발한 것이 아니라 공정한 심리에서 이루어졌다는 것을 말합니다. 여기에서 '공정성'이라고 하는 것은 곧 풍자소설이 갖추어야 할 요소 가운데 하나인 '객관성'을 가리킨다고 할 수 있습니다. 『유림외사』는 이렇듯 공정하고도 객관적인 태도로 당시 사회를 비판했기에, 풍자 대상에 대한 태도가 진지하고 풍자의 효과 역시 진실성과 적극성을 가질 수 있었다는 것입니다.

다음으로 "당시 사대부 계층에 그 풍자의 예봉을 겨누었다"는 것은 작품의 풍자 대상이 일관되고 명확하다는 것을 나타냅니다. 이러한 풍자 대상의 일관성과 명확성은 이 작품에서 비판하고 있는 현실이 공허하게 날조된 것이 아니라는 의미에서, 풍자소설의 또 하나의 요소라 할 '사실성' 문제와 깊은 연관을 맺고 있습니다. 풍자소설에서의 '사실성' 또는 '현실성'은 작품에 드러나 있는 당시 사회에 대한 작자의 비판 의식을 가능케 해 주는 기능을 갖고 있다는 의미에서 앞서의 '객관성'과 함께 풍자소설의 필수불가결한 요소라 할 수 있는 것입니다.

여기서 한 걸음 더 나아가 풍자의 기본 요건인 '객관성'과 '사실성'은 윤리적인 차원에서의 '도덕성'과 연결됩니다. 풍자하는 사람은 풍자의 대상에 대해 도덕적으로 우월한 태도를 유지해야 하는데, 풍자가가 이런 우월한 태도를 유지할 수 있는 터전이 되는 것이 바로 그가 내세우고 있는 '객관성'과 '사실성'인 것입니다. 그렇지 못한 경우 '뭐 묻은 개가 뭐 묻은 개를 나무라는' 아이러니한 상황이 벌어지게 됩니다. 따라서 풍자의 출발점은 반드시 그렇게 되어야 할 '이상'과 그렇지 못한 '현실' 사이에 놓여 있는 심각한 괴리라고 할 수 있습니다.

따라서 풍자소설로서의 『유림외사』에 묘사된 세계는 선과 악, 옳고 그름이 뒤집힌 세계, 공을 세운 사람이 도리어 핍박을 받고 올바른 이상을 추구하는 사람이 웃음거리가 되는 그런 세상이었습니다. 이에 대한 대표적인 예가 샤오차이蕭采(소채), 탕쩌우湯奏(탕주)와 같은 이상적인 관리와 왕후이王惠(왕혜) 등과 같은 탐관貪官의 대비입니다.

작자가 생각하는 이상적인 관리로 그려 내고 있는 인물 가운데 하나인 샤오차이는 작품의 39, 40회에서 변방의 이적夷狄들을 물리치고 농토를 개간하며 백성들을 교육시키는 등 국가를 위해 멸사봉공의 정신으로 힘을 다합니다. 그러나 몇 년간에 걸친 샤오차이의 노고에 대한 조정의 보답은 정부의 재산을 변상하라는 통지문뿐이었습니다.

「샤오차이가 담당한 칭펑청青楓城(청풍성) 축성 공사 사안」
해당 순무巡撫가 제출한 경비 내역 문건에는 벽돌과 석회 및 기술자에게 지출한 금액이 모두 은자 19,360냥 1전 2푼 1리 5모라고 적혀 있다. 조사해 본 결과 칭펑청은 근처에 수초가 풍부하여 벽돌과 석회를 만들기에 아주 편리하며, 새로 유민을 모았으므로 공공 부역에 충당할 수 있는 자가 매우 많다. 그러므로 이와 같이 임의로 과다하게 지출한 비용은 인정할 수 없다. 이에 총 경비 가운데 은자 7,525냥을 삭감하니, 이 액수만큼의 은자는 담당 관원이 물어야 한다. 담당 관원은 쓰촨 청두 부成都府(성도부) 사람이니, 이 문서를 해당 지역 지방관에게 보내서 기한 내에 위 금액의 상환을 엄히 집행할 것을 명한다.

어지를 받들어 협의한 결과를 명하노라. 『유림외사』 제40회

또 제43회에서의 탕쩌우의 군역軍役 역시 이와 마찬가지입니다. 탕쩌우는 자신의 아들과 함께 죽음을 무릅쓴 싸움 끝에 묘족苗族의 준동蠢動을 물리치고 돌아옵니다. 그러나 탕쩌우 역시 샤오차이의 경우와 마찬가지로 자신이 이룬 공적과는 정반대의 대우를 받습니다.

여기에서 특징적인 것은 이 두 사람이 현실 세계로부터 불합리한 대우를 받고도 적극적으로 반항하거나 비판적인 태도를 취하지 않고 순순히 물러선다는 점입니다. 샤오차이의 경우에는 조정의 조처에 대해 처음에는 강한 불만을 표시하지만, 곧 자신의 처지를 그대로 받아들여 자기 나름대로 합리화를 시킵니다. 곧 그때 마침 샤오차이의 아버지가 세상을 뜨는데, 그의 아버지가 죽기 전에 마지막으로 남긴 유언이 그로 하여금 현실을 받아들이도록 하는 것입니다.

"한마디로, 사람이란 충효가 근본이고 그 밖의 것은 모두 다 하찮은 것이니라."

여기에는 작자인 우징쯔의 "임금에 충성하고 나라에 보답"忠君報國하는 철저한 유가적 세계관이 엿보이기도 합니다. 곧 현실이 아무리 그들의 충정을 몰라주더라도 끝까지 충성을 다한다는 자신들의 입장을 고수하는 것입니다. 또 탕쩌우의 경우에는 모든 것을 포기하고 자식들을 데리고 낙향하여 외부와의 인연을 모두 끊고 은거합니다. 그러나 그의 경우에도 현실 세계와의 인연을 아주 끊는 것은 아니었으니, 비록 자신은 물러났으나 자식들의 출사出仕에 대한 생각과 걱정은 여전히 하고 있었습니다. 따라서 그의 현실관 역시 부

정적인 것으로 보기 어려운 측면이 있습니다.

사실상 현실의 부당한 대우에 이렇듯 소극적으로 대응하는 것은 풍자소설이 담아 내고 있는 강렬한 현실 비판 의식과 모순됩니다. 그러나 다른 측면에서 보자면, 바로 여기에서 풍자를 진행하고 있는 작자의 세계관의 한계가 엿보이기도 합니다. 그것은 풍자가로서 작자가 강한 어조로 비판하고 있는 현실 세계의 불합리한 모순들은 모두가 그가 지키고자 하는 기존 사회의 가치 체계와 도덕률로부터 어긋난 것을 말하는 것이지, 기존의 사회 질서를 과감하게 부정하고 새로운 세계 질서를 세우고자 한 것은 아니라는 점입니다.

한편 작품 내에서 이들과 대조를 이루고 있는 것이 왕후이王惠, 탕湯(탕) 지부知府 등과 같은 혹리酷吏들입니다. 그 가운데서도 가장 두드러지는 인물이 왕후이입니다. 작품의 제2회에서 저우진周進(주진) 앞에서 거드름피우는 거인擧人으로 처음 등장하는 왕후이는 훗날 진사에 급제하여 난창 부南昌府의 지사로 부임합니다. 이때 업무를 인수인계하는 과정에서 왕후이가 내심 알고 싶었던 것은 그 지역의 경제 상황이었습니다. 그의 이러한 속내는, "3년간 청렴하게 부지사를 지내도 눈꽃 같은 은이 십만 냥"三年淸知府 十萬雪花銀이라는 말로 은연중에 표출되며, 이에 전임자의 아들로서 업무를 대리하던 취징위蘧景玉(거경옥)는 "(은을 다는) 저울 소리, 주판 소리, 곤장 치는 소리"가 아문에서 울려 퍼질 것이라는 말로 그의 탐욕을 비꼽니다. 과연 취징위의 예상대로 왕후이는 업무를 가혹하게 처리하며 자신의 부를 축적합니다. 그러나 그에 대한 상부의 평은 앞서의 샤오차이이나 탕쩌우와 달리 "강서에서 제일가는 능력 있는 태수"江西第一個能員라는 칭찬이었습니다.

이처럼 현실 속에서 탐관오리가 높은 평가를 받고, 실제로 공을 이룬 사람은 부당하게 대우 받는다는 작품 속 작자의 현실 인식은 어쩌면 "재능을 갖고 있으면서도 때를 만나지 못했다"懷才不遇고 생각했던 작자의 심경이 그대로 투영된 것으로 볼 수 있습니다. 아울러 이러한 현실 인식은 『유림외사』 내에 흐르는 비판 의식의 근본 바탕을 이루고 있으며, 작자는 이것을 상반된 예를 통해 독자들에게 제시한 것입니다. 곧 이상에서 말하는 현실의 이중성은 작자가 이상적으로 그리고 있던 세계와는 정면으로 배치되는 것으로 우징쯔는 이것을 직접적으로 대비시키고자 했으며, 이것이야말로 앞서 말한 풍자소설의 본령이라 할 수 있습니다.

또 한 가지 그냥 지나칠 수 없는 것은 어떤 사물이나 사실에 분노한다는 것은 기본적으로 그에 대한 사랑과 애착을 전제로 한다는 것입니다. 애정 없는 사물과 사실에 대해서는 애당초 분노할 일이 없기 때문입니다.

그렇다면 우징쯔의 풍자의 칼끝이 겨눈 것은 무엇이었을까요?

타이보泰伯를 제사지내다

작가인 우징쯔는 증조부와 조부 양대에 걸쳐 문명文名으로나 관도官途로나 크게 명성을 날리다가 아버지 대에서 몰락한 가문에서 태어났습니다. 비교적 유복한 어린 시절을 보냈지만, 그를 낳아 준 생부와 길러 준 양부가 모두 죽은 뒤에는 친척들 간에 재산 분배를 두고 다툼이 벌어지고, 장인의 별세 이후 상심한 아내가 병사하는 등 가정 내 궂긴 일이 끊이지 않았습니다. 여기에다 과거 시험마저 실패한 뒤로는 자존심이 상해 더 이상 고향 땅에서 살 수 없었습니다. 결국 우징쯔는 고향인 안후이 성安徽省(안휘성) 취안쟈오 현全椒縣(전초현)을 떠나 난징으로 이사합니다.

이후로 건륭제가 황제의 자리에 오른 그 해에 실시된 박학홍사과에 추천되었으나 결국 응하지 않아 그 뒤로는 벼슬길에 나가는 길이 막혀 버렸습니다. 그로 인해 평생 경제적인 곤란을 겪게 되었지만, 우징쯔는 개의치 않고 남아 있는 재산마저 '선현사'先賢祠를 중수重修하는 데 탕진해 버렸습니다. 이로부터 그의 삶은 가난과 고통으로 점철되었지만, 어려운 처지에 놓여 인생에 대해 깊은 사색을 하게 되고 많은 사람들과의 교유를 통해 세계에 대해 새로운 인식을 하게 된 것은 오히려 그가 『유림외사』라는 소설을 쓰는 데 긍정적인 역할을 했다고도 할 수 있습니다.

그가 이른바 부귀공명의 길에 오를 수 있는 박학홍사과에 추천을 받았음에도 정작 이 시험에 응시하지 않은 것에 대해서는 여러 가지 설이 있지만, 그 기간 중에 병에 걸려 시험을 치를 수 있는 상황이 아니었다는 게 통설로 받아들여지고 있습니다. 난징에 있는 '선현사'는 역대 선현들을 모신 사당으로 송대에 처음 만들어졌으나 오랜 시간이 흐르면서 퇴락한 것을 우징쯔와 그의 친우들이 수복한 것이었습니다. 무슨 이유에선지 우징쯔는 고향인 취안쟈오 현에 남아 있는 고택마저 팔아 그 비용을 충당할 정도로 이 일에 적극 나섰습니다.

이렇게 우징쯔가 헌신적으로 선현사 수복에 힘썼던 것은 그것을 권유했던 친우들의 영향도 있지만, 청나라 초기의 어려운 상황이 극복되고 통치 기반이 안정되자 "이단을 물리치고 정학을 숭상하고자"黜異端以崇正學, 쿵쯔孔子, 멍쯔孟子와 송대의 청이程頤(정이), 청하오程顥(정호) 및 주시朱熹의 유학儒學을 선양하고, 아울러 유가의 선현들을 받들어 모셨던 당시의 정치적 입장도 크게 작용했습니다. 그러나 무엇보다도 우징쯔 개인으로서는 우吳 씨 집안의 시조라 여겼던 고대의

난징의 우징쯔 기념관에 있는 우징쯔의 입상 ⓒ조관희

성현 타이보泰伯(태백)의 동생 중융仲雍(중옹)에 대한 자부와 형제간의 재산권 다툼을 겪으면서 후손들에게 조상의 겸양의 덕이 계승되지 못한 부끄러운 현실을 경계토록 하고자 하는 의도가 다분히 담겨 있었다고 할 수 있습니다.

이 사건은 『유림외사』에도 그대로 반영되었으니, '타이보를 모신 사당에서 제사를 올리는'祭泰伯祠 에피소드는 전편의 클라이맥스를 이룹니다. 타이보는 주나라를 세운 무왕武王의 증조부인 구궁단푸古公亶父의 세 아들 중 첫째이니, 무왕에게는 큰 할아버지인 셈입니다. 구궁단푸는 자신의 아들들 가운데 막내인 지리季歷(계력)가 낳은 창昌(창)의 덕망이 남달라 그를 후계자로 삼고자 하였습니다. 아버지의 뜻을 헤아린 장자 타이보와 둘째 아들 위중虞仲(우중)은 가통을 지리에게 양보하고 미개한 족속들이 사는 형만荊蠻이라는 곳으로 가서 그들의 풍속에 따라 머리를 깎고 몸에 문신을 새겼다고 합니

다. 그리하여 후대에 쿵쯔는 이러한 타이보의 행위에 대해, "타이보는 덕이 지극히 숭고했다고 할 수 있느니라. 천하를 몇 번씩이나 지리에게 양보했으니, 백성들은 어떤 적당한 말로 그를 칭송해야 할지를 모른다"는 말로 찬탄했습니다.

이렇게 볼 때 『유림외사』에 등장하는 긍정적인 인물들이 모두 참여해 치르는 '타이보를 모신 사당에서 제사를 올리는' 에피소드야말로 작자인 우징쯔의 사상적 편향을 직절하게 드러내는 것이라 할 수 있습니다. 결국 당시 사회에 대한 비판적 칼날을 겨누었던 우징쯔였지만, 그 역시도 자신이 살았던 시대와 계급적 편향을 끝내 벗어날 수 없었습니다. 이러한 그 자신의 한계로 말미암아 우징쯔는 작품 속에서 자신이 비판했던 사회 문제의 본질을 투철하게 드러내 밝히지 못하는 동시에 선진적인 사상도 내놓지 못했으며, 단지 유가 사상의 테두리 속에서 모든 것을 귀결시키려 했습니다.

이 점에 있어서는 비슷한 시기에 나온 『홍루몽』紅樓夢과 비교되기도 하는데, 『홍루몽』과 『유림외사』의 공통점이라면 봉건 사회의 부패의 원인을 폭로했다는 것입니다. 그러나 그 처방책의 제시에 있어서는 사뭇 다른 양상을 보입니다. 곧 우징쯔는 자신이 이상화해 놓은 고대의 순수한 유가純儒에게 희망을 걸었으며, 그렇기에 근본적으로 유가 사상을 부정하지 않았고, 유가 사상이 의탁하고 있던 종법 제도宗法制度 역시 부정하지 않았습니다.

그러나 이에 반해 『홍루몽』에는 『유림외사』에서 강조하는 '인의'仁義 같은 것은 전혀 언급되지 않으며, 나아가 작품 속에는 과거에 급제한 긍정적인 인물은 하나도 등장하지 않습니다. 외견상 『홍루몽』은 그저 대갓집 도련님의 사랑 타령으로 보일 수도 있지만, 봉건 사회의 위선과 허구에 대한 비판이라는 측면에서는 오히려 중국소설사에서 가장 대표적인 풍자소설로 불리는 『유림외사』보다 훨씬 더 철저하고 도저한 면이 있다는 평을 듣습니다. 결국 우징쯔가 분노했던 대상은 무엇이었을까요?

청,
제국의 영화와 몰락

홍루몽 紅樓夢

팔기의 깃발 아래서

만주족이 중원에 진출해 청나라를 세운 뒤에도 한족漢族 지식인들은 강한 반감을 품고 저항했습니다. 하지만 시간의 흐름은 모든 갈등과 원한을 눈 녹듯 사라지게 만들었습니다. 청대 중엽으로 접어들면 차츰 청 조정에 협조하는 한족 지식인들이 늘어 가게 됩니다. 특히 강희제康熙帝(재위 1661~1722)와 옹정제雍正帝(재위 1722~1735)로부터 건륭제乾隆帝(재위 1735~1795)에 이르는 기간 동안은 청의 국세가 최고조에 이르렀으며, 세 명의 황제 또한 성실하게 정사政事에 힘써 나라가 안팎으로 크게 안정되었습니다. 게다가 이들의 통치 기간이 일반적으로 단명했던 역대 왕조의 다른 황제들에 비해 엄청나게 길었던 것은 또 다른 의미에서 행운이었습니다.

청나라의 전신인 후금後金을 세운 누르하치 이래의 창업기를 마치고 정권의 수성기에 들어선 강희제는 삼번三藩의 난 진압과 타이완 정벌을 완수하고 전 중국을 실질적으로 지배할 수 있는 기반을 마련했습니다. 군사적인 위협을 모두 제거한 강희제에게 남겨진 숙제는 한족 지식인들의 협조를 구하고 백성들의 마음을 얻는 것이었습니다. 인재 등용을 위해 명대에 이어 과거제를 시행하긴 했지만, 청나라 조정에 출사할 마음이 없는 한족 지

강희제

카스틸리오네, 〈새연사사도〉塞宴四事圖(부분)
만리장성 바깥의 새외塞外에서 몽골족들에게 연회를 베푸는 건륭제의 모습을 그린 그림.

식인들은 과거 시험 보는 것 자체를 거부했습니다. 이에 강희제는 각 성省에서 의무적으로 과거 시험을 볼 후보자들을 선발해 보내도록 하는 '박학홍유과'라는 별도의 시험을 시행했습니다. 결과적으로 이것은 대성공을 거두었고, 재야에 묻혀 있던 많은 인재가 등용되었습니다.

흥미로운 점은 과거 급제자들의 절대 다수가 양쯔 강 유역의 기름진 땅에서 나오는 풍부한 물산을 바탕으로 문화가 발달한 쟝쑤江蘇와 저쟝浙江 출신이었는데, 이곳은 사실상 반청反淸 사상의 근거지이기도 했다는 사실입니다. 그러나 이 지역은 이후로도 많은 급제자들을 배출해 청대 문화의 중심지가 되었습니다. 과거에 급제한 이들은 이전 왕조인 명나라의 역사를 편찬하는 일에 동원되기도 했습니다. 관례상 앞선 왕조를 이은 왕조가 이전 왕조의 역사를 편찬하는 것이 하나의 전통이었던 중국이었기에, 이것은 청이 명을 잇는 정통 왕조라는 사실을 추인하는 계기가 되었습니다.

강희제는 내치에 주력하면서 동시에 적극적인 대외 정책을 추진해 왕조 교체기를 틈타 어수선하던 변방 지역을 안돈시키고 국경선을 확정했습니다. 우선 러시아와 네르친스크 조약을 체결해 경계를 확정하고, 양 국민들의 출·입국과 통상에 관해 협의했습니다. 아울러 오늘날 '위구르' 지역에 해당하는 동투르키스탄 지역에서 활동하던 중가르 부족을 평정해 이 땅을 청에 귀속시키니 오늘날까지도 분쟁이 끊이지 않는 '신쟝 위구르 자치구'가 바로 이때 중국으로 넘어온 것입니다. 이것을 기화로 그의 뒤를 이은 옹정과 건륭의 시대에도 북방 유목민족에 대한 정벌이 계속 이어져 이때 내몽골과 티베트족의 근거지인 칭하이靑海(청해)와 티베트가 중국 땅이 되었습니다.

나라가 안팎으로 안정되자 한족 지식인들도 더 이상 청 왕조를 거부하지 못하고 적극적으로 입신양명을 위해 분투노력했습니다. 이제 만주족을 몰아내고 한족 왕조를 세운다는 꿈은 그야말로 몽상이 되어 버렸습니다. 물론 만주족 정권에 일찍부터 협조했던 한족들이 없었던 것은 아닙니다. 청의 군사 조직인 팔기八旗 내에도 한족 출신만으로 조직된 한군漢軍 팔기가 따로 있었습니다. 팔기에 속하면 행정이나 사법 면에서 기지旗地의 지급과 조세의 면제, 재판상의 우위 등 많은 혜택이 있었기에 취한 선택이었습니다. 이들 기인旗人 사이에도 계급이 전혀 없었던 것은 아니니, 그 가운데 노예 계급을 만주어로 '포의'布衣라고 불렀습니다.

옥을 물고 태어난 아이

바로 이 한족 출신으로 만주 정백기正白旗 포의 집안에서 태어난 공자가 있었습니다. 강희제의 유모였던 공자의 증조모 쑨孫 씨는 어린 아들을 데리고 궁에 들어갔습니다. 그래서 공자의 조부가 되는 쑨 씨의 아들 차오인曹寅(조인, 1658~1712)은 강희제와 같이 자라면서 평생의 지기가 되었습니다. 뒤에 강희제가 황제의 자리에 오르자 차오인은 부친의 직위를 이어받아 쟝닝 직조江寧織造(강녕직조)의 소임을 맡았습니다.

앞서 말한 대로 강희제 시기는 왕조가 수성기에 접어들어 천하를 안돈시킬 필요가 있었습니다. 이에 청대 정치·경제뿐 아니라 문화적인 면에서 중심지라 할 수 있는 양쯔 강 유역의 난징南京과 쑤저우蘇州, 항저우杭州 지역은 청 왕조가 각별한 관심을 기울인 곳이었습니다. 이 지역의 민심을 정탐하고 재야인사들의 동태를 알아내기 위해 청 조정은 이 지역의 비단 공장 조직을 이용했습니다. 그래서 그 책임자인 직조織造는 황제가 가장 신임하는 이를 중앙에서 파견했던 것입니다.

따라서 '직조'라는 직책은 명목상으로는 말 그대로 궁중에서 필요한 의류와 옷감을 마련해 공급하는 것이었으나, 실제로는 현지의 한족 문인들과 교류하면서 사교계를 이끌어 가며 지방관들의 동태를 파악해 황제에게 직접 상주하는 역할까지 맡아보았습니다. 관에서 보장하는 일종의 사업체를 경영하면서 그 지역에 대한 사정관 노릇을 했던 것이니, 돈 버는 것은 땅 짚고 헤엄치기요, 그 위세 또한 하늘을 찔렀습니다.

왕후이王翬, 〈강희남순도〉康熙南巡圖(부분) 강희제의 강남 순행 모습을 그린 그림.

이렇듯 중차대한 직위였기에 세 곳의 직조는 서로 긴밀하게 인척 관계를 맺어 가며 운명공동체로 흥망을 같이 했습니다. 이를테면, 차오인이 쟝닝江寧의 직조를 맡고 있을 때 쑤저우 직조는 그의 처남인 리쉬李煦(이후)가 맡아보았고, 항저우 직조는 그의 외가인 쑨원청孫文成(손문성)이 맡았습니다. 그중에서도 요지인 쟝닝, 곧 난징南京의 직조를 맡았던 차오인은 강희제와의 깊은 인연으로 누구보다 두터운 신임을 받았습니다. 그래서 강희제가 남방을 순행할 때마다 차오인이 직접 영접을 했습니다. 황제를 영접할 때 직조가 살고 있는 집은 곧 황제가 임시로 머무는 행궁行宮 역할을 했으니, 그 설비와 기물은 황궁과 조금도 다를 바 없었습니다. 황제가 떠나더라도 이것들은 그대로 남아 있었으니 차오曹 씨 집안의 생활은 황제의 그것과 다를 바 없었던 것입니다.

뛰어난 문인이기도 했던 차오인은 직접 시를 지어 문집을 남겼고, 『속비파』續琵琶라는 희곡 작품을 쓰기도 했으며, 많은 장서를 소장하기도 했습니다. 또 강희제의 칙명으로 당대 유명 시인들의 시를 모두 모은 『전당시』全唐詩 900권을 간행하고, 역시 강희제의 칙명으로 76명의 문인들이 모여 편찬한 『패문운부』佩文韻府를 간행하기도 했습니다. 하지만 차오인은 54세의 비교적 젊은 나이에 세상을 뜨고 그를 대신해 직조가 된 아들 차오융曹顒(조옹) 역시 2년 뒤 세상을 뜨고 맙니다. 차오 씨 가문에 대한 신임이 남달랐던 강희제는 다시 차오인의 양자 차오푸曹頫(조부)에게 직조의 권한을 내렸습니다.

하지만 당시 쟝닝 직조의 운영은 상당히 불안한 상태였습니다. 여섯 차례에 이르는 황제의 순행을 영접하는 과정에서 과도하게 경비가 지출되어 결국 공금이 부족한 지경에 이르렀던 것입니다. 물론 강희제는 순행할 때마다 과도한 낭비를 줄이라고 지시했지만, 황제를 영접하는 입장에서는 최선을 다할 수밖에 없었으니, 수지를 맞춘다는 게 말처럼 쉬운 일은 아니었습니다. 차오 씨 가문의 영화를 보장해 주던 강희제였지만, 그 역시 천수를 다하고 세상을 뜨니, 그를 이어 옹정제가 즉위했습니다.

옹정제는 선대 황제의 그늘을 걷어 내고 자신의 정사를 펼치기 위해 대대적인 숙정肅正 작업에 들어갔습니다. 당연하게도 선대 황제의 비호 아래 무소불위의 권력을 휘둘렀던 가문들이 그 대상이 되었습니다. 강남 지역에서는 쑤저우 직조인 리쉬李煦의 가문과 쟝닝 직조인 차오인의 가문이 첫 번째로 걸려들었습니다. 차오 씨 가문에서는 어떻게든 예봉을 피해 보려고 했지만, 이미 이들 가문을 손보기로 작정한 옹정제의 마음을 돌릴 수는 없었습니다. 옹정제는 쟝닝 직조에서 만든 부실한 곤룡포를 구실 삼아 차오 씨 가문을 파직시키고 온 가족을 수도인 베이징으로 옮겨 오게 합니다.

차오 씨 가문이 조정으로부터 파직 당하고 재산이 몰수될 때, 재산 목록은 "주거지 열세 곳에 방의 수는 총 483칸, 땅은 여덟 곳에 총 19경 67무, 집안의 남녀 하인의 총 수는 114명"이었다고 합니다. 당시 차오 씨 가문의 위세와 재산 규모가 얼마나 대단했는지를 알 수 있는 자료라 하겠습니다. 베이징으로 이사한 뒤 차오 씨 가문에 대한 자료는 거의 찾아볼 수 없습니다. 철저하게 몰락해 근근이 삶을 이어 간 것으로만 추정될 뿐입니다.

이때 열세 살 먹은 차오인의 손자도 가족을 따라 베이징으로 이사했습니다. 이른바 대갓집에 태어나 온갖 호사를 다 누리며 부족한 것 없이 자랐던 소년이 급전직하해 하루하루 끼니를 걱정해야 하는 지경에 이르렀으니, 그 고통은 이루 말할 수 없는 지경이었습니다. 베이징에 막 도착했을 때는 그나마 사정이 괜찮아 국자감國子監에서 수학하고 황실 자제의 교육 기관이던 우익종학右翼宗學에서 보조 교사 비슷한 일을 하기도 했지만, 이내 베이징에서도 살 수 없게 되었습니다. 결국 베이징 서쪽 교외의 한적한 마을로 이사한 뒤에는 죽을 때까지 극도의 궁핍 속에서 시작詩作과 음주로 세월을 보냈습니다.

선천적으로 영민했던 공자는 남다른 관찰력으로 어린 시절 자신이 경험했던 집안의 화려한 일상 등을 회억하며 한 편의 소설을 남겼으니, 이것이 바로 중국소설사상 불후의 명작으로 꼽히는 『홍루몽』紅樓夢입니다.

예전에 영국인들이 셰익스피어를 자신들의 식민지인 인도와도 바꿀 수 없다고 했다지만, 현대 중국인들에게 『홍루몽』은 만리장성과도 바꿀 수 없는 소중한 문화유산입니다. 『홍루몽』의 주인공은 쟈바오위賈寶玉(가보옥)라는 공자이니, 혹자는 바로 이 소설의 주인공

베이징 교외 황예춘黃葉村에 있는 차오쉐친 기념관 입구 ⓒ조관희

쟈바오위의 삶이 작자의 삶과 비슷한 데가 있다고 주장하기도 합니다. 곧 쟈바오위의 작품 속 삶이 작자의 삶과 비슷한 데가 있다는 것입니다. 쟈바오위는 태어날 때 옥을 입에 물고 있었다고 합니다.

> 뜻밖에도 그다음에 다시 아들이 태어났는데, 이 아이에 대해 말하자면 더욱 괴이한 일이지요. 태어나면서 입 속에 오색영롱한 옥을 물고 나왔다지 뭡니까. 그 위에는 글자가 새겨져 있어 이름을 바오위寶玉(보옥)라고 지었다고 합니다. 『홍루몽』 제2회

옥을 물고 태어난 아이, 이 아이가 바로 『홍루몽』의 작자인 차오쉐친曹雪芹(조설근, 1715?~1763)입니다.

홍루의 꿈

차오쉐친이라고는 했지만, 쉐친雪芹은 자字이고, 이름은 잔霑(점)입

니다. '잔'霑은 젖는다는 뜻이니, 곧 '황제의 은혜를 입었다'霑恩는 뜻으로 강희제의 특별한 은혜를 입었다는 것을 드러내기 위해 지어진 이름입니다. 이밖에도 '친푸'芹圃(근포)나 '친시쥐스'芹溪居士(근계거사) 등의 자나 호를 사용했고, '멍롼'夢阮(몽완)이라는 자를 쓰기도 했는데, 이것은 위진 시대 죽림칠현竹林七賢 가운데 한 사람인 '롼지阮籍(완적)를 꿈꾼다'는 뜻입니다. 멍롼이라는 자를 통해 자존심이 강하고 반항적인 성격의 차오쉐친을 떠올려 봅니다.

차오쉐친이 세상에 대해 비판적인 태도를 취한 것은 어쩌면 숙명적인 것이었는지도 모릅니다. 명문거족의 후손으로 태어나 온갖 부귀영화를 다 누리다 만년에 쑥대 우거진 황량한 교외에서 매일 죽으로 끼니를 때우다시피 하며 외상술로 시름을 잊었으니 과연 그에게 인생은 한바탕의 꿈과 같은 것이 아니었을까요?

『홍루몽』은 판본에 따라 많은 평자들이 자신의 생각을 덧붙였는데, 그중에서도 가장 유명한 이가 즈옌자이脂硯齋(지연재)와 지후써우畸笏叟(기홀수)라는 필명의 평자들입니다. 이들이 구체적으로 누구인지는 아직까지도 분명하게 밝혀지지 않았지만, 평어의 내용으로 볼 때 차오쉐친과 가깝게 지내던 이들로 추정됩니다. 지후써우는 중년이 되어 과거를 회상하는 차오쉐친의 감개를 제41회의 먀오위妙玉(묘옥)라는 비구니가 쟈바오위賈寶玉에게 차를 대접하는 대목에서 다음과 같이 술회했습니다.

아직도 정사년(1737) 봄날 셰위안謝園(사원)에서 차를 맛보던 일을 기억하고 있단 말인가? 눈 깜짝할 사이에 어느덧 20년이 흘렀구나. 정축년(1757) 봄에 지후써우. 『홍루몽』제41회

지나간 세월을 돌이켜 보면 어느 것 하나 꿈같지 않은 일이 없겠지요. 여기서 우리는 세계 문학사에 공통으로 작용하는 하나의 법칙을 확인하게 됩니다. 그것은 동서고금을 막론하고 어디에나 적용되는 것이니, 곧 중국의 유명한 역사가 쓰마쳰司馬遷이 말한 '발분저서'發憤著書입니다. 명작은 '아무런 병 없이 신음하는'無病呻吟 가운데 나오는 게 아니라 뭔가 가슴에 맺힌 응어리나 한이 있어야 제대로 된 책을 쓸 수 있다는 것입니다. 그래서 영화 〈서편제〉에서 아비 유봉이 제 딸 송화가 제대로 소리를 낼 수 있게 하기 위해 일부러 딸의 눈을 멀게 했던 것일까요?

하지만 단순히 한을 품기만 해서는 명작이 나올 수 없는 것이니 여기에 타고난 문재文才가 있어야 화룡점정을 이룰 수 있습니다. 그러니 '발분저서' 말고도 '재주를 품었으되 불우해야 한다'는 '회재불우'懷才不遇 항목이 하나 덧붙어야 합니다. 과연 차오쉐친은 뛰어난 언변과 글 솜씨를 지녔다고 합니다. 위루이裕瑞(유서)라는 이의 『조창한필』棗窓閑筆이라는 책에는 다음과 같은 내용이 실려 있습니다.

> 차오쉐친은 몸이 뚱뚱하고 이마가 넓으며 얼굴빛은 검은 편이다. 말을 유창하게 잘하고 풍류가 넘치며 유희에도 능하여 정말로 실감나게 이야기를 전했다. 그의 기이한 이야기를 듣고 있노라면 흥미진진하고 감동적이어서 하루 종일이나 밤새 들어도 지칠 줄 모르니 이로 인해 그의 작품이 지극한 절묘함에 이르게 되었다.

차오쉐친 자신도 다음과 같이 자부했습니다.

차오쉐친 ⓒ조관희

만일 누구든지 나의 책을 좀 더 빨리 보고 싶은 사람이 있다면 그게 그리 어려운 일이 아니다. 그저 나에게 날마다 남방의 좋은 술 한 병과 구운 오리고기만 마련해 준다면 나는 그를 위해 당장이라도 책을 써 낼 수 있으리라.

차오쉐친은 집안의 몰락으로 빈곤한 가운데 그의 내면에 잠재해 있던 천재성이 발휘되어 『홍루몽』의 창작에 몰두했으니, 결국 자신이 살아가며 터득한 "모든 것은 무상하고, 온갖 것들이 다 허망하다"一切無常 萬境皆空는 이치를 자신의 작품 속에 담아 낸 것입니다. 그 과정에서의 고통은 또 어찌 헤아릴 수 있을까요.

글자마다 보이느니 핏자국이요
십 년의 고초가 예사롭지 않도다
字字看來皆是血 十年辛苦不尋常

『홍루몽』「범례」

그래서인지 『홍루몽』의 전편에 흐르는 기본적인 정조는 사뭇 우울하고 비극적입니다. 작품의 서두에는 앞으로 진행될 이야기의 대강을 소개하는 '전스인'甄士隱(견사은)과 '쟈위춘'賈雨村(가우촌)이라는 두 인물이 등장합니다. 이들의 이름은 똑같은 발음으로 '전스인'眞事隱(진사은)과 '쟈위춘'假語存(가어존)으로도 읽을 수 있고, 그 의미는 '진짜 일은 사라지고 거짓말은 남는다'는 것입니다. 이들뿐 아니라 『홍루몽』에 등장하는 인물들과 사건들은 이런 식으로 다양한 우의寓意를 담고 있습니다. 이를테면 전스인에게는 딸이 하나 있었는데, 우연히 만난 행색이 남루한 중이 그 딸을 두고 다음과 같은 시를 읊었습니다.

> 귀여움만 생각하는 그대 모습 비웃으리
> 마름꽃은 허망하게 눈발 아래 피었는데
> 정월이라 대보름날 진정으로 조심하라
> 세상천지 불바다로 잿더미만 남으리라
> 慣養嬌生笑你癡 菱花空對雪澌澌
> 好防佳節元宵後 便是煙消火滅時
>
> 『홍루몽』 제1회

이것은 오래지 않아 전스인에게 닥칠 앙화를 예언한 것으로, 마름꽃菱花은 누군가에게 유괴 당해 나중에 포악한 쉐판薛蟠(설반)이라는 인물의 첩이 되는 전스인의 딸이 샹링香菱(향릉)이라 개명한 것을 이르고, 눈雪은 쉐판의 성인 셜薛을 뜻합니다. 정월 대보름은 전스인이 딸아이를 잃어버린 날이요, 석 달 뒤인 삼월 보름날 전스인의 집은 불에 타 잿더미가 되어 버립니다.

『홍루몽』의 작자 차오쉐친은 이렇듯 깊은 뜻을 담고 있는『홍루몽』전편의 이야기들을 읽는 이들이 그저 건성으로 지나칠까 저어하는 마음으로 다음과 같은 절구를 남겼습니다.

> 이야기는 모두 허튼소리 같지만
> 실로 피눈물로 쓴 것이라
> 모두들 지은이를 어리석다 하지만
> 이 속의 진미를 아는 이 그 누구더뇨?
> 滿紙荒唐言 一把辛酸淚
> 都云作者痴 誰解其中味
> 『홍루몽』제1회

진정 『홍루몽』은 삶의 염량세태를 모두 맛본 뒤 지나온 세월들을 관조하며 그 안에서 얻은 자신의 감회를 풀어 낸 것이라 하겠습니다. 결국 차오쉐친이 얻은 결론은 '공즉시색 색즉시공'空卽是色 色卽是空이니 이 모든 것이 그저 '홍루의 꿈'일까요?

> 가짜가 진짜가 될 때 진짜 또한 가짜이고
> 무가 유가 되는 곳에서 유 또한 무가 된다
> 假作眞時眞亦假 無爲有處有還無
> 『홍루몽』제1회

풍월보감風月寶鑑의 어긋난 인연

옥을 물고 태어난 쟈바오위는 하는 짓이 남달랐으니, 돌상을 받고 돌잡이를 할 때 "다른 건 마다하고 지분과 비녀와 가락지 같은 것들만 움켜쥐"었습니다. 아비인 쟈정賈政(가정)은 "이놈이 장차 주색의 무리에 들고 말겠구나"라고 좋아하지 않았는데, 과연 쟈바오위가 일고여덟 살이 되어서는 "여자는 물로 만든 골육이고 남자는 진흙으로 만든 골육이라, 여자아이를 보면 마음이 상쾌해지지만 남자를 보면 더러운 냄새가 진동한다"고 말했습니다.

『홍루몽』 제5회에서 쟈바오위는 질부 뻘 되는 친秦(진) 씨의 방에서 낮잠을 자다가 꿈속에서 타이쉬환징太虛幻境(태허환경)이라는 곳에 들어갑니다. 아름다운 풍광에 바오위가 감탄하는 중에 홀연 한 줄기 노랫소리가 들려옵니다.

> 봄날의 헛된 꿈은 구름 따라 흩어지고
> 바람에 날리는 꽃은 물결 따라 흘러가네
> 모든 남녀에게 말하노니
> 하필이면 부질없는 근심 걱정 찾으려 드는고
> 春夢隨雲散 飛花逐水流
> 寄言衆兒女 何必覓閒愁

인간의 정이란 한낱 물거품 같은 것이니 부질없다는 것을 말하는 것입니다. 바오위는 그곳에서 징환셴뉘警幻仙女(경환선녀)를 만납니다.

베이징에 복원되어 있는 홍루몽의 무대 다관위안大觀園 ⓒ조관희

방금 버들 숲에서 나왔는가, 꽃 수술에서 나왔는가. 가시는 곳마다 새들이 나뭇가지를 날아오르고, 이르는 데마다 그림자는 굽이굽이 낭하에 비추이네. 신선 소매 펄럭이면 사향과 난초 향기 물씬 풍기고, 연잎 옷을 슬쩍 흔들면 낭랑한 패옥 소리 딸랑거리네. 웃음 띤 얼굴은 복사꽃 같고, 빗어 올린 머리 뭉게구름 솟은 듯, 붉은 입술은 앵두가 익은 듯, 하얀 이는 석류 알처럼 곱네. 하늘하늘 가는 허리는 바람에 나부끼는 눈송이 같고, 푸른 비취 같은 눈동자 밝게 빛나고, 이마 가득 달빛 화장 드러나네. 꽃밭 사이 드나들며 웃다 말다, 연못가를 오고가며 나는 듯 듯뜬 듯. 반달눈썹 웃음을 띠고 말을 할 듯 말 듯 살포시 입을 다물고, 사뿐사뿐 내딛는 발걸음은 가려는 듯 멈춰서고, 섰다가는 가려 하네.

『홍루몽』 제5회

바오위가 징환셴뉘를 따라 타이쉬환징의 문을 들어서니, 곧바로 나타난 궁문에는 커다란 글자로 '얼해정천'孽海情天이라 씌어 있었습니다. "죄업의 바다, 정의 하늘" 이런 뜻일까요? 정에 얽혀 울고

웃다 뒤늦게 그 모든 게 또 하나의 업이라는 것을 깨닫고 회한에 빠지는 것이 결국 우리네 인생사인 듯합니다.

> 하늘과 땅만큼이나 사무치는 고금의 정은 다할 날이 없고
> 가련할 손, 어리석은 정에 빠진 남녀의 풍월로 맺은 빚은
> 갚을 길이 없도다
> 厚地高天堪歎古今情不盡 痴男怨女可憐風月債難酬
> 『홍루몽』 제5회

징환셴뉘는 바오위에게 타이쉬환징을 구경시켜 주면서 온 천하 여인들의 과거와 미래가 담겨 있는 장부책을 보여 주는데, 바오위는 그 가운데 '박명사'薄命司라는 방에 들어갑니다. 바오위가 자신의 고향인 진링金陵(금릉)의 장부를 찾아보니 그곳에는 『금릉십이차 정책』金陵十二釵正冊이라는 책이 있었습니다. 징환셴뉘는 "그게 바로 너희 성 중에서 가장 뛰어난 여자 열두 명에 대해 기록한 책"이라고 설명해 줍니다. 여기에는 바오위 주변에 있는 여인들의 운명이 각각의 인물에 대한 상징적인 그림과 판사判詞(미래의 운명을 미리 예단해 보여 주는 사詞)로 예시되어 있었습니다. 하지만 모두 암시적으로만 표현되어 있으니 바오위가 그 하나하나를 모두 헤아릴 수는 없는지라, 징환셴뉘는 다시 바오위에게 「홍루몽곡」紅樓夢曲의 원고를 보여 줍니다.

홍루몽의 서곡
천지가 개벽되어 하늘땅이 열릴 제

쟈바오위(좌)
린다이위(우)

> 그 누가 사랑의 씨앗 뿌려 놓았나?
> 모든 것은 깊은 사랑 때문이었네
> 하염없이 가슴만 아픈 나날
> 외로울 때 깊은 충정 보내노니
> 이제
> 금金과 옥玉을 그리워하고 애도하는 홍루몽 열두 곡을 연출하노라
>
> 『홍루몽』 제5회

여기서 '금金'은 나중에 바오위의 부인이 되는 '쉐바오차이'薛寶釵(설보채)를 말하고 '옥玉'은 바오위가 가장 사랑하는 '린다이위'林黛玉(임대옥)를 가리킵니다. 결국 바오위의 평생의 여인 두 사람의 비극적 운명을 예시하는 것입니다. 바오위와 이 두 사람의 어긋난 인연은 이어지는 노래에 묘사되어 있습니다.

한평생 신세 망친 일

금옥의 인연이라 다들 말해도

목석의 옛 맹세 잊지 못하네

헛된 만남이런가

산속의 높은 선비 차가운 눈 속에 있고

끝내 잊지 못하네

저 세상 고운 선녀 외로운 숲 속에 있네

슬프다 인간 세상

옥에도 티가 있는 것을

정성 다해 밥상 받쳐 모신대도

돌아서는 그 마음 돌이킬 순 없었네

『홍루몽』 제5회

    여기서 목木은 바오위를 가리키니, 사람들은 "품행이 단정하고 우아하며 용모가 복스럽고 풍만"한 데다 "행동이 활달하고 분수를 알며 때와 장소에 맞게 처신한" 쉐바오차이(金)가 "고상한 자부심을 갖고 안하무인의 태도를 지닌" 린다이위(玉)보다 바오위의 배필로 맞춤하다고 여겼지만, 정작 바오위 자신은 '목석의 맹세'를 죽을 때까지 잊지 못했던 것입니다.

쓸데없는 근심 걱정

하나는 선경의 신령스런 화초

하나는 티 없이 해맑은 구슬

아무 인연 없다면

왜 하필 이승서 만났으며
진한 인연 있다면
왜 끝내 사랑은 떠났는가?
하나는 헛되이 탄식만 하고
하나는 공연히 걱정만 하네
하나는 물속에 잠긴 달이요
하나는 거울에 비친 꽃이로다
그 눈에 고인 눈물 얼마나 많기에
춘하추동 긴긴 세월
어떻게 견디리오.

『홍루몽』 제5회

결국 『홍루몽』의 결말은 사뭇 비극적입니다.

새들은 뿔뿔이 돌아가네
벼슬하는 자, 가업이 퇴락하고
부귀로운 자, 재산이 흩어지네
은혜 베푼 자, 죽음에서 살아나고
무정한 자, 천벌을 받네
목숨 해친 자, 목숨으로 돌려주고
눈물 빚진 자, 눈물이 말랐네
억울한 일 보답은 가볍지가 아니하니
헤어지고 만나는 일 모두가 전생의 인연
수명이 길고 짧음을 전생에 알아보라

늘그막 부귀영화 참으로 요행일세
깨달은 자, 불문에 귀의하고
미혹된 자, 목숨만 버리누나
새들이 모이 먹고 숲 속으로 날아가듯
눈 덮인 하얀 벌판 정말로 깨끗하구나

「홍루몽」 제5회

새들도 세상을 뜨는구나

모든 만남은 운명적입니다. 쟈바오위가 린다이위를 만난 것 역시 그러했습니다. 바오위는 다이위를 본 순간, "어디선가 본 듯한 낯익은 얼굴"이라는 느낌을 받지만, 전생의 인연을 알 길 없는 두 사람은 아등바등 이루어질 수 없는 이생에서의 사랑을 이루고자 애를 씁니다. 천성이 여리고 근심 걱정 많은 다이위는 이른바 '청승'과 '가련'의 전형이라 독서와 시작詩作으로 세월을 죽이며 "눈 닿는 것마다 마음이 상하는 일뿐" 觸目傷懷입니다. 한번은 우연한 기회에 다이위가 바오위의 거처인 이홍위안怡紅園(이홍원)에 갔다가 집 안에서 바오위와 바오차이가 웃는 소리를 듣고는 화가 치밀면서 서러운 생각이 들었습니다.

세상에 보기 드문 재모 갖춘 다이위 아가씨
그윽한 향기 안고 규중 밖을 잠시 나와
흐느껴 오열하는 울음소리 어이지니

베이징 다관위안에 있는 쟈바오위의 거처 이훙위안怡紅園
ⓒ조관희

꽃잎은 땅에 지고 자던 새는 날아가네

顰兒才貌世應希 獨抱幽芳出繡閨

嗚咽一聲猶未了 落花滿地鳥驚飛

『홍루몽』 제26회

모든 만남은 우연이고, 이별은 필연일까요? 상심한 다이위는 얼마 뒤 이전에 바오위와 함께 복사꽃을 땅에 묻던 곳을 찾아 홀로 흐느끼며 눈물짓습니다.

아아, 하늘 끝 어디에 꽃 무덤 있으리오
차라리 꽃잎을 비단 주머니에 담아
한 무더기 정한 흙에 풍류자질 묻어 주지
깨끗이 피었다 깨끗이 가야 할 너를
내 어찌 더러운 시궁창에 썩혀 버리랴
네가 지금 죽어서 내가 묻어 두지만
이 몸은 과연 어느 날 묻힐까 보냐?

꽃 장례 지내는 나를 어리석다 웃지만
언젠가 나 죽으면 그 누가 묻어 줄까?

『홍루몽』 제27회

결국 전생의 '목석木石의 인연'이었던 바오위와 다이위는 서로 사랑하지만 계속되는 갈등 속에 애 태우며 눈물 흘리다 맺어지지 못합니다. 바오위가 '금석金石의 인연'인 바오차이와 결혼하던 날, 다이위는 그 소식을 듣고 피눈물을 쏟으며 그동안 써 두었던 바오위에게 바치는 시고詩稿를 불태웁니다.

한편 주위 사람들의 책략으로 다이위와 결혼하는 줄로만 알았던 바오위는 그날 밤 신부의 얼굴에 씌운 붉은 수건을 벗기며 다정하게 말을 걸었습니다.

"다이위 누이, 몸은 다 나았어? 얼굴 본 지도 퍽 오래되었는데, 이따위 건 뭐 하러 덮어 쓰고 있는 거야?"

조금 뒤 붉은 수건을 벗기고 신부를 들여다보니, "아무리 봐도 어쩐지 바오차이 같은 생각이 들자 믿어지지 않아서 한 손으로는 등을 치켜 들고 한 손으로는 눈을 비벼 가며 자세히 들여다보았다. 그렇지만 아무리 봐도 바오차이가 아닌가!"(『홍루몽』 제97회)

바오위는 도무지 어찌 된 영문인지 알 수 없었다. 그는 자기가 지금 꿈을 꾸는 것 같아 그저 멍하니 서 있기만 할 뿐이었다. 사람들이 바오위의 손에서 등불을 받아 들고 부축하여 의자에 앉혔지만 그는 그저 한 곳만 뚫어지게 바라보며 아무런 말도 하지 않았다.

『홍루몽』 제97회

바로 그 순간 다이위는 마지막 숨을 들이쉬고 있었습니다.

……별안간 다이위가 허공을 향해 있는 힘을 다해 처절하게 소리를 질렀다.
"바오위! 바오위! 어쩌면 그렇게도……."
다이위는 '그렇게도'까지 말하고는 온몸에 식은땀을 죽 흘리더니 더 이상 말을 잇지 못했다. 쯔쥐안紫鵑(자견)이 황급히 다이위를 안아 일으켰으나 땀이 점점 더 흐르더니 마침내 몸이 싸늘하게 식어 갔다. 탄춘探春(탐춘)과 리완李紈(이환)은 서둘러 시녀들을 시켜 다이위의 머리를 빗기고 수의를 입혔다. 그러자 다이위는 마침내 두 눈을 한번 부릅뜨더니 영영 숨을 거두고 말았다.

『홍루몽』 제98회

그 뒤로 바오위는 병이 들어 시름시름 앓다가 꿈속에라도 그녀를 한 번 보기를 원하지만 그마저도 뜻대로 되지 않습니다. 그러다 일시 눈앞이 캄캄해지고 정신을 잃은 가운데 한 사람을 만난 바오위는 그에게 딱한 사정을 호소합니다

"말씀 좀 묻겠습니다. 여기가 어딘가요?"
"여기는 저승으로 가는 황천길이다. 그런데 넌 아직 수명이 다하지도 않았는데 뭐 하러 여길 왔느냐?"
"조금 전에 제 친구가 죽었다기에 그 사람을 찾아왔다가 저도 모르게 이렇게 길을 잃었습니다."
"그 친구란 사람이 누구냐?"

"구쑤 姑蘇(고소: 쑤저우의 옛 이름) 태생 린다이위입니다."
그러자 그 사람은 차가운 웃음을 흘리며 말했다.
"린다이위는 살아서는 인간과 다르고 죽어서는 귀신과 달라서 혼도 넋도 없는 존재인데 어디 가서 찾는단 말이냐? 보통 사람의 혼백은 모여서는 형체를 이루지만 흩어지면 기로 변하는 것인지라, 살아 있을 때는 형체가 보이지만 죽으면 사라지는 법이다. 평범한 사람의 혼이라 해도 찾을 수가 없거늘 하물며 린다이위의 혼을 어찌 찾을 수 있단 말인가? 얼른 썩 돌아가거라."
……
"……네가 지금 린다이위를 찾는 것은 까닭 없이 자기를 거기다 빠뜨리는 것이다. 게다가 다이위는 이미 타이쉬환징 太虛幻境으로 돌아갔어. 그러니까 만약 네가 린다이위를 꼭 찾을 생각이라면 마음을 가라앉히고 열심히 수양을 쌓도록 해라. 그런다면 언젠가는 만날 날이 올 것이다. 그렇지 않고 만일 생의 본분을 지키지 않고 스스로 목숨을 끊는 죄를 범한다면 너는 저승에 갇혀서 부모들이나 만날 수 있을까, 린다이위를 한 번만이라도 보고자 한들 영영 만날 수 없을 것이다." 『홍루몽』 제98회

쟈바오위는 문득 어떤 깨달음을 얻습니다. 즉 쟈바오위는 자신의 비극적인 사랑이 인간으로서는 어쩔 수 없는 운명이라는 사실을 알게 됨과 동시에 홍진세계 紅塵世界의 모든 것이 결국 허무한 꿈에 불과하다는 것을 깨닫게 됩니다.

그 뒤로 쟈賈 씨 집안은 몰락의 길로 들어서니, 관직에서 면직되고 가산을 몰수당하며 집안 식구들도 하나씩 세상을 뜹니다. 바오

위 역시 병세가 심해져 숨이 끊어질 지경에 이르렀다가 어떤 스님이 찾아와 그의 목숨을 구해 주니 바오위는 그 뒤로 발분하여 가문의 명성을 떨치고자 향시에 급제합니다. 그리고 바오차이가 임신을 하지만 돌연 바오위는 가출을 해 종적을 감춥니다. 그 뒤 바오위의 아비인 쟈정賈政이 모친을 진링에 장사지내고 경사京師로 돌아가는 도중에 피링 역毘陵驛(비릉역)에 이르자 갑자기 날씨가 추워지면서 눈이 내리기 시작해 한적한 곳에 배를 매어 두고 쉬어 가기로 합니다. 그 짬을 이용해 쟈정이 홀로 집에 보낼 편지를 쓰고 있었습니다.

> 쟈정은 바오위에 대한 이야기까지 쓰고 나서 붓을 멈추고 문득 머리를 쳐들었는데, 눈발이 날리는 가운데 어렴풋하게 웬 젊은이 하나가 뱃머리에서 자기를 향해 엎드려 절하는 것이 눈에 들어왔다. 그 젊은이는 머리를 삭발하고, 신도 신지 않은 채, 몸에는 털로 짠 새빨간 소매 없는 외투를 걸치고 있었다. 쟈정은 그가 누구인지 알 수가 없어 급히 배 위로 올라가 누구냐고 붙잡고 물어보려고 하였다. 이때 그 젊은이는 이미 네 번째 절을 끝내고 일어서서 합장을 하며 머리를 숙이고 있던 참이었다. 쟈정도 답례로 읍을 하고 나서 머리를 들어 그 젊은이를 바라보니, 그는 바로 바오위였다. 『홍루몽』 제98회

쟈정이 놀라 다급하게 "아니 이게 누구냐? 바오위가 아니냐?" 하고 묻자, 젊은이는 아무 대답도 하지 않은 채 기쁜 듯하기도 하고 슬픈 듯하기도 한 표정을 짓습니다. 그때 마침 중 한 사람과 도사 한 사람이 나타나 바오위의 양쪽에서 팔을 끼고 "속세의 인연은 이로써

모두 끝났으니 어서 돌아가도록 하자"며 가 버리니, 그들 가운데 누가 부르는 것인지는 모르지만 이런 노랫소리만 들릴 뿐이었습니다.

> 누가 있어 나와 함께 노닐 것이며
> 난 누구를 따를 것인가
> 한없이 넓고 아득하게 먼
> 저 다황산大荒山(대황산)으로 돌아가자꾸나
> 誰與我游兮 吾誰與從
> 渺渺茫茫兮 歸彼大荒
> 『홍루몽』 제120회

쟈정은 그들을 더 뒤쫓아 가 보려 했지만, 아무 것도 없고 "다만 희고 망망한 광야만 보일 뿐"只見白茫茫一片曠野이었습니다.

『홍루몽』의 이야기는 이렇게 끝이 납니다. 소설의 말미는 후대에 어떤 사람이 이 기이한 이야기를 읽고 써 놓은 네 구절의 게偈로 마무리됩니다.

> 쓰라린 인생사를 말하였으니
> 황당할수록 더욱 서글프다
> 애당초 모든 것은 한바탕 꿈이었으니
> 세상 사람들의 어리석음 비웃지 말라
> 說到酸辛事 荒唐愈可悲
> 由來同一夢 休笑世人痴
> 『홍루몽』 제120회

이 네 구절의 게는 작가 스스로 이 소설을 쓰게 된 까닭을 밝힌 것보다 한층 더 인생의 허무를 간파한 것이라 할 수 있습니다. 그런데 이 소설은 차오쉐친이 80회까지만 쓰고, 나머지 40회는 가오어 高鶚(고악)라는 이가 마무리했다고 합니다. 차오쉐친은 나이가 들어 후처를 맞아 아들을 하나 두었는데, 그 아들이 1762년 가을에 갑자기 병을 얻어 추석날 죽었습니다. 실의에 빠진 차오쉐친은 슬픔을 이기지 못하고 술로 날을 지새우다 그 자신도 병을 얻어 같은 해 섣달 그믐날(양력으로는 1763년 2월 12일) 세상을 뜨고 말았습니다. 그래서 이야기를 끝맺지 못한 것이지요.

　차오쉐친이 살았던 시대는 청 왕조가 전성기를 구가하던 시기였습니다. 하지만 정점에 올랐다는 것은 동시에 앞으로는 내리막길을 걷게 된다는 것을 의미합니다. 청 왕조의 전성기를 이끌었던 강희, 옹정, 건륭 세 황제 가운데 마지막인 건륭제가 18세기의 마지막해인 1799년에 세상을 뜨고 난 뒤 불과 40년 뒤인 1840년 아편전쟁이 일어났습니다. 잘 알려진 대로 아편전쟁 이후 청 왕조는 급속도로 몰락의 길을 걷습니다. 청 왕조의 쇠망은 단순히 하나의 왕조가 스러졌다는 것을 의미하지 않습니다. 진秦의 시황제가 최초로 중국을 통일한 뒤 2천 년 넘게 명맥을 이어 온 중국 봉건 왕조의 역사 또한 종말을 고하고 새로운 세기로 접어들었던 것입니다.

근대,
세기말의 거대한 축도 丑圖

20년간 내가 목격한 괴이한 일들 二十年目睹之怪現狀

근대 중국

흔히 1840년 이후를 중국 근대사의 시작으로 보지만, 왕조 통치의 측면에서 이 시기는 여전히 청대에 속해 있습니다. 1840년 중국과 영국 간에 벌어진 제1차 아편전쟁, 1856년 중국과 영국·프랑스 간에 벌어진 제2차 아편전쟁으로 청나라는 급속히 쇠퇴합니다. 1904~1905년의 러일전쟁에서 승리한 일본 제국은 러시아 제국을 물리치고 남만주에 대한 지배권을 확고히 하게 됩니다. 결국 청은 신해혁명(1911)으로 인해 1912년에 멸망했고, 위안스카이가 중화민국의 대총통으로 취임하면서 그 영토를 계승했습니다. 그 이후, 1949년에 중국 본토는 중화인민공화국이 되고, 타이완 섬은 분리되어 중화민국이 됩니다. 이로써 왕조 중심의 중국은 역사의 뒤안길로 사라집니다.

달도 차면 기우나니. 몰락의 전조

1792년 9월, 영국 왕 조지 3세는 중국과의 통상 무역을 위한 사절단을 파견했습니다. 단장인 조지 매카트니George Macartney(1737~1806)가 이끄는 사절단은 그 다음 해인 1793년 5월 중국에 도착해 당시 건륭제가 머물고 있던 러허熱河(열하)를 방문해 황제를 알현했습니다. 매카트니는 건륭제에게 영국 외교관의 베이징 거주권과 광저우廣州(광주) 무역의 규제 철폐, 국제 무역을 위한 새로운 항구의 개항, 공정하고 형평성 있는 관세의 책정 등을 요구했습니다. 하지만 당시 재위 58년이 다 된 건륭제는 영국의 국왕에게 보내는 칙서를 통해 이 모든 요구를 일언지하에 거절했습니다.

> 중국은 물자가 풍부하여 없는 것이 없다. 우리는 애초에 외국 오랑캐의 물건에 기대어 없는 것을 얻어 편리를 도모하려는 것이 아니다. 다만 우리나라에서 생산되는 차, 도자기, 비단은 너희 서양 각국에서 필수품이 된다고 하니, 내 그것을 불쌍히 여겨 은혜를 베풀고자 한다.

건륭제는 60년이라는 엄청나게 긴 재위 기간을 통해 열 차례 대외 원정의 성공으로 '십전노인'十全老人이라 자칭했던 바, 당시 청 왕조는 세계 최강대국의 하나였다 해도 지나친 말이 아니었습니다. 그러니 당시 건륭제의 호언도 허언은 아니었던 셈입니다. 건륭제가 보기에 매카트니의 행위는 한낱 변방 오랑캐가 제국의 황제에게 협상을 요구하는 만용에 가까운 행위로 비쳐졌을 것입니다. 그리하여

건륭제

건륭제는 "만일 앞으로 오는 상선이 저쟝浙江이나 톈진天津(천진)에 상륙해 무역을 요구하면 나라 땅을 지키는 문무 관리가 그들을 머물지 못하게 할 것이며, 그래도 정박했을 때는 쫓아낼 것이니, 그것을 미리 알지 못했다고 말하지 말라"고 경고했습니다.

그러나 건륭제는 18세기의 마지막 해인 1799년에 사망하고, 유럽에서는 1792년부터 시작된 프랑스혁명 전쟁과 나폴레옹 전쟁으로 프랑스, 독일, 영국, 이탈리아 등 전 유럽이 전화에 휩싸였습니다. 이 기간 동안 중국은 별다른 외압이 없는 상태에서 국내 문제에 골몰할 수 있었습니다. 1815년, 나폴레옹 전쟁이 끝나자 영국은 곧바로 사절단을 중국에 보내 매카트니가 요구했던 것과 똑같은 내용의 요구 조건을 제시했습니다. 하지만 이번에도 중국 측은 사절단을 철저히 무시했고, 급기야 추방을 하기에 이르렀습니다. 그러나 사실상 중국은 만주족 청 왕조의 중원 통치 기간이 100년이 넘어감에 따라 나라 안팎으로 누적된 여러 가지 문제들로 인한 사회 갈등과 분란에 힘겨워하고 있었습니다.

청 왕조의 건국과 중원 진출에 가장 큰 역할을 했던 만주 팔기군은 오랜 태평성대를 거치면서 상무 정신이 쇠퇴해 갔고, 전투 이외의 일에 무지했던 이들은 결국 현실 생활에서의 무능으로 경제적인 궁핍에 빠졌습니다. 이들의 몰락은 곧 청 왕조를 지탱하는 무력 기반의 와해로 이어졌습니다. 여기에 강희·옹정·건륭 세 황제의 전성기를 거치며 인구가 급속도로 증가한 데 비해 식량과 생필품의 생산은 여기에 미치지 못해 백성들의 생활은 윤택하지 못했습니다. 게다가 소수의 대지주가 토지를 독점하고 관리들의 가렴주구가 더해지니 이에 견디다 못한 백성들은 유랑민이 되거나 도적이 되기에 이르렀습니다. 급기야 각지에서는 민란이 이어졌지만, 정규군인 팔기군의 몰락으로 민란을 평정하기 위해서는 지역의 민병들에게 의지해야 하는 상황이 벌어졌습니다. 유럽 열강들이 산업혁명과 시민혁명의 성공으로 세계로 눈길을 돌려 바야흐로 제국주의의 시대를 열어가고 있을 즈음, 시대착오적 중화주의에 빠져 세계사의 도도한 흐름에서 뒤처진 중국은 서서히 조여 오는 제국주의 열강의 침탈에 속수무책일 수밖에 없었습니다. 이것은 그야말로 거대한 몰락의 시작이었습니다.

중화주의의 종언을 알리는 아편전쟁

유럽에서는 일찍이 '시누아즈리'Chinoiserie라 일컫는 중국풍이 유행했습니다. 특히 중국에서 전래된 차나 비단, 도자기 등은 영국인들의 일상에서 빼놓을 수 없는 필수품이 되었습니다. 그리하여 영국은 매년 막대한 양의 차와 비단 등을 중국으로부터 수입했습니다. 이로 인해 중국과 영국 간의 무역은 영국 측의 수입 초과로 당시 결제 수단이었던 은이 상당량 중국으로 유출되었습니다. 이러한 무역

린쩌쉬

역조를 바로잡기 위해 영국이 대체 상품으로 내세운 것이 바로 아편입니다. 영국은 식민지 인도에서 아편을 대량으로 생산해 중국에 수출했고, 과연 영국의 의도대로 중국에 유출되던 은의 양이 점차 감소하고, 1827년경에 이르면 양국 간 은의 유입이 역전되기에 이릅니다.

이제 발등에 불이 떨어진 것은 중국입니다. 중국으로서는 은의 유출로 인한 국가 재정 파탄이라는 위기에 더해 아편으로 인민의 심신이 황폐화되는 폐해가 심화되었습니다. 건륭제의 뒤를 이은 가경제嘉慶帝(재위 1796~1820)는 몇 차례에 걸쳐 아편의 흡입과 유통을 금지하는 정책을 시행했지만 결국 성공하지 못했습니다. 가경제의 뒤를 이은 도광제道光帝(재위 1820~1850) 역시 아편을 엄금하는 정책을 펴는 한편, 이의 시행을 위한 구체적인 방안을 신하들에게 하명했습니다. 당시 후광 총독湖廣總督(호광총독)이던 린쩌쉬林則徐(임칙서, 1785~1850)가 「조진금연판법소」條陣禁煙辦法疏라는 방안을 도광제에게 올렸는데, 이 방안이 가장 구체적이며 실현 가능했습니다. 그뿐 아니라 린쩌쉬는 자신의 임지에서 이미 큰 성과를 올리고 있었기에 1838년 도광제는 그를 흠차대신으로 임명하고 광저우로 내려가 아편을 단속하게 합니다.

린쩌쉬는 광저우에 도착하자마자 포고문을 통해 아편 흡연이 건강에 얼마나 위험한 것인가를 알리는 한편, 모든 아편 흡연자들에

아편전쟁

게 아편과 담뱃대를 2개월 이내에 관할 담당자에게 반납하도록 했습니다. 다른 한편으로 린쩌쉬는 중국인 행상들을 설득하고 외국인 상인들에게도 아편을 인도할 것을 종용했는데, 이때 영국 상인들은 1천 상자 남짓의 아편만을 인도했을 뿐 앞으로 아편을 매매하지 않겠다는 서약서는 제출하지 않았습니다. 이에 린쩌쉬는 병력을 동원해 영국의 상관商館을 포위하고 6주 동안 밤낮으로 피리를 울려댔습니다. 견디다 못한 영국인들은 2만 상자의 아편을 린쩌쉬에게 인도하고 마카오로 철수했으며, 린쩌쉬는 압수한 아편을 폐기했습니다.

  이 사실이 영국에 알려지자 영국 내에서는 이 문제를 놓고 격론이 벌어졌습니다. 결국 영국 의회는 표결 끝에 파병안을 가결시킵니다. 그 사이 린쩌쉬는 광둥 성에서 아편 근절을 위한 활동을 계속 펼쳐 나갔습니다. 그러던 중 영국인들이 주둔한 홍콩 섬 건너편의 쥬룽九龍(구룡) 지역에서 술 취한 영국 병사들이 중국인을 살해하는 사건이 일어났습니다. 당연하게도 린쩌쉬는 범인의 인도를 요구했으나, 영국인들은 이를 거부하고 영국군 함상에서 자기들끼리 재판을 열어 해당자에게 벌금 20파운드와 금고 6개월에 처했습니다. 이에 린쩌쉬는 마카오 정청政廳에 영국 상인들의 축출을 요구하니, 이제 양국 간의 분쟁은 피할 수 없는 지경에 이르렀습니다.

1840년 6월, 영국군 함대는 광저우에 집결했습니다. 그리고 린쩌쉬 또한 이들과의 일전을 준비했습니다. 그러나 영국군 함대는 린쩌쉬의 기대를 저버리고 기수를 돌려 북상합니다. 저우산舟山(주산) 열도를 점령하고 중국 해군을 격파한 영국군 함대는 다시 북상해서 톈진의 외항인 다구大沽(대고)에 도착했습니다. 예상치 못한 영국군의 공격에 놀란 청 조정은 먼저 린쩌쉬를 파면하고 멀리 위구르 지역으로 귀양을 보내 버립니다. 그리고 즈리 총독直隸總督(직예총독) 치산琦善(기선)을 내세워 영국 측과 협상을 벌였습니다. 치산은 1841년 광저우에서 교섭을 진행해 홍콩 섬의 할양과 배상금 600만 위안 지급, 양국이 평등한 국교 관계를 맺는 등의 조약을 맺었습니다. 하지만 이 조약은 양국의 책임자들을 만족시키지 못했고, 치산은 도광제의 분노를 사 사형당할 위기에 처하지만 감형되어 귀양을 갔습니다. 영국의 새로운 협상 대표로 임명된 헨리 포틴저H. Pottinger(1789~1856)는 1841년 8월, 군대를 이끌고 다시 북상해 샤먼廈門(하문)과 닝보寧波(영파) 등지를 공략한 뒤 1842년 상하이를 거쳐 난징을 압박했습니다. 결국 견디다 못한 청 조정은 황족인 치잉耆英(기영)을 보내 영국 측과 '난징 조약'을 체결합니다. 조약의 주요 내

아편 흡입 도구

난징 조약 1842년 8월 29일 청나라 조정과 영국 사이에 맺은 불평등 조약

용은 첫째, 중국이 영국에 전쟁 비용과 소각된 아편 등에 대한 손해 배상금 2,100만 달러를 지불할 것, 둘째, 홍콩 섬을 영국에 할양할 것, 셋째, 광둥과 푸저우福州(복주), 샤먼, 닝보, 상하이 5개 항을 개방할 것, 넷째, 무역을 독점하면서 외국 상인들을 관리 감독했던 공행公行을 폐지하고 관세 협정을 다시 맺을 것, 다섯째, 영국인들의 거주를 보장하고 영사관을 설치할 것 등이었습니다.

'난징 조약'은 중국 역사에서 중요한 의미를 갖습니다. 이 조약은 영국을 비롯한 서구 열강들이 중국을 침략하는 하나의 교두보 역할을 했습니다. 이 조약이 체결된 이후로 서구 열강들은 너나 할 것 없이 중국 침략에 뛰어들었습니다. 그러나 '난징 조약'이 갖는 좀 더 중요한 의의는 이것으로 인해 중국의 '천하관'이 바뀌었다는 것입니다. 그때까지 중국은 다른 나라들과 동등한 지위에서 국제 관계를 맺어 오지 않았습니다. 곧 중국은 전통적인 '화이'華夷 관념에 따라 우리가 흔히 '조공'이라고 부르는 방식을 통해 다른 나라들과 교류했던 것입니다. 그러나 아편전쟁의 패배로 중국은 여러 나라들과 대등한 관계에서, 아니 오히려 열등한 관계에서 일방적으로 상대방의 요구를 들어 주는 불평등 조약을 맺을 수밖에 없는 처지로 전락했습니다.

중국의 입장에서 더 좋지 않았던 것은 이러한 관계가 자발적 요구에서가 아니라 외부의 압력에 의해 어쩔 수 없이 떠밀려 맺게 되었다는 사실입니다. 이제 자기 자신을 제외한 모든 것들은 그저 사방에 흩어져 있는 오랑캐에 불과하고 하늘 아래 유일무이한 존재라는 의미에서 세계를 '천하'天下라 부르던 중화적 세계관은 심각한 도전에 직면했습니다. 오히려 이제는 세계에 존재하는 여러 나라들 가운데 한 나라로 인정받고 그들과 대등한 관계를 맺기에도 급급한 처지로까지 내몰린 것입니다. 그러기에 혹자는 이렇듯 중화사상으로 대표되는 자기 중심적이고 자기 규정적인 즉자적 인식으로부터 상대를 인정하는 대자적 인식으로 넘어간 것이야말로 중국에서의 근대의 시작이라고 주장하기도 했습니다.

> 중국의 근대사는 한마디로 이러한 중화주의가 민족 국가들에 의하여 계속 도전을 받으며 그 환상이 깨어짐과 동시에 강력한 민족 국가의 하나로 탈바꿈해 가는 과정이었다.
>
> 김용옥·최영애, 『루어투어 시앙쯔 — 윗대목』(통나무, 1997 중판, 87쪽)

건륭제 말기부터 흔들리기 시작한 중국 사회는 아편전쟁으로 촉발된 외세의 침탈과 내부 모순으로 인해 야기된 갖가지 내란으로 말 그대로 내우외환內憂外患이 중첩해 나타나는 최악의 상황을 맞게 됩니다.

소설 부흥의 시대, 소설의 효용과 가치에 대한 새로운 각성

내부에서 일어난 반란 가운데 가장 강력한 힘을 가졌던 것은 '태평천국의 난'이었습니다. 태평천국의 난은 몇 가지 측면에서 종래의 반란과 성격을 달리합니다. 곧 이들은 직접 청 왕조를 만주족 정부라 규정하면서 토지개혁 등을 통해 농민들의 평등사상을 고취했는데, 여기서 한 걸음 더 나아가 남녀평등을 주장하고 유가의 경전들을 '요망한 책'妖書이라 부르는 등 중국의 전통적인 유교 사상을 전면적으로 부인했습니다. 그것은 이 반란을 이끌었던 홍슈취안洪秀全(홍수전)이 우연한 기회에 서양인 선교사를 통해 접한 기독교 신앙의 영향 때문이었습니다. 태평천국의 난은 순식간에 중국 남부 지역을 휩쓸었으며, 이로 인해 청 왕조의 운명도 바람 앞에 선 등불 신세가 되어 버렸습니다.

태평천국의 지도자들은 문학에 대해서도 당시로서는 대단히 혁신적인 생각을 갖고 있었습니다. 이들은 민중의 언어인 구어체를 존중하고 고전어인 문어체를 반대했습니다. 이들은, 문장이란 사람들이 쉽게 이해할 수 있게 써야 한다고 주장했습니다. 비록 태평천국의 난은 진압되어 이들의 혁신적인 주장이 당장 실현되지는 못했지만, 이러한 흐름이 거스를 수 없는 대세가 되었다는 사실만큼은 부정할 수 없는 현실이 되어 버렸습니다.

이런 내우외환을 겪으며 중국 사회에서는 나라의 힘을 길러야 한다는 자각이 생겨나 '동치 중흥'同治中興이라는, 일시적으로 안정된 시기를 맞게 되었습니다. 태평천국의 난을 진압하는 데 큰 공을 세운 쩡궈판曾國藩(증국번), 리훙장李鴻章(이홍장), 쭤쭝탕左宗棠(좌종당)

등과 같은 한족 관료들은 '중국의 사상을 근간으로 하고 서양의 발달한 과학기술을 받아들인다'는 '중체서용'中體西用의 구호를 내걸고 부국강병을 도모했습니다. 구호에서 알 수 있듯이 이들이 주력했던 것은 서양의 문물을 힘써 받아들이는 것이었기에, 이것을 '양무운동'洋務運動이라 부르기도 합니다. 이들의 주장은 일견 일리가 있어 보입니다. 하지만, 당시 중국이 안고 있는 문제가 어찌 병기와 군함 등과 같은 물질적인 데에만 있었겠습니까? 중국의 전통 사상 역시 시대의 흐름에 뒤떨어지기는 마찬가지였습니다.

과연 1894년 청일전쟁에서 중국이 패하자 중국 지식인들은 또 한 번 큰 충격에 빠졌습니다. 양무운동으로 함선과 병기를 확충한 바 있는 중국이 종래에 변방의 소국으로만 여겨 왔던 일본과의 싸움에서 변명의 여지없는 처절한 패배를 맛보았던 것입니다. 그때까지도 서구 열강의 우세가 함포 등과 같은 물질적인 데 있다고 생각했던 중국 지식인들은 어쩔 수 없이 서구에도 그들만의 우수한 정신문명이 있다는 사실을 인정하지 않을 수 없었습니다. 이제 '중체서용'이니 하는 구호는 용도 폐기되고, 새롭게 캉유웨이康有爲(강유위)와 량치차오梁啓超(양계초) 등이 중심이 된 '변법자강운동'과 쑨원孫文(손문) 등의 혁명 운동이 활발하게 일어납니다. 그러나 결국 이러한 움직임들은 모두 실패하고 시 태후西太后를 비롯한 수구 세력들이 계속 정국을 주도해 나갔습니다.

변법운동이 실패로 돌아간 뒤, 량치차오는 일본에 망명해 계몽 활동을 계속 펼쳐 나갔습니다. 그러면서 그는 서구나 일본에서는 소설이 정치 개혁에 일정한 영향을 주고 있다는 데 주목해 몇 편의 일본 소설들을 번역 소개하는 한편, 이러한 정치 소설들이 갖고 있는 효용에 대해 역설했습니다. 여기서 한 걸음 더 나아가 아예 『신소설』이라는 문학잡지를 창간하고, 창간호에 「소설과 정치의 관계」小說與群治之關係(1902)라는 글을 써서 '소설계의 혁명'을 제창했습니다.

> 한 나라의 국민을 새롭게 하려면 먼저 그 나라의 소설을 새롭게 하지 않을 수 없다. 그러므로 도덕을 새롭게 하려면 반드시 소설을 새롭게 해야 하며, 종교를 새롭게 하려면 반드시 소설을 새롭게 해야 하며, 정치를 새롭게 하려면 반드시 소설을 새롭게 해야 하며, 풍속을 새롭게 하려면 반드시 소설을 새롭게 해야 하며, 학예를 새롭게 하려면 반드시 소설을 새롭게 해야 한다. …… 왜냐하면 소설은 불가사의한 힘이 있어 사람의 도리를 지배하기 때문이다. 량치차오, 「소설과 정치의 관계」

이것으로 양무운동 이후 중국 사회 일각에 불었던 소설 열풍은 또 다른 전기를 맞게 되었으니, 전통적인 문학관에서는 하나의 독립된 장르로 인정받지 못했던 소설이 그 가치와 효용 면에서 재평가되었습니다. 비록 량치차오의 주장에 과장된 점이 없는 것은 아니나, 소설의 힘을 빌려 사회의 불합리한 현실을 폭로하고 이를 바로잡을 도구로 삼겠다는 생각은 당시로서는 상당히 파격적인 것이었습니다.

『신소설』이 창간되자 그 뒤를 이어 『수상소설』繡像小說과 『월월소설』月月小說, 『소설림』小說林 등과 같은 문학잡지가 연이어 발간되었습니다. 이러한 잡지에는 시정을 통렬하게 비판하고 우매한 민중들을 계몽하는 내용을 담은 소설들이 수없이 많이 연재되었습니다.

청대 말기에 이런 잡지 등에 발표된 소설은 창작과 번역을 합해 약 1천 부가 넘는다고 하니 이것으로 당시의 성황을 엿볼 수 있습니다. 청말 소설 연구가인 아잉阿英(아영)은 자신의 책 『청말 소설사』晚清小說史에서 이 시기 소설 발달의 원인을 다음과 같이 개괄한 바 있습니다.

첫째, 당시의 지식인들은 서양 문화의 영향을 받아 소설이 사회에 미치는 영향을 인식했다.
둘째, 청 왕조는 누차 외국에 굴복했고, 정치는 부패하여 위기에 차 있었기 때문에, 지식인들이 소설을 써서 사회를 비판하고 혁신과 애국 사상을 고취하려 했다. 아잉, 『청말 소설사』

이렇게 해서 등장한 소설들은 그 소재와 유래 등에서 몇 가지로 나뉘는데, 그 가운데 청말 소설을 대표하는 것은 이른바 '견책소설'譴責小說입니다. '견책소설'이라는 명칭은 중국의 저명한 소설가이자 소설사가인 루쉰의 『중국소설사략』에서 나온 말입니다.

광서光緒 경자년庚子年(1900) 이후, 견책소설이 특히 성행했다. 대개 가경嘉慶 연간 이래 비록 수차례에 걸친 내란(백련교, 태평천국, 염군捻軍, 회교回敎)을 평정하긴 했으나, 또한 외적(영국, 프랑스, 일본)들에 의해 몇 차례 좌절을 겪기도 했다. 일반 백성들은 우매하여 여전히 차나 마시며 반란군을 평정한 무공을 듣고 있었으나, 지식인들은 불현듯 개혁을 생각하고, 적개심에 의지하여 유신維新과 애국을 부르짖었고, '부국강병'에 특히 관심을 기울였다. 무술정변이 이미 실패하고 2년이 지나 경자년에 의화단義和團의 난이 일어났다. 민중들은 그제야 정부가 사태 수습 능력이 없다는 것을 깨닫고는 문득 정부를 공격할 생각을 가지게 되었다. 이것이 소설에 반영되어 감추어져 있는 사실을 드러내고, 악폐를 폭로했으며, 당시의 정치에 대해 엄중한 규탄을 가했고, 여기에서 더 나아가 풍속까지도 매도했다. 비록 의도한 바는 세상을 바로잡는 데 있었기에 풍자소설과 궤를 같이 하는 것처럼 보였지만, 문장의 기세가 노골적이었고, 필봉에는 감추어진 예리함이 없었으며, 심지어는 그 언사가 지나쳐 당시 사람들의 기호에 영합하는 것도 있었고, 그 도량과 기교가 풍자소설과 거리가 있었기에, 달리 견책소설이라 불렀다. 루쉰, 『중국소설사략』

그러면서 루쉰은 리바오쟈李寶嘉(이보가)의 『관장현형기』官場現形記와 우워야오吳沃堯(오옥요)의 『20년간 내가 목격한 괴이한 일들』二十年目睹之怪現狀, 류어劉鶚(유악)의 『라오찬 여행기』老殘遊記, 쩡푸曾樸(증박)의 『얼해화』孽海花를 '4대 견책소설'로 꼽았습니다.

루쉰은, 당시 수많은 견책소설들이 쏟아져 나왔지만, "열에 아홉은 앞서의 몇 가지 작품들을 답습한 것으로 이들 작품에 훨씬 못 미치며, 부질없이 견책하는 글을 짓느라 도리어 사람을 감동시키는 힘이 없고, 갑작스럽게 집필을 시작했다가 갑작스럽게 끝나 버려 미완으로 남은 것이 대부분이다. 그 가운데 저급한 것은 개인적인 적을 헐뜯고 공격하여 비방하는 책과 마찬가지가 되어 버렸으며, 또 어떤 것은 욕하려는 생각만 있고, 그것을 풀어 나가는 재주는 없어 끝내는 '흑막소설'黑幕小說로 타락하고 말았다"고 하였습니다.

마음속에 쌓인 불평불만을 세상을 향해 쏟아 내다

루쉰이 말한 '4대 견책소설' 가운데 하나인『20년간 내가 목격한 괴이한 일들』의 작자 우워야오吳沃堯(1866~1910)는 자字가 졘런趼人(견인)이고, 광둥 성 난하이 현南海縣(남해현) 포산 진佛山鎭(불산진) 사람으로 자신의 고향 이름을 따서 필명을 '워포산런'我佛山人(아불산인. '나는 포산 사람이다'라는 뜻)이라 했습니다. 몰락한 관료 집안에서 태어난 우워야오는 먹고살기 위해 이곳저곳을 떠돌며 다양한 직업에 종사했는데, 1897년『소한보』消閒報라는 신문사에서 일을 돕다 뒤에『채풍보』采風報,『기신보』奇新報,『우언보』寓言報 등의 신문을 직접 발간하기도 했습니다. 1904년에는 한커우漢口(한구)에서 미국인이 경영하는 영자 신문의 중국어판 주필을 맡기도 했는데, 1년 만에 반미화공금약운동反美華工禁約運動*이 일어나자 신문사를 나와 상하이로 돌아와 반미 운동에 적극 참여했습니다.

우워야오가 처음 소설을 쓴 것은 1903년 량치차오가 발간한『신소설』에『20년간 내가 목격한 괴이한 일들』,『통사』痛史 등의 소설을 발표하면서부터였습니다. 1906년에는 저우구이성周桂笙(주계생)과 함께『월월소설』을 창간해 총찬술總撰述을 맡기도 했습니다. 그는

---

* 반미화공금약운동: 아편전쟁 이후 미국이 부족한 자국의 노동력을 벌충하기 위해 많은 중국인 노동자들을 데려갔는데, 19세기 말 미국에 경제 위기가 찾아와 노동자들의 소요가 일자 미국의 자본가들은 저렴한 임금의 중국 노동자들이 미국 노동자들의 밥그릇을 빼앗은 것이라 선동했다. 미국 전역에서는 중국인 노동자들에 대한 대대적인 약탈 등의 행위가 자행되었고, 중국 정부가 이에 항의하자 1894년 미국 정부는 중국 정부와 불평등조약을 맺어 중국 측의 항의를 원천 봉쇄했다. 그로부터 10년 뒤인 1904년 조약의 만료가 다가오자 중국 내에서는 이참에 조약의 폐기 등을 주장하는 목소리가 커져 갔다. 중국 정부 역시 기존의 조약을 폐기하고 새로운 조약을 맺을 것을 미국 측에 요구했으나, 미국은 이를 거절했다. 이에 1905년 중국 내에서는 미국 상품 불매운동을 비롯한 반미 운동이 거세게 불게 되었다.

캘리포니아에서 사금을 채취하는 중국인 노동자들(샤먼夏門 화교 박물관 소장) ⓒ조관희

신문사 일을 보면서 사회의 여러 불합리한 현상들을 목도하고 여느 지식인들과 마찬가지로 나라를 구하겠다는 일념으로 소설을 썼습니다. 그래서 그의 작품에는 근대 중국의 암담한 현실에 대한 통렬한 비판 의식이 곳곳에 담겨 있으며, 이러한 난국을 타개하기 위한 구체적인 방책으로 전통 유교 도덕을 회복하고 백성들을 깨우칠 것을 제안하기도 했습니다. 『20년간 내가 목격한 괴이한 일들』은 이러한 생각이 잘 드러나 있는 그의 대표작입니다.

> (내가) 평생 소설 수십만 자를 써서, 이미 인쇄에 부쳐 세상에 발표한 것으로 『최근사회악착사』最近社會齷齪史, 『겁여회』劫余灰, 『발재비결』發財秘訣, 『전술기담』電術奇譚, 『구명기원』九命奇冤, 『통사』痛史, 『양진연의』兩晉演義, 『상해유참록』上海游驂錄과 단편 및 찰기札記 수십 종이 있다. 세상에서는 『20년간 내가 목격한 괴이한 일들』과 『한해』恨海를 특히 좋아했다. 『20년간 내가 목격한 괴이한 일들』은 배회하는 신세의 작품으로, 근거가 매우 확연하고 독자들이 자못 흥미를 느낄 만한 것이다. 리자룽李葭榮, 『아불산인전』我佛山人傳

이 소설은 특이하게도 7년이라는 긴 시간에 걸쳐 집필되었습니다. 문학사에는 차오쉐친曹雪芹(조설근)과 같이 평생 한 편의 작품을 부여잡고 고심참담하던 문인들도 없지는 않은 바에야 7년이라는 시간이 뭐 그리 길다고 할 수 있느냐고 반문할 수도 있겠지만, 당시 소설가들은 신문에 연재소설을 써 주고 그 원고료를 받아 생계를 이어 갔기 때문에 이런 식으로 장기간에 걸쳐 작품에 몰두할 수 없는 게 현실이었습니다. 그야말로 속전속결로 마치 전투라도 벌이듯 작품을 써 내던 시절이었습니다.

처음에는 량치차오가 발행하는 『신소설』에 연재하다가 잡지가 정간되자 함께 중단되었으며, 1906년에 5권으로 묶여 간행되었습니다. 뒤에 다시 세 권의 후속편이 1909년 3월과 1910년 8월, 12월에 걸쳐서 나와 모두 8책 108회로 완간되었습니다. 우워야오가 1910년 9월에 45세의 나이로 급사했다고 하니 결국 그는 자신의 작품이 완간된 것을 못 보고 죽은 셈입니다. 이렇듯 심혈을 기울여 쓴 작품이기에 다른 작품에 비해 그 애착이 남달랐다는 것은 미루어 짐작할 수 있습니다.

『20년간 내가 목격한 괴이한 일들』이라는 작품은 100회로 나누어지며 모두 50여만 글자이다. 한 사람을 관건으로 삼아 사회의 여러 기괴한 현상을 묘사했는데, 이 모두가 20년 전 직접 보고들은 것이다. 고심참담으로 기획한 것이 7년이 지나도록 아직 완결을 보지 못했다. 그동안 속속 인쇄에 부친 것이 이미 80회에 이르는데, 나머지 20회의 원고는 비록 탈고는 하였으나 아직까지 토론의 여지가 있다.

우워야오가 직접 쓴 이 서문이 나온 것이 1910년 초였으니 죽기 직전까지 이 작품을 계속 손보고 있었음을 알 수 있습니다. 길지 않은 인생이지만 다양하게 편력하면서 당시 사회의 어두운 면을 직접 목도하고 체험하면서 느꼈던 많은 생각들을 그는 이 작품에 쏟아 부었습니다.

> 우젠런吳趼人(우워야오)은 학문과 경험이 풍부한 사람이다. 그는 당시 정치와 법률이 문란하고, 가정에서는 옛 것만을 고집하고 있으며, 관료들은 온갖 패악을 일삼고 있고, 사회는 부패해 있는 것을 보고 근심과 분노가 극에 달했다. 그러나 그는 재주를 가졌으되 때를 만나지 못한 사람으로, 마음속에 나라를 구하겠다는 생각을 품고 있으되 (그것을 제대로 실행할 사회적인) 지위가 없었고, 뜻은 세속을 뒤흔들고자 하였으되, (그것을 구체적으로 실행할) 방도가 없었다. 비통함이 한이 되어 울결이 되었으되, 그것을 발설할 길이 없어 이에 『20년간 내가 목격한 괴이한 일들』이라는 책을 지어 (마음속에 가득한) 불평불만을 세상에 토로한 것이다.
> 「친루勤盧(근로)의 서序」

매우 강직하고 열정적인 성격의 우워야오吳沃堯는 청나라 말기의 어지러운 사회에 태어나 당시 사회가 안고 있던 여러 문제점들에 대해 비분강개하는 가운데 이 책을 지어 자신이 보고들은 사회의 추악한 현실을 모두 폭로하고 비판하고자 했습니다. 그러나 그는 단순히 비판에만 머물러 있지 않고 소설을 통해 사회를 변혁하려는 생각도 갖고 있었으니, 작품 속에서 "이 책이야말로『태상감응편』太

上感應篇이나 『문창제군음즐문』文昌帝君陰騭文, 『관음보살구고경』觀音菩薩救苦經*보다 훨씬 좋은 것"(「설자」楔子)이라 자부했던 것입니다.

타락한 시대의 군상들

이 소설의 주인공은 '쥬쓰이성'九死一生(구사일생)이지만, 정작 이야기는 '쓰리타오성'死裏逃生(사리도생: 죽을 지경에 처했다가 겨우 살아난 자)이라는 소년에 대한 이야기로 시작합니다. 근대에 접어들면서 "순박한 민심으로 넘치던" 상하이가 "사기, 유괴, 도박 등 꿈에도 생각지 못한 괴이한 일들이" 벌어지는 "음흉한 도주자들의 은신처"로 변해 버린 사실에 실망한 쓰리타오성이 거리를 헤매다 만난 한 남자에게서 한 권의 책을 얻게 되는데, 이것이 바로 쥬쓰이성이 평생 겪은 괴이한 일들에 대한 '수기'手記였습니다.

이야기는 주인공이 자신의 이름을 '쥬쓰이성'이라고 짓게 된 연유를 밝히는 것으로 시작합니다.

> 나는 그저 평범한 사람이다. 일생 동안 큰 풍파나 좌절을 맛본 적도 없고 또 은자 10만 냥의 현상금으로 나를 잡으러 온 사람도 없었다. 그런데 어째서 번듯한 이름을 숨기고 '쥬쓰이성'이라는 다

---

* 『태상감응편』은 도교의 경전으로, 중국 남송 시기 리창링李昌齡(이창령)이 정리한 것이다. 『문창제군음즐문』의 문창제군은 인간의 운명, 특히 과거 수험자나 인쇄업, 문방구업에 종사하는 이들의 운명을 관장하는 신인데, 이 문창제군이 인간이 소망하는 바를 대신 해 주는 것을 책으로 엮은 것이 '음즐문'이다. 그리고 『관음보살구고경』은 관세음보살이 인간을 고통 속에서 구해 내는 일을 수록한 책이다.

른 이름으로 부르고자 하는 것일까?

내가 세상의 시류에 몸을 맡긴 지나간 20년을 되돌아보면, 내가 맞닥뜨린 것은 단지 세 부류에 불과하다. 첫 번째는 뱀과 벌레와 쥐와 개미이고, 두 번째는 승냥이와 이리와 호랑이와 표범이며, 세 번째는 이매망량魑魅魍魎(도깨비)이다. 20년을 살아오면서 첫째 부류의 것들에게 물린 적도 없고, 둘째 부류의 것들에게 먹힌 적도 없으며, 셋째 부류의 것들에게 잡힌 적도 없이 모두 피해 왔으니 바로 이것이 '쥬쓰이셩'九死一生이 아니겠는가!

여기서 말하는 세 가지 부류의 것들은 실제로는 1884년 '중국·프랑스 전쟁' 이후 20세기 초엽에 이르는 중국의 관계官界와 상업계, 외국인 조계지洋場 등을 가리킵니다. 우워야오는 이것을 '도깨비 세계'로 개괄했거니와 '쥬쓰이셩'은 근 20여 년 간 이런 '도깨비 세계'에 살면서도 그들에게 잡아먹히지도 않았고, 그들에게 속아 그들과 한 패거리가 되지도 않았으니, 이만하면 그야말로 '아홉 번 죽고 한 번 살아날 확률에서 겨우 살아남았다'고 할 만하지 않느냐고 반문하고 있는 것입니다.

이후 이야기는 쥬쓰이셩의 아버지가 죽은 뒤 쥬쓰이셩이 세상과 마주하면서 겪는 수많은 에피소드들로 점철되어 있습니다. 여기에는 매관매직을 일삼는 당시 관계官界의 온갖 타락상으로부터 한 가족 내에서 벌어지는 반윤리적인 작태에 이르기까지 실로 다양한 인물들의 다양한 사건들이 포함되어 있습니다. 이 중에서 작자가 가장 심혈을 기울여 묘사한 것은 관료 사회입니다.

작품 속에 등장하는 관리들은 하나같이 재물을 탐하고 뇌물을 주고받는 것을 상례로 여기며 부정부패를 일삼으면서도 조금도 부끄러움을 느끼지 않습니다. 그뿐 아니라 이들 관리들은 외국인 앞에서는 비굴하게 굽실거리다가도 돌아서면 군자인 척하며 거드름을 피우는 등 이중적인 모습을 드러냅니다.

당시 사람들의 이와 같은 이중성은 가정 내에서도 보입니다. 쥬쓰이성의 아버지가 죽은 뒤 그의 후견인을 자처하는 큰아버지라는 작자는 입으로는 인의도덕을 떠들어대면서도 실제로는 고아가 된 자신의 조카와 제수씨를 제대로 돌보지 않고 금전적으로도 착취합니다. 이것은 작자가 직접 겪은 사실을 작품 속에 투영한 것으로, 비록 작은아버지를 큰아버지로 바꾸고 장소 역시 산둥으로 옮겼지만, 작품 속에 묘사된 에피소드는 작자가 직접 겪은 사실들이었습니다. 가정 내에서 일어나는 괴이한 일들 가운데 가장 충격적인 것은 베이징에서 살고 있는 푸미쉬안符彌軒(부미헌)이라는 자가 자기 할아버지를 학대하는 이야기입니다.

> 밤이 되자 사람들은 모두 잠이 들었는데, 나는 침상에 누워 동원東院*에서 한바탕 시끄러운 소리가 나는 것을 어렴풋이 들었다. ……시끄러웠다가 다시 조용해지고, 조용해졌다가는 또 시끄러워졌다. 비록 무슨 말들을 하는지는 알아들을 수 없었지만 귓가가 간질거려 잠을 푹 잘 수 없었다. ……자명종이 3시를 알릴 때까지 엎치락뒤치락하다 겨우 잠이 들었다. 언뜻 잠을 깨어 보니 이미 9시 정도가 되어 있었다. 정신없이 일어나 옷을 입고 객당客

* 동원: 동쪽 원자院子. 원자는 집 가운데 있는 마당. 중국의 전통적인 가옥 구조는 방들이 가운데 마당을 중심으로 사각형으로 둘러쳐져 있는 사합원四合院 형태를 이룸.

堂으로 나오니, 우량천吳亮臣(오량신)과 리짜이쯔李在茲(이재자)가 견습생 두 명과 요리사 한 명, 잔심부름꾼 두 명과 한데 모여 수군거리고 있었다. 나는 황급히 무슨 일이냐고 물었다. ……우량천이 막 입을 열려고 하는데 리짜이쯔가 다음과 같이 말했다.

"왕싼王三(왕삼)한테 말하라고 해. 우리가 힘들여 입 놀릴 것 없이."

잔심부름꾼 왕싼이 말했다.

"동원의 푸符(부) 씨 어른 댁의 일입니다요. 어제 저녁 한밤중이 되어서 제가 일어나 소변을 보려고 하는데, 동원에서 말다툼하는 소리가 들리더라고요. ……안을 엿보았더니 푸 씨 어른과 푸 씨 부인께서 윗자리에 마주보고 앉아 계시고, 우리 집에 밥을 얻어먹으러 오는 늙은이가 아래에 앉아 있었습니다요. 두 분께서는 그 늙은이에게 마구 욕을 하고 있었는데, 그 늙은이는 고개를 숙이고 울고 있었지만 소리는 내지 않더라고요. 푸 씨 부인은 그 참 희한한 욕을 하시더라고요. '사람이 쉰 살이나 예순 살 정도 살았으면 뒈져야지. 내 이제껏 여든이 넘도록 살아 있는 사람은 본 적이 없어.' 푸 씨 어른은 이렇게 말씀하시더군요. '살아 있는 거야 어쩔 수 없다고 치고, 죽이든 밥이든 있으면 있는 대로 먹으면서 주제에 맞게 살면 되는 게지. 오늘은 죽이 싫다, 내일은 밥이 싫다, 아 잘 먹고 잘 마시고 잘 입으려면 자기가 돈을 벌어 와야 한다는 건 잘 알고 있을 텐데.' 그 늙은이는 이렇게 말하더군요. '내가 호의호식하겠다는 게 아니고, 그저 소금에 절인 야채를 좀 달라는 것뿐이니, 좀 불쌍히 여겨다오.' 푸 씨 어른은 이 말을 듣고는 벌떡 일어나 이렇게 말하더군요. '오늘 소금에 절인 야채를 달라고 하면, 내일은 소금에 절인 고기를 달라고 할 것이고, 모레는 닭이니 거위니 생선이니 오리를 달라고 할 것이며, 또 얼마가 지나면 제비집 요리니 상어 지느러미니 하는 것까지 달라고 할 게 아니오. 나는 임관을 기다리는 가난뱅이 벼슬아치니 그런 것들을 대줄 능력이 없어요!' 거기까지 말하고는 탁자를 치고 의자를 두드리며 막 욕을 해대는 것이었습니다요. ……한바탕 욕을 해대고 나니까 그 집 부엌데기가 술과 안주를 내와서는 한가운데 있는 외다리 원탁에 늘어놓았지요. 푸 씨 어른 내외는 마주 앉아 술을 마시며 담소하는 것이었습니다요. 그 늙은이는 밑에 앉아 훌쩍거리며 울고만 있었고요. 푸 씨 어른은 술 두 잔을 마시면 욕 두 마디를 해댔고, 푸 씨 부인은 뼈다귀를 가지고 발바리와 노는 데만 정신을 파는 거였어요. 그 늙은이가 죽을상을 해 가지고는 무슨 말을 했는지는 모르겠지만, 푸 씨 어른이 당장에 벼락같이 일어나 그 외다리 탁자를 엎어 버리니 와르르 하는 소리와 함께 탁자 위의 것들이 온 땅바닥에 쏟아졌지요. 그러고는 큰 소리로 '어서 가서 먹어요'라고 소리를 치자, 그 늙은이는 체면불구하고, 열심히 기어 다니며 땅바닥에 떨어진 것들을 주워 먹는 것이었습니다요. 푸 씨 어른은 갑자기 일어나더니 앉았던 의자를 들어 그 늙은이를 향해 던졌지요. 다행히 그 옆에 서 있던 부엌데기가 뛰쳐나와 막아 내긴 했는데, 비록 완전히 막아 내지는 못했어도 그 기세가 많이 누그러졌지요. 의자가 늙은이 머리 뒤로 떨어지긴 했지만, 머리가죽만 조금 벗겨졌을 뿐이었습니다요. 만약 그 부엌데기가 막지 않았더라면 골수까지 흘러나왔을 겝니다요."

나는 이 이야기를 듣고는 나도 모르게 온 몸에 땀이 마구 났고,

마음속으로 스스로 생각을 굳혔다. 밥 먹을 때가 되어서 나는 리짜이쯔더러 이사를 가야 하니 빨리 방을 찾아보라고 했다.

『20년간 내가 목격한 괴이한 일들』 제74회

사실 작품 속에 등장하는 다른 인물들도 푸 씨 내외와 별반 다를 바 없는 존재들입니다. 비록 우지즈吳繼之(오계지)나 관더위안管德泉(관덕천), 원수눙文述農(문술농)과 같은 긍정적인 인물도 등장하지만, 이들 긍정적인 인물들의 결말은 모두 불행하게 기술되어 있습니다. 작자인 우워야오는 성품이 강직해 남의 밑에 있기를 싫어했다고 합니다. 결국 불우한 처지를 벗어나지 못하고 젊은 나이에 죽은 작자가 혼탁한 세상에 대해 갖고 있던 비관적인 견해를 작품 속에 투영한 것입니다. 이렇듯 선악이 뒤바뀌고 가치가 전도된 암흑사회에서는 정직하고 올바른 생각을 가진 사람들이 제대로 살아갈 수 없는 것일까요?

근대,
침몰하는 거선巨船

라오찬 여행기 老殘遊記

의화단 사건, 반외세를 내건 혼란의 도가니

19세기 말은 한 세기가 끝나는 시점이면서 동시에 청淸이라는 봉건 왕조가 막바지에 이르러 마지막 숨을 몰아쉬던 역사의 전환기이기도 합니다. 왕조 말기 민중의 삶은 그 어느 때보다 힘들게 마련입니다. 곳곳에서 민란이 들불처럼 일어나 전 국토가 전쟁터로 변하고, 중국이라는 큰 땅덩어리를 마치 참외 쪼개듯 분점한(그래서 '과분'瓜分이라는 표현을 씁니다.) 서구 제국주의 열강의 경제 침탈로 민중의 삶은 피폐해질 대로 피폐해졌습니다. 이러한 현실을 타개하기 위해 '변법자강운동'과 같은 움직임이 없었던 것은 아니지만, 결국 이것 역시 선각자적 소명 의식을 가진 몇몇 뜻 있는 사대부 출신 엘리트들과 하급 관료들에 의해 주도된 위로부터의 개혁인 바에야, 애당초 일반 백성들의 삶과는 무관한 것이었는지도 모릅니다.

오히려 제국주의 침략의 첨병 노릇을 해 온 기독교 선교사들은 이런 틈을 이용해 빈민 구제 등과 같은 자선 사업을 통해 적극적인 포교 활동을 벌여 나갔습니다. 이로 인해 기독교의 위세는 일시에 확장되고 신도 숫자도 크게 늘었습니다. 그리고 여기에 비례해 기독교에 대한 거부감 역시 점차 커졌습니다. 기독교 신도와 비 신도들 사이에 벌어진 충돌을 가리키는 '교안'教案이 빈번하게 일어났습니다. 교안은 단순한 감정싸움에 그치지 않고 선교사 살해, 교회나 성당의 방화, 기독교 신자 박해 등으로 확대되었습니다. 시간이 흐르자 초기에 반기독교 운동의 선봉에 섰던 보수적인 향신鄕紳 계급이나 지주들은 점차 뒷전으로 물러나고 중국 민중들 사이에 오랜 세월 뿌리내리고 있던 비밀결사나 회당會黨이 '구교'仇敎 운동(반기독

의화단(좌), 중국의 외국 선교사 모습(우)

교 운동)의 중심에 섭니다. 이제 반기독교 운동은 청 왕조와 유교적 전통을 지키겠다는 체제 유지적인 성격이 점차 퇴보하고 향촌 수호와 제국주의 열강의 정치적·경제적 침탈에 항거하는 반외세, 반제국주의 민중 운동으로 변모해 갔습니다.

그 무렵 산둥山東(산동)과 쟝쑤江蘇(강소)의 접경 지역에서는 의화권義和拳 조직이 태동해 세력을 확장해 나갔습니다. 의화권은 의화단義和團의 전신으로, 의화문義和門이라고도 불렸습니다. 서구 열강들은 청 조정을 압박해 위안스카이袁世凱(원세개)를 산둥 순무巡撫로 파견해 의화단 활동을 단속하도록 했습니다. 그러나 이러한 강압책은 오히려 의화단의 세력을 덧들이는 결과를 낳았습니다.

의화단은 세력을 확장해 허베이河北(하북) 지역까지 진출했습니다. 의화단은 '청 왕조를 돕고 서양을 멸한다'扶淸滅洋는 구호를 내걸고 곳곳에서 철도와 전신을 파괴하고 교회당을 불태우며 선교사를 축출했습니다. 이러한 의화단의 활동에 대해 청 조정은 모호한 태도를 취했습니다. 그것은 무술년의 '변법운동'으로 인해 서구 열강에 대해 강한 반감을 품고 있던 당시의 실권자 시 태후西太后(서태후)가 내심 이들의 힘을 빌려 외국인들을 중국에서 몰아냈으면 하는 기대감을 품고 있었기 때문입니다.

급기야 서구 열강에 대해 의구심을 거두지 않던 시 태후는 이들이 자신이 유폐시킨 광서제光緖帝를 옹립해 친정親政을 꾀하려 한다는 첩보를 접하게 됩니다. 1900년 6월 21일, 시 태후는 서구 열강에 선전포고를 하고 각국 공사들에게 24시간 이내에 베이징을 떠날 것을 통보했습니다. 그리고 의화단을 베이징으로 불러들였습니다. 베이징에 들어온 의화단은 성당과 교회당을 불태우는 등 온갖 파괴 행위를 자행하는 한편 선교사들을 학살했습니다. 이로 인해 베이징은 극도의 혼란에 빠졌지만, 다른 지역은 순무와 총독이 경거망동하지 않고 폭도들을 제어했기에 상대적으로 평온을 유지했습니다.

폭도들에게 쫓겨 베이징의 외교가인 둥쟈오민샹東交民巷(동교민항)에 집결한 각국 공사들은 본국에 구조를 요청하는 한편 청 정부에 사태 해결을 위한 강력한 대응을 요구했습니다. 그러나 청 정부는 이들의 요구를 귓등으로 흘리고 오히려 폭도들과 함께 둥쟈오민샹을 포위 공격했습니다. 이들 사이에 치열한 공방이 이루어지는 사이 독일과 일본, 영국, 미국, 프랑스, 오스트리아, 러시아, 이탈리아의 8개국 연합군이 다구大沽에 상륙한 뒤 톈진天津을 거쳐 베이징의 길목인 퉁저우通州(통주)에 이르렀습니다. 의화단의 힘을 빌려 열강들을 몰아내려 했던 사태의 주모자 시 태후는 황급히 광서제를 데리고 베이징을 빠져나가 시안西安(서안)으로 피신했습니다. 베이징에 입성한 8개국 연합군은 의화단을 진압하는 동시에 무법천지로 변해 버린 베이징 시내에서 약탈을 자행했습니다. 베이징은 8개국

열강의 중국 침탈을 묘사한 그림

연합군의 공동 관리 하에 놓이고 각국은 제 나름대로 야욕을 채우느라 바빴습니다.

베이징이 함락된 지 1년이 지난 1901년 9월, 청 정부는 8개국과 신축조약辛丑條約을 맺었습니다. 주요한 내용은 사건 주모자들을 처형하고 독일과 일본에 사죄를 위한 특사를 파견하며, 공사관 보호를 위해 외국 군대가 베이징을 비롯한 주요 도시에 주둔할 수 있게 하는 것 등이었습니다. 그러나 이것보다 치명적인 것은 배상금 문제였는데, 연합군은 청 정부에 4억 5천만 냥을 39년간 분할 상환할 것을 요구했습니다. 당시 중국의 연간 총 세입이 2억 5천만 냥 정도였으니, 연합군이 요구한 배상금 총액은 청 조정을 재정적으로 파탄 낼 수 있는 금액이었습니다. 열강들은 배상금을 받아내기 위해 관세와 염세, 이금세釐金稅*의 수입을 담보로 잡았습니다. 이것은 전세田稅를 제외한 청 정부의 모든 세원을 동원한 것으로,

---

* 이금세: 태평천국의 난을 치르면서 청나라는 재원財源 염출에 고심한 끝에 임시방편으로 군비 조달을 위해 1853년 양저우揚州(양주) 근교의 미곡상으로부터 연리捐釐라는 1%의 과세(미곡 1석당 50문文의 금액)를 징수한 데서 비롯된 세금. 그 실적에 따라서 장쑤 성江蘇省의 각 지역에 이국釐局이 설치되고 과세 품목도 확대되어 10년이 채 못 된 사이에 전국의 각 성省에 확산되었다. 이 제도는 국가의 중요한 수입원이 되었기 때문에 전란 후에도 폐지하지 않고 존속시켰고, 세율도 다시 5~10%로 올렸다. 이 세금의 징수는 각 성 독무督撫에게 그 관리를 일임하고 그 밑에 위원을 두었는데, 대부분 지방의 신사紳士와 상인이 청부를 맡아서 징수는 극도로 혼란했다. 태어나서 죽을 때까지의 일상용품에서 이 세금의 과세대상이 되지 않는 것이 없다고 할 정도로 중국 경제의 발전을 크게 저해했다. 중화민국이 수립된 후 1928년에 폐지되었다.

이로 인해 국가 재정은 파탄에 이르렀습니다. 여기에 더해 외국군의 국내 주둔으로 청 정부는 무장 해제를 당한 것이나 마찬가지 상황에 놓였으니, 이로써 아편전쟁 이후 서서히 진행되어 온 중국의 반#식민지화가 완료되어 중국은 명목상 독립국의 지위를 유지할 뿐이었습니다.

절망의 시대, 짙은 어둠 속에 한 줄기 빛이 내리고

의화단 사건 이후 정치, 경제, 군사 등 모든 방면에서 위기에 빠진 청 조정은 난국을 타개하기 위해 신정新政을 시행했습니다. 신축조약을 맺은 직후부터 1905년까지 무려 30개 항목에 걸친 신정이 시행되었는데, 사실상 그 내용은 이전의 '변법운동' 때 개혁가들이 시

시 태후(좌), 선통제 푸이(우)

1880년 중국에 건설된 철도의 모습

행했던 것과 다를 바 없는 것이었습니다. 1905년 '러일전쟁'에서 일본이 승리하자 이에 고무된 일군의 무리들이 승전국인 일본의 예에 따라 입헌군주국으로 나아가야 한다는 주장을 폈습니다. 이에 시 태후와 청 정부는 1906년 헌정위원회를 만들어 그 준비에 착수하고 해외 시찰단을 파견해 입헌제를 살펴보도록 했습니다. 1908년에는 헌법대강을 발표해 입헌의 방향을 밝히고, 1909년에는 지방의회에 해당하는 자의국諮議局을 열고, 1910년에는 상원에 해당하는 자정원資政院을 설치하며, 궁극적으로 1917년에는 국회를 개원하는 등의 로드맵을 마련했습니다.

그러나 결국 이것은 민중들의 개혁 요구를 일시적으로 막아 내는 미봉책에 불과할 뿐, 이제 왕조 말기에 접어든 청 정부는 그와 같은 개혁을 수행할 의지도 역량도 갖추지 못했습니다. 그러던 중 1908년 11월 14일, 광서제가 의문의 죽음을 맞고, 그 다음 날 무소불위의 권력을 휘두르던 시 태후가 세상을 떠납니다. 죽기 직전 시 태후는 이제 겨우 세 살이 된 푸이溥儀(부의)를 선통제宣統帝로 옹립하고, 푸이의 아버지이자 광서제의 동생인 순친왕醇親王 짜이리載澧(재례)를 섭정으로 지명했습니다. 짜이리는 가장 먼저 당시 실권을 잡고 있던 위안스카이袁世凱를 파면하는 등 한인 관료들을 제거하고 만주인들로 주변을 공고히 하고자 했습니다. 아울러 파탄에 빠진 국가 재정을 회복하기 위해 철도 국유령을 반포했는데, 이것은 이권 회수 운동의 성과인 철도부설권 획득을 국유화한 뒤 이를 담보로 외국에서 차관을 들여오고자 했던 것입니다.

그러나 이러한 일련의 조치에 화중華中과 화남華南 지역의 민중들은 격렬하게 저항했습니다. 이 가운데서도 쓰촨四川 지역이 특히 심했습니다. 이에 청 정부는 쓰촨 성을 무력으로 평정하기 위해 우창武昌(무창)의 신군新軍*에게 출동 명령을 내렸습니다. 당시 우창의 신군 내에는 '공진회'共進會와 '문학사'文學社 등과 같은 명목상 문학이나 친목 도모를 목적으로 내세운 혁명 단체가 조직되어 있었습니다. 이들은 출동 명령이 내려지자 함께 힘을 합쳐 봉기하기로 결의했습니다. 그러나 뜻하지 않게 우창의 러시아 조계에서 비밀리에 제조 중이던 폭탄이 폭발하는 사고가 일어났습니다. 폭발이 위낙 컸기 때문에 당국이 조사하는 중에 혁명 조직이 드러나 현장에서 3명이 사살됐는데, 무엇보다 결정적인 것은 혁명 단체에 가입한 조직원들의 명부가 그들의 손에 넘어갔다는 사실이었습니다.

이제 혁명 운동 지지 세력은 막다른 길에 내몰려 조속히 행동에

---

* 청일전쟁(1894~1895) 후 중국에서 조직된 근대적 장비와 편제를 갖춘 군대로, 신건육군新建陸軍의 약칭이다.

리위안훙(좌), 쑨원(우)

나서지 않으면 앉은 채로 개죽음을 당할 위기에 처했습니다. 1910년 10월 10일 이른 아침, 먼저 우창의 공병대가 무기고를 점령했습니다. 시 외곽에 있던 수송 부대와 포병대가 이에 호응해 우창의 본부를 성공적으로 접수하자 만주인 총독과 한인 총사령관은 시내를 빠져나와 상하이로 도망쳤습니다. 그러나 이것은 우발적인 사고에 이은 일련의 충동적인 봉기에 불과했습니다. 그때까지 국내에서 혁명 운동을 끌고 나갔던 황싱黃興(황훙)이나 쑹쟈오런宋敎仁(송교인) 등과 같은 지도자들조차 이런 돌발적인 사태에 미처 대응하지 못하고 있을 즈음에, 급한 대로 당시 제21혼성협통령第21混成協統領이라는 직책에 있던 리위안훙黎元洪(여원훙)이 혁명군에 억지로 떠밀려 봉기의 지도자로 추대되었습니다. 이때의 봉기를 우창 봉기武昌蜂起, 혹은 우창 기의武昌起義라고 합니다.

혁명군 세력은 중화민국군정부中華民國軍政府를 세우고, 10월 11일에는 인접한 한커우漢口(한구)와 한양漢陽(한양)*을 점령했습니다. 이

---

* 현재는 우창과 한커우, 한양이 병합되어 우한 시武漢市가 되었다.

것이 진시황 이래 2천 년 넘게 이어 온 황제를 정점으로 한 봉건 전제정부가 몰락하고 민주적인 공화정을 수립하는 첫 땅뙘이 된 신해혁명辛亥革命의 서막이었습니다. 이제 사태는 급박하게 돌아가 각지에서 우창 봉기에 호응하는 무장 봉기가 잇달아 일어나고, 2개월 만에 독립을 선언한 성省이 14개나 되었습니다.

청 정부는 이를 막기 위해 갖가지 개혁안을 발표했지만 이미 구르기 시작한 역사의 수레바퀴를 멈출 수는 없었습니다.

우창 봉기가 일어났다는 소식을 미국에서 접한 쑨원孫文(손문)은 일단 유럽으로 건너가 영국이 청 정부에 자금 지원을 하지 않도록 설득한 뒤 1911년 크리스마스에 배를 타고 상하이로 돌아왔습니다. 그러나 그는 봉기에 직접 관여한 것이 아니었고, 자신이 구축해 놓은 국내의 세력 기반인 중국동맹회中國同盟會 역시 거의 해산 상태였기 때문에 실제로는 아무 일도 할 수 없었습니다. 그럼에도 1912년 1월 17개 성의 대표가 모여 쑨원을 임시 대총통으로 선출하고 중화민국 임시정부를 수립했습니다. 그러나 이것은 또 다른 혼란의 시작일 따름이었습니다. 중국이 명실상부한 실권을 가진 통일 정부를 세우기까지는 그 앞에 험난한 앞날이 기다리고 있었습니다.

소설가는 시대의 아픔을 울음으로 노래한다

『라오찬 여행기』는 방울을 흔들며 천하를 주유하는 떠돌이 의사 라오찬老殘(노잔)이 유랑 중에 보고들은 것과 그의 행적을 통해 청말 사회의 단면을 묘사한 소설입니다. 작자인 류어劉鶚(유악, 1857~1909)

는 자가 톄윈鐵雲(철운)이고 쟝쑤江蘇 단투丹徒(단도. 현재의 전쟝鎭江) 사람으로, 1876년 난징의 향시에 응시했다 낙방한 뒤 잡다한 학문에 심취해 많은 책을 읽었습니다.

일찍이 리광신李光炘(이광흔, 1808~1886)*에게 사사하여, 저우타이구周太谷(주태곡)의 이른바 태곡학파에 경도되었습니다. 1884년, 류어는 나이 스물여덟에 화이안淮安(회안)에서 연초업을 경영하다 자본금을 탕진하고, 그 다음 해에는 양저우에서 의원을 개업했습니다. 1887년에는 상하이에서 스창 서국石昌書局(석창서국)을 열었는데, 오래지 않아 망하는 등 하는 일마다 실패를 거듭하며 순탄치 않은 세월을 보냈습니다.

1888년, 정저우鄭州(정주)에서 황허가 터져 범람하자 류어는 허난河南(하남) 순무巡撫인 우다청吳大澂(오대징)을 찾아갑니다. 그리고 그는 직접 인부를 거느리고 치수治水에 나서 큰 공을 세웠습니다. 이때의 명성으로 1889년에 산둥에서 큰 수재水災가 났을 때는 산둥 순무 장야오張曜(장요)가 그를 초빙했고, 류어는 3년 간 치수 공사에 참여했습니다. 1893년에는 베이징에 가서 총리아문에서 시행한 시험에 합격해 지부知府로 등용되었습니다. 그러나 그 해에 아내와 어머니의 상을 당해 고향에 돌아갔다가 1896년 량광 총독兩廣總督 장즈둥張之洞(장지동)의 초청으로 그의 막료가 되었습니다. 이때 그는 국가가 부강해야 외세의 침략을 막을 수 있다고 여겨 외자를 도입해 철도를 부설하고 광산을 개발하자는 의견을 건의했습니다.

---

* 리광신은 자가 룽촨龍川(용천)이기에 리룽촨李龍川(이용천)으로도 알려져 있다.

광서 23년 7월, 외국 상인의 초빙에 응하여 산시 성山西省(산서성)의 광산 업무를 맡아보았다. 류어는 벼슬을 버리고 장사의 길로 나선 것에 대해 뤄전위羅振玉(나진옥)에게 다음과 같은 편지를 띄웠다.

"산시의 광산이 개발되면 백성들은 소득을 얻게 되고 나라는 부강해질 수 있다. 우리나라에는 본래 축적된 것이 없으니, 차라리 유럽인에게 개발을 맡기는 것이 낫다. 우리가 그 제도를 엄하게 정해 두면 30년이면 광산이 우리에게 귀속되는 것을 기대할 수 있을 것이다."

다만 외국 상인이 투자하는 것은 자신들의 이익 추구가 우선이고, 류어는 그 나머지를 구걸하여 우리에게 보탬이 되고자 하는 것이니, 이것은 여우에게서 가죽을 벗기자고 의논하는 격으로, 반드시 이루지 못할 일이다. 장이쉐蔣逸雪, 『류톄윈 연보』劉鐵雲年譜

그러나 이 일로 인해 류어는 '매국노'漢奸라는 오명을 듣게 됩니다. 1899년에 허난 성 안양 현安陽縣(안양현)에서 은대殷代의 복사卜辭가 새겨진 갑골문이 발견되자 류어는 재빨리 그곳에 가서 갑골들을 수집해 『톄윈 장구』鐵雲藏龜(철원장구)라는 자료집을 펴내는 한편 친구인 뤄전위羅振玉에게 연락해 이것을 연구하도록 했습니다. 잘 알려진 대로 뤄전위는 뒤에 갑골학의 대가가 되었으니, 류어는 본의 아니게 중국의 갑골문 연구에 큰 공을 세운 셈입니다.

1900년, 의화단 사건으로 8개국 연합군이 베이징에 입성한 뒤 베이징에 거주하던 사람들이 의식의 해결에 큰 곤란을 겪자 러시아 군이 점령하고 있던 태창太倉의 정부 비축미를 협상을 통해 싼 값으로 구입한 뒤 이것을 난민들에게 되팔아 난민 구휼에 힘쓰기도 했습니다.

1903년, 류어는 『수상소설』繡像小說 잡지에 훗날 자신의 문명을 떨치는 계기가 된 『라오찬 여행기』를 연재하기 시작했습니다. 사실상 류어의 평생 경력에 소설 창작은 이 작품 하나뿐입니다. 다른 소설 작가들과 달리 전업적으로 소설을 창작한 적이 없는 류어가 이 소설을 집필하게 된 까닭에 대해서는 설들이 많습니다. 혹자는 류어가 그의 친구인 롄명칭連夢靑(연몽청)의 경제적 곤란을 돕기 위한 방편으로 이 소설을 썼다고 주장합니다. 곧 이 소설의 고료로 친구의 생계에 보탬이 되고자 했다는 것입니다. 다른 이는 비록 그 시작은 친구를 돕기 위한 것이었지만, 소설을 쓰다 보니 당시 사회의 혼란상에 대한 자신의 답답한 심경을 풀어냈던 것이라 주장하기도 합니다.

> 류어가 『라오찬 여행기』를 쓴 직접적 동기가 친구인 롄명칭의 빈궁한 정상을 해결하기 위해서였다는 것은 주목할 만하다. 이것은 곧 롄명칭이 아니었다면 류어가 소설을 쓸 필요가 없었다는 사실을 말해 주는 것이며, 이 점은 또한 류어의 소설가로서의 신분이 아마추어적인 딜레탕트에 지나지 않았다는 사실을 말해 준다.
> **다루모토 데루오**樽本照雄,「류톄윈과 "라오찬 여행기"」

그러나 창작 동기에 대해서 작자 자신의 말보다 더 진솔한 것은 없을 것입니다. 1906년, 류어는 『라오찬 여행기』「초편 자서」初篇自序에서 다음과 같이 말합니다.

『이소』는 취위안屈原(굴원)의 울음이요,『장자』는 '몽매한 늙은이' 蒙叟(장쯔莊子를 가리킴)의 울음이며,『사기』는 쓰마첸司馬遷의 울음이요,『초당시집』은 두푸杜甫의 울음이다. 리위李煜(이욱)는 사詞로 울었고, 바다산런八大山人(팔대산인)은 그림으로 울었으며, 왕스푸王實甫(왕실보)는『서상기』에 울음을 기탁하고, 차오쉐친曹雪芹은『홍루몽』에 울음을 기탁했다. ……우리 인간은 이 세상에 태어나서 개인과 국가, 사회, 민족, 종교 등에 대하여 여러 가지 느낌을 가지고 있다. 그 감정이 깊으면 깊을수록 울음도 더욱 통렬한 것이다. 이것이 훙두바이롄성洪都百鍊生(홍도백련생)이『라오찬 여행기』를 쓰게 된 이유이다.

바둑판이 이미 끝나고, 나도 늙어 버렸으니 울지 않으려 해도 그러지 않을 수 없게 되었다. 나는 국내의 덕망 있는 많은 사람들 가운데 나와 함께 반드시 슬퍼해 줄 사람이 있으리라 믿는다.

결국 당시 사회의 혼란상이 그로 하여금 글을 쓰지 않을 수 없게 만들었다는 것인데, 이것은 여느 소설가들이 갖고 있는 생각과 크게 다르지 않습니다. 본래 소설가는 시대의 아픔을 울음으로 노래하는 존재이거늘, 왕스푸는 "이별의 한이 폐부에 가득 찼으나 풀기 어려워 지필로 말을 대신하여 풀었던" 것이고, 차오쉐친은 "종이 위에 가득 찬 황당한 말들과 쓰라린 한 줌의 눈물, 그 모두가 글쓴이의 맺힌 시름이니, 그 누가 이 마음을 알아줄 것인가"라고 했던 것입니다.

『라오찬 여행기』는 출간되자마자 큰 인기를 끌어 1905년에는 '속집'이 나왔습니다. 그러나 1907년, 당시 권력자였던 량강 총독

돤팡端方(단방)이 태창의 미곡을 사사로이 팔았다는 죄목으로 류어를 탄핵했고, 이때부터 류어는 도피 생활을 합니다. 그러나 그 이듬해 결국 체포되어 신쟝新疆(신강)의 우룸치로 유배되었고, 1년 뒤에 그곳에서 지병으로 사망했습니다. 그가 신쟝으로 귀양을 간 것은 사실상 평소 그가 당시 실권자인 위안스카이를 과격할 정도로 비판했기 때문으로, 태창의 구휼미 운운은 핑계에 지나지 않았습니다. 류어는 정치적으로 보수적 유신파였으되, 수구파의 영수인 시 태후도 반대했고, 혁명파인 쑨원도 반대했으며, 혁신파인 량치차오 등도 반대했으니, 사실상 그가 지지했던 사람은 아무도 없었던 셈입니다. 세상 모든 사람을 적으로 만들고 자기 혼자만 독야청청했던 것일까요?

한 시대의 종언을 고하는 만가挽歌

『라오찬 여행기』는 본명이 톄잉鐵英(철영)이고 호를 부찬補殘(보잔)이라고 하는 한 인물의 편력을 기술한 소설로, 다양한 상징과 알레고리가 곳곳에 점철되어 있습니다. 우선 주인공의 호인 '부찬'은 류어가 평소에 좋아하는 란찬懶殘(나잔)이라는 중의 이름에서 따온 것이라 했으나, 사실 이것은 손상되거나 잔결된 것을 보완해 준다는 뜻으로, 여기서 손상되거나 잔결된 것은 노쇠해 중병이 든 당시 중국 사회라는 것을 쉽게 알 수 있습니다. 당시 중국 사회에 대한 알레고리는 제1회에서 주인공이 마주하는 난파선으로 드러납니다.

라오찬은 꿈속에서 어느 가을날 두 친구와 함께 산둥의 덩저우부登州府(등주부) 동문 밖에 있는 펑라이산蓬萊山(봉래산)에 유람을 갔다가 새벽에 펑라이산 펑라이거蓬萊閣(봉래각)에 올라 바다의 해돋이를 구경합니다. 이때 날씨가 돌변합니다.

> 북쪽에서 큰 구름이 한 조각씩 중앙으로 흘러 들어와서 먼저 떠 있던 구름 위에 덮치고, 다시 동쪽의 구름 쪽으로 밀려갔다. 그러나 동쪽의 구름도 이에 밀리지 않으려고 서로 버티는 모양이 심히 기괴했다. 잠시 후에 구름들은 한 조각 붉은 빛깔로 변했다.

여기서 북쪽에서 흘러 들어온 구름은 러시아를 그리고 그 구름에 맞서 버티고 있는 동쪽 구름은 일본을 가리키며, 이들이 붉은 구름으로 변한 것은 러일전쟁을 은유합니다.

이때 라오찬 일행 앞에 거센 파도에 휩싸여 당장이라도 침몰할 것 같은 범선 한 척이 나타납니다. 배 안에는 네 종류의 사람이 타고 있는데, 첫 번째 부류는 선장과 네 명의 조타수들이고, 두 번째 부류는 승객들의 재물과 옷가지를 빼앗는 수부들이며, 세 번째 부류는 혼란한 배 안에서 연설을 하고 있는 자들이고, 네 번째 부류는 단순한 승객들입니다.

여기서 성난 파도 앞에 표류하고 있는 큰 배는 당시 서구 열강들의 침략 앞에서 풍전등화의 신세를 면치 못하고 있던 중국을 은유하고 있는데, 배의 길이가 23~24장丈이라 한 것은 당시 중국의 행정 구역을 나타낸 것입니다. 주요 인물들 가운데 선장은 청 왕조의 황제를 가리키고, 배를 모는 조타수 네 명은 당시 조정을 좌지우지하던 네 명의 군기대신을 가리키며, 여덟 개의 돛은 각 성의 총독들입니다. 승객들은 곧 백성들이니, 이들은 두 번째 부류에 속하는 중·하층 관료들에게 가진 것을 빼앗기고, 그것도 모자라 그럴싸한 말로 그들을 현혹하는 민주혁명파 인사들에게 금전을 갈취당합니다.

연설하던 자는 많은 돈을 받자마자, 여러 사람이 공격해 오지 못할 곳으로 물러서서는 곧 크게 소리쳤다.
"네놈들은 피가 없는 인간들이다. 이 냉혈 동물들아, 어서 가서 저 선원 놈들을 처치해 버리지 않느냐? 네놈들은 왜 저 선원 놈들을 한 놈 한 놈 때려죽이지 않는 것이냐?"
아무 것도 모르는 젊은이들이 그의 말에 따라 조타수를 향해 덤벼들고 또 한편에서는 선장에게 욕을 하며 대들었으나, 옆에 있던 선원들에게 죽임을 당하거나 바다 속에 내동댕이쳐졌다. 연설하던 자는 높은 곳에서 큰소리로 또 외쳤다.
"네놈들은 왜 단결하지 못하는 거냐? 모든 선객이 일제히 덤빈다면, 저놈들을 못 이겨낼 것 같으냐?"
이때 선객 중에서 세상사에 밝은 노인이 소리쳤다.
"여러분 절대로 난동을 부리지 마시오. 만약 이렇게 나간다면 승부가 나기도 전에 배가 먼저 뒤집힐 겁니다. 절대로 이래서는 안 됩니다."
……
라오찬이 말했다.
"다행히 세상사를 아는 신중한 사람이 있었군. 그렇지 않았다면 저 배는 더 일찍 뒤집힐 뻔했어."

라오찬은 이들을 구할 방법은 서양의 과학밖에 없다고 생각하고 나침반과 육분의六分儀를 가지고 쪽배로 파도를 헤치고 범선에 다가가 배 위로 올랐습니다.

> (라오찬 등은) 정중히 인사를 하고는 가져온 나침반과 육분의와 그밖의 계기計器들을 내주었다. 조타수는 그것들을 보고는 부드러운 기색으로 물었다.
> "이것들은 무엇에 쓰는 것이며, 어디에 좋소?"
> 이렇게 말을 하고 있는데, 하급 선원 가운데서 갑자기 고함 소리가 일어났다.
> "선장! 선장! 절대 그자들에게 속지 마십시오. 저놈들이 가져온 것은 외국의 나침반이오. 저놈들은 틀림없이 양코배기들이 보내 온 매국노 스파이들이오. ……선장! 즉시 저 세 놈을 잡아 죽여서 후환을 없애 버립시다……."
> 누가 알았으랴. 이렇게 한바탕 떠들고 나자, 온 배 안이 소란해졌다. 그때 연설하고 있던 영웅호걸이 저쪽에서 소리쳤다.
> "배를 팔려는 매국노다. 저놈들을 빨리 죽여라!"

결국 라오찬 일행이 사람들에게 쫓겨나고 배도 부서져 바닷속으로 가라앉는 순간 라오찬은 꿈에서 깨어납니다.

류어는 작품 속에서 당시 관계官界의 암흑상을 폭로하되, 일반적으로 알려져 있는 것과 달리 탐관오리보다 오히려 청렴한 관리淸官가 더 나쁘다고 주장하기도 했습니다. 탐관오리들은 자신의 잘못을 잘 알고 있기 때문에 공공연하게 잘못을 범하지 않지만, 자칭 청렴하다는 관리들은 작게는 사람을 죽이고 크게는 나라를 더럽히는 일을 예사로 한다는 것입니다. 류어가 작품 속에서 소개하는 이른바 '청렴한 관리'는 두 사람인데, 이들은 모두 실제 인물을 모델로 한 것이라 합니다. 작품 전반부에 등장하는 위셴玉賢(옥현)은 산둥 순무를 지내면서 '의화단 사건' 때 많은 기독교 신자들을 학살했던 위셴毓賢(육현)이고, 후반부에 등장하는 강비剛弼(강필)는 군기대신을 지낸 만주족 출신 강이剛毅(강의)입니다.

작품 속에서 강비는 웨이魏(위) 씨 부녀를 일가 열세 명의 목숨을 모살한 중범重犯으로 오인하고 이들을 심문합니다. 이때 웨이 씨의 하인이 뇌물을 바쳐 주인의 방면을 꾀하자, 강비는 오히려 이것을 증거로 삼아 더욱 혹독하게 웨이 씨 부녀를 몰아붙입니다.

……그 아역衙役(아속衙屬)들은 일찌감치 웨이 씨 부녀를 데리고 왔는데, 이미 반쯤 죽은 형상이었다. 두 사람은 당상에 꿇어 앉혀졌다. 강비는 곧 품속에서 1천 냥의 은표銀票(은태환 지폐)와 5천 500냥의 어음을 꺼내어서, ……차역差役(아문의 최하급 고용인)들로 하여금 그들 부녀에게 갖다 보게 하였다. 그 부녀가 답했다.
"모르는 일입니다. 이게 어찌 된 영문입니까?"
……강비는 '하하' 하고 크게 웃고는 말했다.
"네가 모른다면 내가 말해 주어야 알겠느냐. 어제 후胡(호) 거인舉人이라는 작자가 나를 찾아와서는 먼저 1천 냥의 돈을 주면서 너희들을 풀려나게 해달라고 했다. 또 풀려나게만 해 준다면 돈은 더 줄 수도 있다고 했다. ……내가 다시 한 번 자세하게 말해 두겠는데, 만약 너희가 사람을 죽인 것이 아니라면 너희 집에서 무엇 때문에 몇 천 냥의 돈을 내서 손을 썼겠느냐? 이것이 첫 번째 증거다. ······만약에 너희가 사람을 죽인 게 아니라면, 내가 그에게 '500냥을 한 사람의 생명으로 따져서 계산한다면 6,500냥을 내야 하오'라고 했을 때, 너희 쪽에서 일 봐주는 사람은 마땅히 '사실 저희 집에서 사람을 죽인 것이 아닙니다. 만약에 판관님 덕택으로 억울한 죄를 씻게 된다면 7천 냥이고 8천 냥이고 내겠습니다만, 6,500냥이란 숫자라면 도리어 감히 승낙할 수 없습니다'라고 해야 할 텐데, 어째서 그는 조금도 주저 없이 곧 500냥을 한 사람의 생명으로 계산했겠느냐? 이것이 두 번째 증거다. 내 너희들에게 권고하노니, 빨리 죄를 인정해야 수많은 형틀의 고초를 덜 겪을 것이야."

부녀 두 사람은 연거푸 머리를 조아리며 말했다.

"하늘같으신 나리, 정말로 억울하옵니다."

강비는 책상을 한 번 치고 대노하여 말했다.

"내가 이처럼 일러주었건만, 그래도 불지 않느냐? 저들을 다시 협찰夾拶*하라!"

아래에 있던 관졸이 우레와 같은 소리로 "예이!" 하고 대답했다.

······막 형을 가하려는데, 강비가 다시 말했다.

"잠깐! 집행관은 이리 올라와 내 말을 들으라. ······너희들의 기량을 나는 다 알고 있다. 너희들은 사건이 그다지 중요하지 않다고 생각될 때는 돈을 받고 형을 가볍게 하여 범인으로 하여금 그다지 고초를 겪지 않게 하고, 또 사건이 중대해서 뒤엎을 수 없다고 생각되면 돈을 받고 더욱 혹심하게 굴어 범인을 그 자리에서

---

* 협찰: 옛날에 죄인을 고문하는 방법으로, 협夾은 2개의 몽둥이로 다리를 비트는 것이고, 찰拶은 찰자拶子라는 형구를 죄인의 손가락 사이에 끼워서 조이는 것.

죽게 해서 온전한 시체로 만들어 버려 본관으로 하여금 혹형으로 범인을 죽게 했다는 처분을 받게 만든단 말이지. 나는 다 알고 있어. 오늘은 먼저 웨이 가의 딸에게 손가락을 비트는 고문을 가하되 다만 혼절할 때까지 비틀지는 말고, 신색이 좋지 않거든 형을 늦추었다가 기가 돌아오거든 다시 비틀도록 하라. 열흘 동안의 시간을 들인다면 제 아무리 호한好漢이라 해도 불지 않고서는 못 배기겠지!"『라오찬 여행기』제16장

류어는 이에 대해 다음과 같이 부연합니다.

탐관의 가증스러움은 모든 사람들이 알고 있는 바이나, 청렴한 관리가 더 가증스럽다는 것은 사람들이 대부분 모르고 있다. 대개 탐관은 스스로도 문제가 있다는 것을 알고 있기 때문에 감히 공공연하게 잘못된 일을 하지 않는다. 그러나 청렴한 관리는 스스로 돈을 바라지 않는다고 생각하니 무슨 일인들 못하겠는가? 자기의 생각에 대한 강박관념이 스스로를 고무시켜 작게는 무고한 사람을 죽이고, 크게는 나라를 그르치게 되니, 내가 직접 목도한 바로도 얼마나 많은지 셀 수 없을 정도이다. 이를테면 쉬퉁徐桐(서동)이나 리빙헝李秉衡(이병형)이 그 가운데 두드러진 자들이다. ……지금까지의 소설은 모두 탐관의 악폐만을 드러내 보여 주었으니, 청렴한 관리의 악폐를 드러내 보여 준 것은 『라오찬 여행기』로부터 시작된다.

그러나 몰락하는 왕조의 문제가 어찌 '청렴한 관리의 악폐'에 그

치겠습니까? 이것은 그야말로 침몰하는 배에 나 있는 수많은 구멍 가운데 하나일 뿐입니다. 이미 대세는 기울어 어느 한 사람의 우국충정과 비분강개로 사태를 되돌릴 수 없는 지경에 이른 것입니다. 이제 역사의 흐름은 또 한 번의 전환점에 서게 되었습니다. 그것은 이제까지의 중국 역사와는 질적으로 다른 변화의 시작을 의미했습니다.